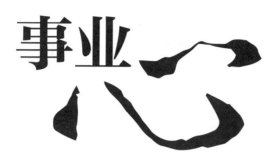

事业心

城市基层干部日常工作中的
情感与心态

刘　博◎著

上海三联书店

目　录

前　言

　　本书研究的是当代中国基层干部群体在日常工作中的情感表达与心态展现,试图通过基层干部日常工作的全过程描述以及他们对工作的"自我叙事"来呈现当代中国社会结构定型过程中,这一群体是如何形成并塑造自我身份的认知与职业工作心态的。他们对日常工作的"自我叙事"背后是社会定型阶段诸要素的变化与整合,这呈现出了当代中国社会发展的一个历史面貌。从社会学视角来说,一切当代历史都是解构而后建构的行动,这些行动的产生反映了不同群体的自我认知与心态。当然,这些无不受到时代变迁中各类显性和隐性因素之间的相互影响,而对这些行动及其带来的影响进行研究,就需要将理论和叙事的原有框架尽量投射到当下社会群体所习惯的日常生活中,从群体日常生活的情感表达中来理解社会发展的动力线索。

　　正如中国共产党在不同历史时期对党员干部开展的主题教育活动,基本宗旨和理想信念始终是不变的,但是具体内容与现实要求针对的是不断发展的新形势新问题,这也体现了"实事求是""与时俱进"的马克思主义方法论本质要求。也正是在这样的时代语境下,对基层干部群体的考察可以通过他们在日常工作的自我描述的情感表达方式来进行研究,通过工作中的日常性内容呈现与自我叙述来展现群体的情感与心态,进而理解并阐释由此形成的各种实践行动。"叙事"可以从更深层次的意义上理解为对"自我事业"的内在追问,这是一种情感的表达,也在实际行动上构成了当代中国基层干部群体所依存的职业准则与道德范畴,同时这种构造起来的情感与心态也同时制约并再生产着这一群体的日常生活。

新时代以来,中国社会的基层干部群体正经历着一场心态与行为上的洗礼与塑造。我们虽然不能将当下中国所有地区基层干部的实际反应全部呈现出来,但可以确定的是,基层干部群体的这种心态和行为上的变化将是深层次和长远的。这也正是本书试图去展现的主题:探寻在基层干部日常工作的背后,群体情感表达与心态塑造之后表现出的实际行动及其意义所在。通过基层干部群体中"人物"的日常化工作来呈现群体的事业追求与职业品质,在更深层的情感劳动意义上来理解基层干部的日常工作是如何既承接以往党和国家的历史传统,又增添了新时代城市社会建设发展的具体要求的。

可以看到的是,当前中国社会的变化仍然是充满力量和魅力的。这是当代社会中诸多要素之间的整合,这些等级性的、弥散的要素力量至关重要,维系着人们所能感受和适应的组织与制度体系在日常实践中的权力。它们环环相扣,又存高下之分、主从之别,彼此互不对等。在每一种要素力量的内部,集结着社会与文化的影响因子。社会群体作为其中的构件,受到这些要素的形塑并展现出了不同的特征与行为,各个群体在社会生活中的互动与结合又进而组成了诸多社会事件以及完整的社会体系。

人们既受到结构性的制约,又可以在某时某刻,由于个体或者群体的行动产生情感的力量,这些情感的表达借助日常化的工作不断地渗透进个体心理进而形成心态,而这种心态也在形塑和培育中影响了个体以及个体构成的群体的实际行为。在基层干部的日常工作中,行动是情感的表达,情感源自对工作的心态,心态进而决定了各种行为,这其实是一个社会建构的过程,这种建构是一种历史力量的体现,并具备了一定的继承性和延续性。

本书力求提供一种关于当前中国社会变迁经验的社会学解读,并以一种正在生成的特定存在模式——新时代基层干部群体——作为论述的核心。长久以来,干部群体的特殊性使得围绕该群体的各类研究往往容易陷入两种类型化模式,要么是偏重于整体状况的描述,将这一群体放置于宏观层面上的现代化国家治理体系或者党的建设框架中进行分析,缺失了"人"的特性;要么是过分注重细节的描述,以个体形象的放大化替代了整个群体。特别是在网络媒体的推动下,文艺小说和影视作品中的干部群体形象似乎更为普通群众所熟悉和接受,这也反映出了大众对于这一群体的想象空间。

尽管现代中国的结构性变迁力量仍然挑战着研究者们的理论阐释框架与实践检验方法,但是,当前阶段的中国社会在很多层面上已经具备了相当的稳定性,并且明确了未来的基本发展路径,这实际上也为当代中国研究经验的总结奠定了基础。特别是对群体的研究,与二十年前相比,如今的社会学研究已经不能仅仅只是针对行为模式与基本特征进行研究了，需要也必须从群体的情感表达与心态塑造及其所处情境结构进行深层次挖掘。

长久以来，社会学对群体的经验描述聚焦于行动及其后果，这是由特定快速变迁的时代背景决定的，这在新世纪以来的二十年时间里表现得十分明显。就当前实际变化的社会现实来说，本书主要关注的不是转型带来的物质变化对群体行为的影响，而是关注在话语空间越发趋同一致的新时代背景中，群体行为背后所展现的情感力量以及心态塑造的微妙变化。正如格尔茨所言，"一方面揭示贯穿于我们的研究对象的活动的概念结构——即社会性话语中所说过的，另一方面建构一个分析系统，借此对那些结构来说是类属性的东西，因本质上与它们是同一的而属于它们的东西，能够突显出来，与人类行为的其他决定因素形成对照。"[1]

基层干部的日常工作链接地是中国社会的运作模式和治理方式，很多社会层面的事情正是通过参与其中的人们的叙述来呈现的，而且这些"叙述"或明或暗地蕴含了个体或者群体的情感要素，同样的事情可以在不同的群体叙述中以各自的特点展现出来，这也正体现了社会研究中经常面对的复杂性与隐蔽性特征。

在具体实践层面上，令人感兴趣的是，当代中国基层社会一直具有一种特殊的影响力，这种影响力是借助两种不同话语体系的交叠而展现的。从党和国家的基本方略和定位来说，"基层"是一切的基础，基层不稳定，将影响到整个组织体系的稳定性以及

---

[1] ［美］克利福德·格尔茨：《文化的解释》，韩莉译，南京：译林出版社，2014。

国家的长远发展,中国共产党正是依托基层发展起来,党的血脉也源于基层。另一方面,基层工作中涉及的方方面面内容往往千头万绪,不是一个行政条线部门所能带动和解决的,因此才有"上面千条线,下边一根针"的习惯性说法。基层工作也意味着参与者要从事大量的群众性工作,既需要精力也需要能力,基层是一个辛苦但是锻炼本领的地方,真正工作于其中的人们都有着深刻的自我理解与认识。

这两种话语方式的叠加以及效果可以通过基层干部群体的行动集中地展现出来。按照中组部干部选拔和任用的基本条例,干部的晋升、特别是高级别干部必须要有"基层"工作履历,这个"基层"对于组织体系中的不同部门有着明确且具体的要求。也正是在基层的工作中,一个干部完成了自我职业认知、身份认知与工作认知,经历了情感上的洗礼,形成了对"事业"的心态塑造,逐步成为一名合格的共产党员干部。

本书是以 S 市这一东南沿海城市的基层干部日常工作实践作为研究对象的,经验材料取自市内基层街镇的日常工作。特大型城市一般是由开放性空间构成的。不同于乡村社会特有的共同体结构,大型城市基层具有的动态性特征要更为明显,跨国资本、全球文化与社会主义市场经济以及文化传统都在城市空间里不断碰撞影响,也融进中国的城市基层空间,这里形塑着中国社会的未来样态。

本书写作主题虽然定位于城市空间,并未涉及乡村基层(某种意义上,相当多的研究者认为中国的基层社会本质应该是在以县和镇为代表的乡土社会中,这种研究取向同样具有深刻的阐释力度),但却不是地方性的,因为本书所要研究的主题是在更普遍的意义上探讨当代中国基层干部群体的共性特性,这一特性所构成的诸多条件,绝不是一个单纯的地域空间共同体所能涵盖的,特别是在经历了新时代中国社会的快速转变过程后,基层干部所呈现出的群体特征的影响性已经超越了原有的乡土意义上的地方性实践。就方法论而言,本书是一项基于城市田野的民族志理解,而不是传统意义上的民族志观察。

对中国城市基层社会的研究,背后的理论关怀是对中国社会未来发展模式的深层次思考,特别是在对城市空间中群体的研究传统中,长久以来,社会学所关注的各类职业群体里干部群体是相对缺失的部分。十五年前在我对城市服务业打工者的调查研究中,我一直感兴趣的是支配并推动人们行动的"欲望"究竟是通过什么样的方式运作的,其背后的主体情感力量来自哪里。随后在对一系列城市空间中职业群体进行的田野调查中,我仍然着力于探究群体行动背后的深层次动力机制问题,特别是在过去十年中,在广泛深入地接触干部群体后,我开始对干部群体——这一有着严格组织纪律要求并兼具理想信念塑造的群体产生了浓厚兴趣与强烈思考。

"现代社会中的工作有以下几个特征,第一,有明确的功利性目标。第二,费力。第三,多数人的工作是被动的。第四,多数人的工作是单调的。"[①]不同于一般意义的现代工作,中国共产党的干部的日常工作不仅仅是一个公职性的、技术性的工作,同时还

---

① 郑也夫:《后物欲时代的来临》,北京:中信出版社,2016。

是一个政治性的工作。我开始思考干部群体作为当代中国社会发展最为有力的见证者和实践者，他们对于自身事业的追求是受到何种力量的推动与影响的，他们自身的主体意识又是通过怎样的方式表现出来的。因此，在本书研究中，田野调查描述的焦点不仅仅是人们的实际经验，而是转向他们所经历的日常生活以及他们所讲述的关于自我或他人的叙事。毕竟，干部群体的内心世界往往是不容易轻易展现出来的，这和其他一般性的职业群体有着鲜明区别。在这种情况下，社会学的田野调查就需要充分地展现涉及群体日常工作中的各个方面内容，既要考虑典型性事件过程，也要考虑行动细节上的心理情绪，着力从他们的自我叙事来分析和探究背后的奥妙。

从这个意义上来说，人们在对事物叙述中所展现出的"情感"与"心态"意味着某种嵌入在评述、记忆或想象中的东西，它业已成为对曾经发生和未来将有之事的解释。本书将以城市基层干部的日常工作经验为主，试图描述基层干部正在经历什么、他们如何理解这些并实际做了什么、将来会有什么变化。这些描述应该能对这一群体的未来作出一定的行为趋向判断，借助群体自身的日常工作叙事让人们理解他们如何感知自我与整个工作的意义，如何表达情感并塑造心态。同时，研究的这种关注点牵连着更大的理论关怀，即把自我叙事作为人类经验的根本特性。

依据这样的理论预设，本书主张认真思考日常叙事对于理解群体情感与心态的重要意义，以此重新思考对于干部群体研究的根基所在。特别要说明的是，提出日常叙事的问题，并不只是要澄清不同群体的叙事讲述方式存在社会与文化的差异，而是要探寻日常叙事与群体实际经验之间的关系，以此来审视以往将干部群体研究"纸片化"存在的问题，也由此表达了研究的基本立场：干部群体首先是人的群体，其次是党的事业核心，是联系党和人民群众的纽带，再次是社会生活的一部分，他们的日常工作决定了他们是怎样的社会存在。

叙事的日常化展现及研究从更深层次上来说，是特别针对基层干部群体的，让他们自己来讲述自己的事情，这是因为自我的日常化叙事提供了一种更为宽松的话语氛围。一旦人们不再受那些正式的、程序化的表达方式约束，人们会如何表达他们的复杂情感呢？他们会使用哪些社会类型和隐喻来呈现他们的心态问题？他们会利用哪些文化资源来抚平他们的各种主观情绪呢？人们说了些什么，跟这些东西是如何说出来的，二者是无法分开的；同时，对形式和内容的整体性分析，也可以对基层干部群体真实的身份认同产生不同的洞察。

任何经验性的研究材料都难免局部性的限制，"在中国这样一个同样具有多样性的国家，由前现代向现代的过渡乃至现代国家机制的建设都不能不以保持并加强中央政府的权威和能力为目标，但同时为维护公共利益所需的'德行'又是在'地方性环境里得到最好的彰显'。于是，如何处理中央政府和地方及基层社区之间的权力分配关系，便成为现代国家构建所面临的中心挑战之一。在这里，简单的解决办法是没有的。"①

本书的研究自然不能完全展现当代中国全体基层干部的面

---

① ［美］孔飞力：《中国现代国家的起源》，陈兼、陈之宏译，北京：生活·读书·新知三联书店，2013。

貌,应该说,本书所反映的是当代中国基层社会变迁过程中的一种典型化类别,是时代发展时期的一个切片、一张快照。如果用一个比喻来说,也可以讲是分支众多、世代交替的家族中的某个个人。人们可以说,若以父系而论,此人的长相和叔叔有几分类似,或许他的舅舅却从其面容中看到了熟悉的轮廓。本书的研究正是如此,面对其中描述的事件和情节,读者可以不受书本内容的限制,作为家族相似性的示例,群体的日常叙事可以在当代中国任何的基层社会中发现相联系的影子,这正可以体现社会学研究的想象力与阐释力。

社会学研究的主要对象之一就是社会群体,社会群体自然处于一定的社会结构之中,受到社会诸多因素的制约和影响,进而通过群体的行为和行动表现出这些因素之间的相互作用。围绕社会群体何以形成以及社会行动何以可能的命题,社会学流派中的各种理论框架提供了很多有益的探索和阐释。社会学的研究着重于制度和结构层面的机制挖掘,但是,这不必然意味着对"人"的忽视,而是恰恰相反,制度与结构层面的分析最终是为了解释人的行为和行动状态的。

在中国社会经过快速转型发展的二十年时间后,对当前中国社会的研究需要更多地聚焦社会群体行动背后的情感力量与心理状态,这种情感和心态具有更久的持续性以及更为隐蔽的表达性,并且能充分地反映出文化变迁之后,"传统的"与"现实的"之间的磨合状态。同时这种具有一定群体性的心理状态实际上是在更深层面上映射出社会结构的基本样态以及制度与文化之间张力的相互影响性。中国的干部群体应该是当前中国社会群体中最有代表性的一类群体了，特别是基层干部，广泛接触社会现实与社会人群，又同时具有体制框架内的身份与职业特性，这使得该群体的行动及其心态更能反映出社会结构与制度力量的基本特征。这也是本书所要着力去探索的主题，时代变迁带来的社会结构定型以及制度体系设计，是如何在情感与心态中改变并塑造群体的，同时在群体的日常行动过程中，群体的现实反应又表达出怎样的主观能动性。

S市位于中国东部沿海，这里经济高度发达，代表着过去三十年中国改革开放的成就，同时也预示着中国未来三十年发展的一种路径选择。大量外来人口从中国各地涌入这座城市，趋势尽管在最近几年受到政策调整而减缓，但是仍处于增长状态，更重要的是，过去很长时间以来，绝大多数人们对S市充满了欲望和预期。也正是从这个意义上来说，选择这里的"基层"作为研究，不仅可以展现中国基层治理的最优水平，也同时借助生活在这里的人们联系起了中国内陆地区复杂的社会人情关系，这里的"基层"反映的不是过去的中国社会组织样态，而是当下正在发生的中国社会现实。

S市的基层干部正是这种"现实"的亲历者与参与者，他们的工作映衬的背景是中国社会结构定型化以后的具体实践，在本书的第一章，我们想探讨当代中国对群体情感与心态的基本研究路径，探讨如何理解中国的基层社会以及基层干部的定位，梳理基本概念并呈现研究范畴与方法；

第二章全景式地展现S市基层干部的日常工作，包括涉及的主要领域以及工作方法和挑战；

第三章,探讨影响 S 市基层干部在日常工作中形成自我认知以及职业认同的因素,分析在基层治理过程中,干部群体激励机制及其效果;

第四章,从时空变迁的角度讨论 S 市基层干部的身份认知的情感力量,从历史时空交叠的层面去探寻当代中国基层干部心态塑造与身份认知的线索以及影响因素;

第五章,从新时代的发展形势与具体要求来分析 S 市基层干部对工作心态的展现,实际上是从工作的实际展开来探讨增强工作能力、改善工作环境、培育良好工作心态的对策和建议;

最后,结语部分结合当前几种主要因素对基层干部群体的影响,特别是对群体情感与心态的影响作用进行分析,再次呼应全书的主旨。主要目的是在当下的时代背景中,从基层干部群体自身的主体视角——即日常工作中的情感表达与心态塑造的自我叙事中,去阐释这一群体对"事业"和"自我"的理解,进而反映的是在当代中国社会的发展阶段中,干部群体对未来的期望和判断,以及由此做出的选择和努力。

第一章　作为群体的基层干部

社会科学家虽然从不同的学科和理论出发去研究社会现象与群体,但是研究的写作方法基本上是一致的,即使是在以田野调查为主的民族志创作中,人们也往往从自己的田野经历写起,由此创立了田野民族志的研究范式以及权威性。其或隐或明的基本假设是,研究中所描绘的经验存在于当时当地的现实之中。众所周知,田野调查的民族志研究是一种在特定历史条件下出现的独特的写作样式,并以研究者的实际经验作为基础;然而,经验的本质有时候并非一些研究者所料想的那般分明,特别是在当今时代,复杂性、多样性和动态性这些变化是田野经验研究者们必须思考和面对的问题。

需要指出的是,在庞大的时空变迁以及权力关系背景中通过个人经验获取的田野资料,有时候在论证过程中并不能完整回答研究对象和研究者的经验到底是什么。也就是说,当我们过分关注田野资料的获取以及论证规范化时,忽视了一个同样重要的问题:即便是无处不在的权力关系背景使得有些人或者群体成为思考和研究的对象,我们依旧需要了解,田野中的研究者实际收集或体验到了什么。

传统的社会学和人类学研究者们会把呈现在田野中的行动或互动划分为人们做了什么,说了什么,对于他们做过的事情评说了什么。根据这种分类框架,现实被分作两个层次:一方面是人们的言行,另一方面是人们如何谈论其所作所为的。在这里,人们的言辞(例如谈论群体内部的人事变动以及生活社区的选举投票事务)被归为行动的一部分。这和人们对自身行为的评说是截然不同的,因为后者涉及人们对自身行为或互动的推理——赋之以意义连贯的说明,并提供各种理由。

由此看来,实际上存在两种田野的民族志研究方式,或是集中描写人们的行为,或是分析人们对自身实践的述说。所有的田野民族志写作必然是这两种方式的糅合,一般来说都不是去单纯描述研究对象的行动,而是要说明研究对象自身如何解释其行为的制度或体系。然而,在这两个关注点当中,研究者们有时会把人们的自我评说弃置一边,认为这些只是主观性的佐证资料,不是客观的论证过程。对于研究者来说,倾听和观察是田野研究的基本要求,在此基础上,理解和形塑他者世界的方式不能是研究对象主体存在的缺失,从参与观察到参与理解,这一过程中,研究对象主体的叙事尤为重要。我们的研究就是更侧重于研究对象的诉说,即描述 S 市基层干部的日常工作或者实践是如何由参与者本身来叙述的。

这些来自被研究群体的自我叙述不能等闲视之,正是他们构成了社会实践的鲜活经验,自我的叙述在情感因素的引导下,也能较好地激发人们讲述那些社会与历史宏大图景中自己与他人的故事。的确,人们如何评说自己的实践与讲述的时空与场合有重大关系,如果我们要理解这些叙述的效果,必须考虑发问者的身份以及共同"在场"的因素。同时,我们要探求这些言谈所依生的叙事结构,只将 S 市的基层干部的叙事描述出来是不够的,他们自我叙述的形式以及方法是我们研究的焦点之所在。

理论假设在于,首先,各类日常场合下讲述的内容,是由具有历史与文化特性的叙事结构所建构的人物、情节单元以及场所组成的。在各式故事的讲述中,这三个元素必不可少,它们的真实性不是得自于时空情境,而在于为预想中的现实成为现实提供了可能的条件,并且包含着深刻的情感要素和心态展现,这是本书的中心论点。其次,人们的实际经验本身是由叙事构成,是一个连续的过程,可以被观察到和体验到,将叙事结构视为社会存在的历史形式,为理解存在方式本身提供了路径。

事实上,对于基层干部这一群体的研究更需要在上述理论假设的基础上,充分考量其特定的身份、位置、环境等要素的影响作用。一般而言,田野研究需要在方式方法上体现出一定的创新性和连贯性,对于城市基层干部事业心形成的日常工作研究,其研究的创新性与连贯性体现在既要全面地描述当下中国城市基层环境中各种要素的组成以及功能发挥,还要注意人物在叙述过程中情感与心态显现的隐藏线索,并通过理论将实践发生的日常事务联系起来。

第一节　干部的"人物"形象界定

　　基层干部的身份首先是"干部",干部这一贯穿历史和现实的称呼,具有很强的象征意义,尤其在中国,是一种既被大众熟悉又经常被各种想象和误解所环绕的身份与称谓,既是一种职业身份的称呼,又是一种权力与权利的代表。20世纪初,"干部"这一称呼从国外经词语翻译传入中国以后,其本身代表的就不仅仅是一种职业身份,在包含了对知识学历要求的同时,还代表了革命年代一种具有表率作用的典范形象。新中国成立以来,干部是计划经济体制下人事管理的一种身份反映,与农民身份和工人身份共同构成了中国社会三种基本的社会身份。改革开放以来,伴随着社会经济结构的调整转变,干部的身份界定与管理方式也向着越来越职业化和规范化的方向发展。

　　新世纪以来,学界对于"干部"这一群体的研究实际上主要是从职业管理范畴进行的,这一方面与中国社会快速发展带来的多元化职业现象紧密相关,另一方面也是从管理规范化与效率化角度考虑,提升干部管理体系的科学性。把"干部"视作职业群体,这种定位与研究取向从更深层次的角度来说,也是从制度建设方面着手,希望通过职业化、科学化的规范管理,尽量降低人为因素对整个干部队伍建设的影响。

　　实际上,中国共产党始终重视干部队伍的管理和建设,无论是在哪个历史时期,干部都是党的宝贵资源以及事业的核心力量。中国共产党关心并爱护干部的成长与发展,不仅重视对党内各级干部的培养和教育,也注重团结联系党外干部,共同为国家建设而努力奋斗。同时,党对干部工作的要求也伴随时代的发展,不断丰富其内涵与内容,根本原则还是突出管理上的一个"严"字。这个"严"不仅是管理方式上的严格,包括选拔和考评,越是高级别的干部、越是岗位重要的干部,更是在选拔晋升机制上突出"严"的特点。此外,对干部的"严"还体现在对工作的尽职尽责以及对党的忠诚度上,这已经不仅仅是考察考核方面的内容,更是要通过不断的学习教育使之成为干部内化于心的一种精神信仰。

这种对干部队伍的管理与要求在中国社会发展的不同时期,其内在本质没有发生很大变化,基本要求是一以贯之的,但是,受到不同时代社会发展诸多因素的影响,干部群体自身的表现则是充满了许多值得研究和思考的空间。因为,无论是党内还是党外干部,干部首先是由人来构成,"人"的因素意味着行为和行动不仅受到制度、政策等客观要素的强力制约,同时也始终伴随强烈的主观能动性因素。其次,在不同环境和事件的影响背景下,在制度弹性空间里,人的主观判断和主观诉求会通过各种各样的方式或明或暗地表现出来。干部作为一个特定群体,其本身的职业素养以及政治属性使得这一群体相较于其他群体有着更为高标准的客观要求和严格的内在主观要求,也即是说有着更为严格的职业化要求和伦理性要求。

在新的时代发展背景下,对干部群体所进行的研究,特别是针对当前一些突出现象和问题的研究,需要充分考量制度对人的影响以及人对制度做出的理解和行为反应,这些是把握当前干部群体基本特征的两个不可分割的方面,并且互为联系、相互影响。

在中国，"干部"一词的开始运用，并不是一种冰冷的职业称谓，特别是对于中国共产党的干部定位来讲，"来自五湖四海"与"为人民服务"的基本属性决定了干部这一群体不仅仅是一个纯粹的职业化群体，是一个与人民群众紧密相连的群体，甚至可以说，脱离了人民群众的干部也不能称为"干部"了。然而，现实的矛盾也正在于此。

随着时代发展，"联系"与"脱离"不仅仅是客观的考核，更多时候还受到主观认同与主观判断的重大影响，这就需要一方面从"干部"群体自身的叙事中去寻找主观认同的变化线索，另一方面也要在叙事中通过一系列核心"人物"的代入，来理解当下干部群体所面临的现实处境。

在群体中确定标志化"人物"的意义在于，通过在日常生活中的一般叙事和特定事件中区分参与者的"角色"和"人格"来发现并探讨人以及群体的行为动机和行动选择。对于我们的研究来说，这种界定在干部群体的工作实践研究中具有很好的启发意义。正如在中国的戏曲或者很多地方戏中，与现代影片不同的是，戏剧中的人物具有界定清晰的特质，一出场人们便可通过脸谱进行清晰的辨认，这些人物影响着剧情的发展，并且他们的性情也为特定文化背景塑造，被观看者所认知和认同。这些特定的脸谱化人物，不仅是一种社会角色的体现，其本身也蕴含了道德性的人格魅力，并且经过不断的文化意义塑造，成为被人们所熟悉的"人物"。

这种人物与现代意义的"社会角色"是不同的，特别是与诸多的职业化社会角色有着非常大的差异，因为职业化的社会角色不属于"人物"，他们缺乏人物个性所必需的道德特质。这并不是说，职业角色不具有职业伦理，相反，现代社会的职业大多具备很高的职业伦理要求。我们从"人物"的界定来研究干部群体，只是想表明，对于"干部"这一特定的职业化与道德性交织融汇的群体，从一般社会性的职业角色进行研究，会忽视很多内在因素对这一群体行为的影响。因为在干部这一群体中，角色和人格是以特别的方式进行融合，行动的可能性往往更加充满复杂性和矛盾性，这也是在当前阶段，这一群体也会受到社会思潮影响，出现诸如所谓"佛系""躺平"等特点的重要原因。

在新中国成立以来很长时间里，干部通过电影宣传被塑造成为特定的革命形象，这一形象既贯穿了革命战争年代的行为表现，也涵盖了新中国成立以来轰轰烈烈的国家建设内容。这一时期电影中的干部形象为广大人民群众所熟悉和接受，很多具有代表性的干部形象，更突出一种道德层面上的角色塑造，与这一阶段国家发展与社会文化要求有着紧密关联。这些鲜活的干部角色也可以称为"英雄人物"，是在特定战争年代与国家重建历史背景中的人物，不仅担当起革命事业的具体工作，也彰显了对革命事业的乐观无畏精神。这实际上是社会经验在不同历史时期的表现，改革开放以来至 20 世纪 90 年代电影中的干部形象，其内涵又发生了不同变化。这一时期塑造的干部形象，更加突出对事业工作的热爱与奉献，一系列深入人心的干部形象可以称为"榜样人物"，不仅在道德层面上突出其高尚的品德情操，更在具体工作中展现出对事业的开拓进取以及钻研勤干精神，这与当时中国整个社会发展的经济与文化状态紧密相关。

　　干部作为叙事背景中的"人物",体现的是在特定时空内相对稳定的形象,这些形象的背后隐含着自我的道德信念。通过一系列人物的塑造来体现道德信念,研究构成他们日常生活中的道德语言与行为,就可以一定程度上避免从道德哲学层面上去直接评价和要求这一群体。所以,干部群体的个人信念未必与公共角色相符,二者的关系由心理或个人生命历程等内在因素加以调节,这也是我们称之为"事业追求"的理念。这种关系在叙事中的表现却相当独特,身份是由社会外在条件来预定,并为特定的文化与历史背景提供了一种解释的可能。干部群体也反映出了社会成员在当下阶段所预设的特定文化或道德的特质,毕竟,这一群体从各个方面标准来说,是整个社会成员中较为突出的一个群体。该群体也由此构成了一种可以理解当下中国社会发展以及道德文化特质的窗口,因为日常生活中大量不可一一描述的琐碎细节,以及人们复杂多样的群体关系是可以借助干部形象的塑造与变化得到观察和展现的。这一身份的特殊性,也使得很多无法直接看到的人际关系以及日常生活中为人们所心领神会的习俗和观念可以在干部群体的自我叙事中得到展现。

　　"人民的好干部"就是鲜明的人物形象写照,是党和国家希望塑造的干部群体形象,也是在现实层面上为广大群众所接受和尊崇的形象。这其中最具有代表性的一些典范,已经穿越了历史时空和职业属性,成为一种社会的道德楷模和精神追求。焦裕禄就是其中最为典型的代表,人们透过这一形象,理解了中国共产党的使命和作风,也理解了新中国未来发展的方向。

　　20世纪60年代,焦裕禄在中国最贫穷的县城之一担任县委书记,全身心地投入改造自然环境与人民生活条件的工作中,其事迹不仅在当时广为传播,其后更是通过大量的文学、影视作品得到广泛流传,在感动人民的同时,成为中国共产党党员干部的楷模。如果单纯从干部的社会职业身份与角色来说,焦裕禄只是党的一名普通干部,全国几千万党员中的一员,从事的工作并不具有明显的特殊性。但是他的事迹,已经远远超出了干部职业范畴,不仅在当时社会背景下成为一种精神与信仰的体现,即使是在随后的改革开放以及当代中国社会,焦裕禄的工作事迹也同样成为一种标志,这种标志意味着中国共产党的干部"为人民服务"不仅仅是一种工作,而是一种"事业"。

由此,干部的形象得到极大的升华,不仅为人民群众所尊重,同时也体现了党的宗旨。党和国家也同样希望,焦裕禄式的干部可以历经时代变化而初心不改,始终保持本色。尽管我们知道,不是所有的干部都是和焦裕禄一样勤奋工作并视之为事业,尽管即使是在焦裕禄生活的 60 年代也同样存在干部腐败与作风问题。但是,焦裕禄本身作为一种特定年代的人物形象,在折射出一个时代特点的同时,也承载了人们对时代的理解。所以,此"人物"既非个人,亦非社会角色,而是在特定历史背景下形成的一种意识形态话语形象,这种形象具有很强的历史穿透性。这种穿透性也正是我们想要在研究当代干部群体时所要思考的问题,即当代干部群体作为人物仍然被塑造着,却似乎未能在历史穿透性和延续性上表现出深刻的人物形象。这不能简单地归咎于时代的变化,诚然,时代变迁发展背景是影响人物形象的重要方面,但是干部群体本身对于自我以及职业的理解也发生着深刻变化。

也正是依据这种新的变化性,我们对于干部群体的人物形象定位,需要在把握当下的同时,作好充分的历史比较,由此来理解对于干部群体来说,什么是"事业心",这种事业心应该是一种情感价值的体现,是一种心态的反应,是立足于本身职业伦理道德的认知与追求。干部群体的研究同样不是只追求典型人物,一组人物的意义只有考虑到其特定事件过程的相互关系,才能得以清晰地展现。我们需要在研究中选取干部群体中具有标识性的"人物"来考察群体在当代历史背景下对工作和自身的理解。

因此,他们的自我叙事成为研究的必要参考点。这里隐含的假设是,当前,在新时代经济发展新形势以及党建新要求背景下,干部作为其中重要的核心支撑力量以及各种社会实践的连接纽带,他们的日常工作及其基础上形成的情感与心态都在发生潜移默化的改变。"时空压缩"与"信息茧房"越来越成为我们这个时代的新特征与新挑战,它们对人的性情以及道德素养的影响是当下时代每个人正在经历和体会的事情。对于干部群体的研究,如果仍然沿袭以往的从他者的视角进行"外部性"研究,而不是从自我本身的叙事逻辑出发去进行探索和阐释,那么研究的重复性将大大增加,创新性和深入性也更加受限,理论的本土化建构更是无从谈起。

第二节　何为基层干部

如前所述,从干部群体中确定"人物"并作为基本的分析范畴具有十分重要的意义,特定的历史时刻与社会发展结构中有着相对稳定的一组人物,他们构成了理解群体行动的重要媒介。当代中国拥有庞大数量、划分明确的各级干部，整个干部群体的管理工作已经形成了非常标准化与复杂化的体系，这其中涉及干部的选拔、聘用、考评、晋升和待遇等一系列细致工作，不同职级的干部在管理序列中有着非常明确的界定。现实社会生活场景中，情况往往充满了复杂性。从普通民众关于干部群体认知的一般性话语方式来说，随着人们对干部群体认识了解水平的提升，大多数人对于干部的认识是将这一群体区分为"高级领导干部""中层管理干部""基层干部"。这种划分的主要标准即是干部职位的高低。而在更为广泛的实际社会生活中，人们对于干部的认识有时候会更为模糊，我们从一个具有普遍性传播的称呼——"领导"就可以感受一二。

"领导"的称呼被应用在各种场合，很多时候往往忽略了被称呼者实际职位的高低，其背后隐含的是一种权力的象征性意义。一位在行政管理体系中属于科员身份的公职人员，并不能算作真正意义的"领导"，但是在某些具体与民众接触的社会场景中，例如办事现场，在没有更高级别干部出现的时候，可能也会被称呼为"领导"，这甚至可以进一步扩大到所有代表公职权力身份的普通办事人员。这种称谓广为流传背后的意义实际上不需要解释太多，这是大多数中国人心领神会的一种含义，大家都明白这样称呼意味着什么。特别在基层社会，干部与群众之间的联系非常广泛，很多工作的开展主要是和群众进行面对面沟通。这种情境下，职位的实际高低当然具有决定性意义，但是高级别的干部不会总是出现在具体的工作场景中，这时候，人们一般性认知所发挥的作用就更为主要了。也正是在这种背景下，我们可以看到

"干部"的身份——特别是基层干部的定位,存在着两种标准,其一是干部管理体系中按照职位层级标准定义的基层干部,体现为处级、科级等身份的干部;其二是在实际工作场景中,为群众所一般性认识的基层干部,其涵盖范围就要广泛得多,既有处级、科级干部,同时也包含了社区中实际参与工作的人员。

这种情况的出现与中国基层社会及其地域关系的形成有着紧密联系。传统意义上对基层社会的定位意味着广阔的农村社会,农村地区紧密联系的社会关系网络也决定了整个基层社会拥有很高的自治程度,并形成了特有的乡土社会治理方式与文化习俗,同时,传统基层社会十分抵制并排斥自上而下的中央治理。近代以来,伴随城市化发展,中国传统基层自治模式不断受到冲击和改变。特别是新中国成立后,虽然基层仍然主要是指代农村社会,但是党和国家对基层治理的掌控度却极大提升,农村社会的基层组织重建直接受到党和国家的领导,由此形成了特定时期的城乡二元体制模式。

改革开放以来四十余年,随着中国城市化水平的快速提升,农村地区作为基层的属性并没有太大变化,城市由于地域空间范畴的扩大以及人口规模膨胀,其内部也逐步开始出现"基层"的概念范畴。由此形成了当下中国社会对"基层"的基本定位:一个层面是指原有的包含广大农村地区的、以县为基本单位的基层架构;另一个层面是在城市中,特指在地级市以上的行政区划所形成的"十字形"管理架构中,其纵向是以各个委办局为主要组成部分的城市职能管理部门,横向是以街镇为主体的城市治理部门。这个横向的以街镇为主体的行政单元,就是我们一般意义上所说的城市基层。

毋庸置疑,我们研究中国的基层社会,即使是研究城市基层社会,也要考虑中国各个地区城市的多样性,因为各地发展的实际情况往往充满着"地方性"特点,在此当中,基层干部的工作状态也呈现出一定差异性。我们所研究的 S 市具有几个鲜明的城市特点:

第一,S 市虽然不是中国的政治中心,但却是中国的经济中心之一,并形成了一定的历史发展传统,这个传统是以经济发展、特别是开放型经济发展为主线。这就构成了 S 市所特有的一种城市文化,与大多数同级别的中国城市十分重视政治文化不同,S 市在经济方面的重视度一直以来与政治的重视度并驾齐驱,在特定历史时期,甚至超过对政治的重视度,这已经成为蕴含并内生于城市文化中的一种特质。

这种城市文化特质必然影响到 S 市干部群体的基本工作风格。正如中国其他城市的干部对 S 市干部评价的那样,S 市的干部更为"谨慎"和"务实"。这一评价的褒义成分更多一些,"谨慎"意味着在具体工作中更加注重规则性与规范性,"务实"则体现出对经济发展的特别关注。当然,我们也必须注意到,凡事皆有两面性,在某些特定背景中,褒义性的评价也可以从另一个方面去理解,"谨慎"也意味着某些领域工作的创新性不够,偏重保守性,"务实"也可意味着一些重大事件的政治领悟力、判断力不够,仅仅关注经济发展。这也正可以反映出我们在对干部群体的现实研究中所面对的复杂性,同样的话语在不同的背景下包含多层意义。

第二，S市作为中国发展最快、经济水平最高的城市之一，城市财政能力是很强的，其所在的地区历来是向中央财政缴税最靠前的地区，S市本市的财政状况也是影响地方区域经济乃至全国经济的重要因素。这也决定了S市的城市发展可以在很多层面采取更为灵活和主动的方式，包括在基层社会治理上，很多涉及城市治理的创新举措，放在S市率先进行尝试是有优势的，当然也是因为具备了相对有利的条件和基础。

第三，作为中国行政区划最大的城市之一，S市数量庞大的人口规模，使得城市社会结构空间充满了多样性和复杂性，各类群体在S市生活与工作，也使得这座城市可以成为当下中国社会发展的一个典型代表。中国幅员辽阔的地域空间及其伴生的地域文化，在S市可以得到最大程度的融合与展现。也正是从这个意义上说，尽管S市不能涵盖中国广大的农村社会，也不能代表中国所有的城市，但是，其本身所具有的城市空间广度以及人口流动宽度，使得S市的基层社会内在构成特质可以涵盖中国社会基层社会的基本要素，并且更能代表中国基层社会的未来发展趋向。

S市所具有的现实背景决定了这里的干部群体，特别是基层干部具有一定的代表性意义。实际上，从我们的研究来说，关注的焦点并不是S市的实际发展，而是这里基层社会发生的实践是如何构建了干部群体日常工作环境，也即是我们所要研究的干部群体自我叙事的内在逻辑，以及这个逻辑得以形成的条件。因此，基层干部日常工作中的自我叙事，可以成为反映当下中国社会结构的一种视角。诚然，不同基层干部在不同的叙事研究过程中,讲述的版本存在主观上的差异,但是我们应该看到的是,这些叙事实际上共享着同一历史情境下的社会结构,并具有稳定性和延续性。也许基层干部本身的自我叙事是单一的,但是,从不同位置的"人物"视角去分析同一种叙事逻辑,我们可以发现隐含其中的历史与现实的结构性线索。

在基层干部群体中,处长级别的党工委书记、科长级别的科室长和事业编制的社区居委会主任这三类"人物",对于理解分析S市基层社会的日常工作是必不可少的。他们虽然主要是以行政层级划分确定的身份,但是又不仅仅是行政层级上的上下级关系,在广阔复杂的基层社会中,关系网络的构建并不是只有行政关系,还有非常多样化的社会关系。比如社区中的居委会主任,甚至在一些地方都不一定能算作真正的行政级别,但是谁也不会忽视社区居委会主任在实际基层治理中的角色作用。特别是在与群众打交道的诸多工作中,社区居委会主任因为是实行属地化原则产生的,他们比基层行政体系的干部们更了解所在社区群众的实际情况,并且更加具有社会威望和拥有更多协调方法。在基层中,社区的居委会主任不是万能的,不能解决所有事情,但是没有社区居委会主任的社区大概率是比较混乱的,因此才有居委会主任(也包括了很多居民区党支部书记)"小巷总理"的称呼,这充分体现了社区居委会干部的工作特性以及重要性。

处长也是如此,在一般性理解中,基层干部中处长级别已经是最高级别了,这一级别所能决定的行政权力范围是非常大的,至少在一般人的理解中是如此的。但是对于行政处长的考核,城市基层与县一级的基层存在非常大的区别。大型城市中的处长与县级管辖范围内的县长在级别上是一样的,但实际管辖领域与职权运用空间却有着较为明显的差异。毕竟县级行政单位是财权相对独立的行政单位,并且涉及很多农村农业工作,而大城市中的街镇,特别是街道,是由上级拨款进行日常工作,工作重心也主要是城市的公共服务与社会治理。因此,城市基层考核涉及的指标非常细化,并且直接指向各类非经济性领域,处长们在城市中所能做出的成绩并不像在县城,可以通过一些重大工程得到明显展现,他们在日常工作中往往需要投入更长的时间与更多精力。

科长在城市基层中的作用更为关键,不仅承接了处长的行政指令执行,也包含了对基层社区具体工作的管理,甚至很多时候,在基层实践运作中,科长的作用要大于处长。在基层具体工作中,科长不仅要更为熟悉了解自己所在科室分管的实际工作,要负责各类事项的具体运行,同时还要为分管的处室领导提供必要的材料汇总和预案,以方便处长进行权衡选择。在基层工作实践中,几个科室联合工作是常态,这就意味着很多科长除了要做本科室工作之外,还要承接许多合作性项目。在基层工作的运作框架中,科长是"承上启下"的关键一环。

基层干部中的三种人物互为关联,构成一个功能整体,他们共同塑造了S市基层干部日常工作的结构性要素。实际上,我们可以更进一步地在三种人物角色中划分出很多亚范畴,或者在此基础上添加其余行政级别的次级人物,但是我们所研究的S市基层干部的日常工作始终是由这三个人物串联起来的,并构成一个整体。他们不是一般意义上的"主人公"或者"主角",而是基层干部自我叙事结构要素中的主人公;也即是说,他们的存在以及由他们所构成的基层干部群体的联系性,塑造了整个 S 市的基层工作环境,尽管他们自身也同样是在结构中被塑造的。对于普通民众而言,人们通常认为的基层干部包括的类别很多,角色定位上也非常模糊,似乎只要和群众经常打交道的、在一线工作的,就是基层干部。而在宣传媒体中,主流媒体报道中的基层干部往往也并不作实际性区分,一方面考虑到具体问题具体分析的难度,不同领域的"基层"存在差异,另一方面,媒体报道也往往倾向于归类性界定,因为报道的主旨在问题分析而不重在人和群体上。这些年发展迅猛的自媒体基本不会有基层干部的相关内容,即使有也往往是具体事例中的反面典型。

在学术界,近年来对基层干部群体的关注度有所提升,也包含了涉及群体主观意图的研究与行动行为的分析,一些研究者长久持续关注基层干部群体,也取得了不错的研究成果。但是无论是从政治学、社会学还是管理学等学科的主流研究范畴来看,基层干部的研究仍然是非常小众化的,不仅研究关注度不够,同时研究路径也基本局限在量化考核和选拔聘用等体系建设上。我们无意否定与轻视这些研究的重要性和有益之处,只不过在当代中国基层社会实践中,让人感慨的是,基层干部群体越来越多地成为该领域内的高学历人群,同时又是专业人士,他们对基层发展具有举足轻重的作用,但是关于他们自身的认知与定位,以及他们对自我身份的情感理解却鲜少有研究去展现。实际上,作为整个中国基层社会在新时代变迁发展的重要参与者,他们的感受以及心态认知应该是最具有代表性的。

这不得不让我们有所思考,新中国成立以来,中国共产党的干部群体在很长时间里都是整个时代的先行者和代表者。以焦裕禄为例,20世纪60年代的中国社会,整体发展水平要远远落后于今天,焦裕禄所生活与工作的环境虽然十分恶劣,但是在60年代的中国,这种情况还是具有普遍性意义的。在人们普遍"吃苦"的社会背景下,他的工作方式以及追求成为当时人们所推崇的典型,不仅仅是由于宣传报道的影响,更在于他的这种行为以及精神信仰成为触动人们心灵并得到广泛共鸣的一种象征,也成为一个时代的写照。人们敬仰并称颂焦裕禄,不仅在于他伟大的人格魅力,也在于他是那个时代走在人们前边的开路者和引领者,是全身心投入一种"事业"并且为人民事业不懈奋斗一生,他是那个年代中国人精神品质的缩影。由此我们也可以看到,在改革开放的80年代,市场经济的90年代,新世纪加入全球化的十年,中国共产党具有时代性意义的基层干部代表仍然不断涌现,并且具有感染力,他们的榜样性在于既是本领域工作的先进表率,也是整个时代精神的写照。

一直以来,有种观点认为中国共产党的干部往往被宣传塑造成为一种"非人"的代表,他们除了奉献牺牲精神之外,再没有任何情感表达。实际上这是一个极大的理解误区,诚然,革命战争年代注重对"英雄人物"的塑造,牺牲和奉献成为时代精神的首要因素,这与当时民族存亡的历史背景紧密相关。新中国成立后,继续沿用了这种人物形象塑造方法,一方面是因为新中国面临的外部环境仍然危险,另一方面,牺牲和奉献也是中国共产党人的精神底色,是一种历史传统。然而,这并不能否认中国共产党的党员干部作为"人"的基本特征。伴随着时代发展,中国经济社会水平不断提升,我们可以看到,在新的历史背景下,党员干部的形象塑造也在发生着变化,优秀的党员干部,在仍然具备牺牲奉献精神的同时,"人情味"也被不断地体现出来,更多的生活工作报道着重在这一方面展现出动人的细节。一些为人们所尊敬和称颂的基层党员干部代表,不仅具备了传统的牺牲奉献精神,同时也保持着和群众的紧密联系,善于并熟悉和群众打交道。这种特征在他们的工作中体现得淋漓尽致,实际上无不蕴含着党员干部对工作的情感力量,对自身以及对他人的情感力量,这背后则体现的是对工作的负责以及对事业的追求,即这项"为人民服务"的工作并不完全是一种工作,而是一种事业。

新时代以来,中国社会整体环境也在发生着深刻变化,党员干部特别是基层干部中,不乏大量优秀代表。更为普遍的情况是,很多基层干部在各自岗位上做着大量工作,但事迹并不为人们所熟悉。与以往时代相比,人们似乎觉得,具有广泛影响性和感染力的基层干部代表变少了。而在干部队伍内部,在全面从严治党背景下,基层的腐败现象减少了,但是一些新情况也在出现,例如一些基层干部也没有以往的那种"精气神"了,也不是很愿意和群众打交道了。人民群众的这种主观判断是有一定事实根据的,这种情况的出现也与当下基层干部所处的工作生活环境的实际变化密切相关。

何为基层干部?这一群体深受历史定位、民众认知与制度变迁的影响。中国共产党的初心使命决定了基层党员干部的基本身份属性,实现人民美好生活与民族复兴的党员使命从未改变,历史传统延续至今,并且有更加强化的趋势;从民众认知变化来说,基层干部与人民群众的关系在当下仍然保持着紧密联系,但是也会出现新现象,特别是在大型城市的基层社会中,各种现代化技术因素都在潜移默化地影响甚至重构干群之间的关系。人们在对党员干部群体的认知上也越发呈现出新的挑战,比如既希望基层干部保持 20 世纪五六十年代的作风精神,又要能处理新时代千头万绪的各种诉求,这其中涉及的很多问题具有非常复杂的特殊性;从制度变迁方面来看,新时代制度体系对基层干部的要求与考核更加规范化与严格化,这对于整个群体专业素质的提升具有重要意义。然而在科层化的管理与要求提升以后,基层干部的工作作风与精神状态也在相应发生了一些变化,这些变化很多时候并不是通过典型事例明显表现出来的,而是"润物细无声"地体现在日常工作的各种细节之中。

因此,我们需要从基层干部群体本身对工作的自我叙事中,厘清和理解这些结构性因素对他们的影响,这一群体内在的同质性特征也为我们通过他们的叙事去理解他们自身的情感与心态提供了便利条件。这也是我们的研究为什么首先要在这一群体中确定几个重要的"人物"坐标,以此来帮助我们搭建研究分析框架,并进一步呈现与讨论群体情感表达与心态塑造的方式,从而理解这一群体行动的基本逻辑。由人物带动叙事,由叙事展现情感,由情感反映心态,由心态理解行动,从而完成对城市基层干部群体在新时代"事业心"塑造的田野考察。这一研究应该也可以帮助我们通过对这一群体的详细考察,认识并思考在当代中国,人们对于当下生活的理解并作出行动选择的动机,以及在这背后所呈现的自我情感与道德追求。

第二章 城市基层干部日常工作的基本特征

　　城市基层工作包含的内容非常多,这一工作最本质的属性就是与人民群众的现实生活紧密相关,并以增进民生福祉为根本指导。基层干部所做的工作内容,是与人民群众最直接相关的工作,不仅时刻反映着当前人民群众的具体生活状态,也体现了人民群众对党和政府的感情表达。新时代发展背景下,基层工作面临的挑战表现多样,党和国家对基层工作的要求日趋严格,基层工作的具体事务环境也有着新变化,这些都构成了城市基层干部日常工作开展的基本框架。城市基层干部的日常工作,首先体现的是中国共产党为人民谋幸福的初心与宗旨;其次,这项工作的根本目标是构建一个人民安居乐业、和谐稳定与公平正义的社会;再次,基层社会建设的重心是在发展中保障和改善民生。基层社会的稳定以及市民的安居乐业,不仅仅是涉及广大人民群众生活状态与水平的重要工作,也是检验新时代中国特色社会主义制度能力的重要方面,更是考验中国共产党党员干部执政水平的关键环节。

第一节　新时代增进民生福祉的城市治理

中国特色社会主义进入新时代以来,围绕全面建成小康社会这一中国共产党第一个百年奋斗目标,中国社会的民生建设进入质与量并重的快速发展时期。在这一阶段,民生发展的主线是"小康社会"的实现,而实现的条件就是人民现实生活物质基础的保障和积累。小康社会必然是一个物质基础丰富的社会,这一物质基础涉及的是人民群众衣食住行等最基本生活条件的满足,而且对于新时代中国民生建设来说,仅仅满足基本条件是不够的,还要在此基础上有明显的积累和增进。另一方面,小康社会的实现必须是"全面的",这意味着全体社会成员都要享有充分的基本物质生活条件。

因此,新时代中国共产党领导的基层社会建设紧紧抓住"全面小康"这一主线,着力从两个方面来改善和发展民生,一方面是集中最大力量进行脱贫攻坚行动,在精准脱贫理念的指引下,对贫困线以下地区和人口有计划、分阶段、划重点地改善与提升物质生活水平。这是人类历史的一大壮举,也为全面建成小康社会奠定了坚实的物质基础。另一方面,通过顶层设计和政策引导,结合地区与城市的发展现实,着力于对广大人民群众关切的"急难愁盼"问题进行针对性和系统性应对与解决。其根本宗旨在于不断夯实和积累民生发展的基本物质生活条件,通过一系列各具特色的民生保障和建设工程,极大地满足人民群众现实生活需求,有效地提升人民群众生活水平。新时代人民群众对基本物质生活的需求已经明显转变为对美好生活的追求,这意味着民生建设已经在积累丰富物质基础条件上有了更新的发展目标。

新时代基层民生保障工作,着力在幼有所育、学有所教、劳有所得、病有所医、老有所养、住有所居、弱有所扶上持续用力,通过编织完整的民生保障网络全方位改善人民生活水平。经过十年努力,民生保障的社会性网络基本构建完成,这一网络的形成,不仅为人民群众日常生活提供了重要的保障条件,同时也增大了社会包容空间、增强了社会协商弹性。这一方面是得益于国家治理能力的提升以及各级政府社会矛盾化解水平的提高,更重要的是得益于民生保障的持续推进与网络性覆盖,正是民生保障网络的普遍可及性与持续有效性,维护了社会秩序的稳定并增加了社会发展活力。

获得感、幸福感和安全感是社会发展感受度的三个重要指标,新时代基层民生发展与保障的最终目的是不断提升人民群众在这三个指标维度上的充实感。简单来说,获得感是建立在人们可支配和调动社会资源能力之上的,幸福感是建立在人们对日常生活方式接受度之上的,安全感则建立在人们对所处社会空间满意度之上的。因此,三种主观感受指标实质上指向的是社会资源的丰富性、社会流动的畅通性以及社会公平的有效性方面,归根到底是民生改善水平与社会秩序的稳定度。过去十年间,中国共产党人在增进民生福祉方面的主要成就和经验也正是体现在人民生活水平稳步提升与社会秩序长久稳定上,这与同时期世界其他国家相比,无论是欧美发达国家还是其他发展中国家,表现非常明显。

　　实际上,对于中国共产党来说,将人民群众的利益放在首位意味着在各项工作中必须无条件地体现出"人民至上"的根本宗旨,这已经成为贯穿中国革命与社会主义建设事业始终的一条线索。在新时代发展背景下,随着中国社会转型深入,社会生产力水平的不断提升,城市基层的民生保障与社会治理需要更高层次的干部队伍来担当责任与履行使命。

　　这就需要首先对党员干部群体在工作中的责任和使命进行清晰明确的界定和动员,这不仅是每一位中国共产党员的必修课,同时也是衡量干部能力以及干部晋升的重要考核标准。简单来说,中国共产党人对国家治理和社会建设的原则,体现在"江山就是人民,人民就是江山",这句话不仅仅是一句革命战争年代的口号,更体现了中国共产党人所遵循的马克思主义人民观的基本立场,在新时代发展背景下,也同时对如何结合中国实际发展增进民生福祉进行了辩证思考。中国共产党人在建党之初就深刻认识到,人民是中国革命事业的主要推动力,中国革命的根本目标也同样是为了人民。

　　从中国共产党所遵循的马克思主义理论渊源来看,在中国共产党成立以前,历史已经证明,任何王朝的兴衰、政党的更替都不是将人民的利益放在第一位的,人民充其量只是借用的工具而已,"江山"才是各个利益集团真正关心的所在。因此,在获得"江山"之后,"人民"立刻就被置于被统治或者压迫的地位之上。尽管中国自古以来就有"小康"的社会理想,中国传统文化也强调民心所向、民意所指的重要性。但是,从当时社会生产力发展水平以及社会关系的状态而言,民众只是维持统治秩序的手段,是可以用来谋取集团利益的可操控力量,其创造的巨大劳动成果也并不为人民所拥有和掌控。进入近代社会以来,不断有爱国党派和政治团体以救亡图存为目的而高举"人民"旗帜,即使出发点是为了中华民族的复兴,但是由于没有科学的理论作为指导,认识程度也受制于客观历史条件,因此既没有有效的动员人民群众力量,也没有认识到人民在中华民族复兴事业中的主体地位,甚至将人民置于旁观者境地,所以无一不陷入困境与失败的结局。

而中国共产党的革命奋斗历程则恰恰用历史实践证明了,革命事业打江山依靠的是人民,社会主义建设事业守江山为的也是人民。民生保障相关的城市基层建设工作正是把"江山"和"人民"紧密联系起来的重要纽带和具体表现。"一个世纪以来,中国共产党把马克思主义基本原理与中国社会主义革命和建设的具体实践相结合,探索增进民生福祉,建设中国人民自古以来梦寐以求的美好社会。"①现在,这一美好愿景已经通过全面建成小康社会阶段性地实现了。

伴随着新的发展条件,中国共产党对民生福祉事业的理解也在进一步提升,特别是对现代基层社会的建设理念有了更加全面的思考和阐释。现代城市基层社会建设离不开两个基本原则,第一是始终坚持马克思主义的人民中心论观点,不断在新的历史发展阶段中,紧密联系社会生产力发展与社会关系的变化来看待民生保障与发展问题;第二,始终坚持马克思主义基本原理与中国具体实际的紧密结合,从中国自身的发展特性来探索中国式的现

---

① 丁元竹,《中国共产党增进民生福祉思想的发展》[J],《开放导报》,2021 年第 3 期。

代民生保障与基层工作结合的路径。从这个意义上来说,"中国共产党民生理论新发展既是对马克思主义、毛泽东思想和中国特色社会主义理论体系中民生思想理论的继承和创新,又是对当代中国保障和改善民生现实问题的理论思考和回答"①。

马克思主义社会发展观认为,"从现时的人们的社会物质生活的生产和再生产理解社会存在,同时包含着对过去人们创造的结果的理解,也包含着对未来人们社会物质生活的前提和条件的理解。"②这意味着,理解中国社会以民生保障为主体的城市基层工作,不仅要从一个长时段的历史维度进行考量,还要在新时代背景下,从理念构成的主体、对象和范式上进行阐释,进而指导具体实践工作。

首先,城市基层工作的责任主体是中国共产党,党的核心领导贯穿中国民生发展与社会建设始终。为民谋利和为民造福是中国共产党执政的本质要求和最大特征,这在七十余年的新中国社会主义建设历程中得到了充分验证,并且形成了具有中国特色的社会主义民生发展理念和实施方法。在新的历史节点上,中国共产党始终肩负着强化基层社会稳定与提升人民生活品质的重大使命,也始终肩负着领导中国式现代民生福祉建设的重大责任。党和政府围绕全新发展目标对现代城市基层工作进行系统分析,坚持的是社会有序运行与人的全面发展原则,以问题应对为导向、以制度设计为基础、以政策精准为支撑构建层级化和动态性的民生保障体系。

---

① 青连斌,《中国共产党民生理论的新发展》[J],《科学社会主义》,2018 年第 6 期。
② 瞿铁鹏,《马克思主义社会理论》[M],上海:上海人民出版社,2017 年,第 4 页。

其次,城市基层工作的受众对象是人民,逐步实现全体人民共同富裕是增进民生福祉的根本目的。新时代的民生发展一方面极大地提升了人民群众的物质生活水平,另一方面,长久以来快速发展带来的风险和弊端也在不断积累着,甚至在社会结构层面上产生了明显的不平衡、不充分发展现象。部分群体借助中国经济高速运行的机遇积攒了大量财富,社会财富在群体间的分配不均衡现象引起广泛关注和讨论,经济社会发展的成果究竟是否是全体人民共享甚至受到一定程度的质疑。正是在这样的现实背景下,中国共产党必须通过切实有效的制度设计来证明社会主义制度对共同富裕目标的追求,通过一系列深化改革、打破利益固化的政策证明中国共产党领导的民生保障建设必须是以人民为主体且发展成果由全民共享。这些制度与政策的实施效果,在基层社会体现最为明显。

最后,城市基层社会的实践范式是一切为了人民,一切依靠人民。中国社会的民生建设已经进入现代化更高层级的实践范畴中了,民生福祉的增进早已不是单一地仅仅局限于社会领域的议题,而是涉及经济增长、政治稳定、文化引导和生态平衡协同推进的整体性工作。因此,现代城市社会的基层工作是在中国社会不断向前发展中得到充足保障和长效改善的,是在不断鼓励全体社会成员通过共同奋斗的基础上来创造美好生活的。新时代以来的城市基层工作正是本着全民参与的基本理念,从三个维度来认识和开展相关工作。

其一是立足现实问题,抓住人民群众最为关切的重大利益问题入手,尽力而为、量力而行,在充分考量地区差异和群体差异基础上,通过精准的政策实施与体系化的社会保障网络来满足人民群众现实诉求。其二是调动人民群众参与积极性,鼓励勤劳创新致富,营造人人参与、人人负责、人人奉献、人人共享的社会空间,为充分发挥人民群众的主体作用搭建平台。其三,坚持具体工作实施的有序推进,充分认识到在新的发展阶段中,基层治理的现代化是一个长期持续的过程,深刻理解这一过程的艰巨性和复杂性,时刻以人民群众的视角来检视工作效度,并且特别要注重风险评估和预案储备。

现阶段民生保障任务为基层工作带来的新挑战主要集中在三个比较大的方面,其一,在基层发展的社会动力方面存在一定的结构性矛盾和不足,一方面新发展阶段要继续保持经济高质量发展,另一方面还要逐步增大民生保障领域投入,如何统筹协调经济增长与社会建设的平衡性问题是一个重大挑战。其二,在基层发展的民生底线保障方面仍然面临巨大压力,特别是进一步巩固脱贫攻坚成果,防止脱贫地区和群众出现系统性返贫现象,需要有长久持续的政策跟进以及在教育和文化方面的大力投入;同时,贫富分化的结构性特征日益明显,在保障城乡低收入群体,尤其是针对快速城市化进程中出现的部分"脱轨"社会成员的公共政策方面,目前仍然存在较大空白与缺位。其三,在基层发展的规范规则方面,面对的是社会治理日益复杂的精细化与有效性要求,应对的是城乡社会潜在风险的排摸梳理以及基层治理组织性动员性等问题。可以看到的是,基层领域的新挑战会在较长发展时段内一直存在,这就十分需要党和国家在制度上有更加全面的顶层设计、地方政府在政策执行上有更加精准的靶向应对、党员干部群体在心态上有更加成熟的判断分析。

第二节 城市基层工作的内涵与要求

中国共产党领导的城市基层工作,本质上是在马克思主义理论指导下、结合中国自身发展实践形成的具有中国特色的现代化城市建设。这一工作的基础力量是人民,运行与贯彻的条件是制度——即建立在中国自身探索社会主义发展道路上形成的新时代中国特色社会主义制度,执行的主体是各级党员干部群体。中国现代城市基层工作面向的是社会实际问题,分析的是民生保障的维度和效能,并且体现了对社会主义社会治理规律的总结概括,这一工作内涵与要求包含了价值取向、主要目标、思维方法和鲜明特性四个组成部分,相互联系构成完整的基层治理工作体系。

（一）价值取向：不断实现人民对美好生活的向往

城市基层工作的价值取向立足于人民群众对美好生活追求的不断实现,而"美好生活"在不同国家地区、不同民族文化以及不同历史发展语境下,所涉及的内容和含义存在较大差异。从最普遍意义而言,"美好生活"的理想追求代表了人类文明对富裕安宁、和谐共生世界的一种愿景,因此不同国家地区主要是依托各自条件来探求这一理想的实现。中国共产党领导中国人民所追求的美好生活,是在遵循中国自身发展传统基础上,结合马克思主义科学理论指导,针对时代发展背景下出现的新情况新问题,探索社会主义美好生活的实现道路。

从最终目标来说，社会主义美好生活的本质要求是全体社会成员最终实现共同富裕。这一本质要求包含两个维度，其一是社会成员的全体性，意味着美好生活的实践过程是全员参与、全员尽力、全员共享；其二是阶段性与过程性，共同富裕实现的基础是生产力水平的显著提升，社会财富的极大累积，最终全体社会成员共享的结果是"富裕"。而富裕的指标是动态变化的，因此，共同富裕的实现要遵循基本经济规律以及社会发展的客观条件。同时，社会主义社会的"美好生活"不是一个空想概念，是建立在经济社会客观发展水平之上的，表现在人民群众物质生活水平明显提升之上，是要经得起人民群众评判检验的。

中国古代对基层社会的定位在于"民间"，民间是有着自我管理秩序并服从中央治理要求的基础性存在。古代民本思想中的"大同""小康""和谐"包含着一种对理想中美好生活的愿景，这一愿景所构建的社会状态蕴含着古代民本思想中朴素的公平正义观与人本主义观，也体现了旧制度对秩序的控制和威严。尽管特定的生产力水平注定了古代民本思想是很难在现实中获得实质性效果的，且具有很强的历史局限性，但是，这些思想经过千百年的积累和衍生，不断推动着不同历史条件下的人们去思考和探索美好生活实践路径，形成了中华文明特有的文化精髓。近代以来，面对内忧外患的社会现实，具有爱国思想和进步意识的社会精英，大量引入西方工业革命以来的思想理论成果，希望通过"西化"的方式救亡图存，甚至一度激烈否定中国传统文化。而从历史发展逻辑来看，一个民族、一个国家是不可能完全割裂和抛弃自身文化传统的，特别是像中国这样文化传续悠久的大国，中华优秀传统文化已然成为中华民族的基因,深刻于血脉之中。另一方面,忽视传统文化中的民本观念、完全依托于西式文化理念与西式道路也被历史实践证明,是无法改变中国命运、实现民族复兴的。如何在吸收中华优秀传统文化优势因素的基础上,走上工业化与现代化道路,这是摆在当时中国人民面前的一个重大挑战。

中国的基层社会就是最能体现新旧制度与新旧文化交锋融汇的场所,如何平衡与取舍,决定着中国基层社会发展的历史走向。中国共产党的成立以及随后在中国革命中的实践探索,为解决这一难题挑战带来了希望。中国共产党所信仰的马克思主义理论,在发现了人类社会一般规律的基础上,第一次在实践层面上指明了人类"大同社会"实现的可能性,指明了人民追求美好生活的可行性方向。中国共产党遵循马克思主义基本原理,也决定了其立党为公、执政为民的实践传统。也正是不断将这一实践传统运用到中国革命实际当中去,才使得中国共产党解决了近代以来中国社会主要矛盾的问题,在建立新中国的基础上,真正走上探索传统民本思想中所描述的"美好生活"道路,并获得人民大众的广泛支持以及衷心拥护。从这个意义上来说,社会主义"美好生活"追求涵盖了中国人民自古以来的理想传统,借鉴了西方工业化道路的经验成果,也体现了中国共产党人的初心使命。

(二)目标设定:科学研判人民关切的主要矛盾

中国的社会主义建设一直以来是把解决社会主要矛盾作为根本目标而推进的,这一过程的理论逻辑根植于马克思主义关于社会发展阶段的基本判断,是以社会生产力与生产关系的实际表现作为判断依据的。中国共产党第八次全国代表大会和第十二次全国代表大会也正是由此对当时中国社会的主要矛盾作出了正确判断,进而开启了随后的经济社会领域建设。中国特色社会主义进入新时代以来,社会主要矛盾发生深刻变化,发展的不平衡、不充分取代了原有的整体性落后农业国以及低下社会生产力水平的判断,中国社会的民生保障工作从"有没有"转向"好不好"的阶段。在这一阶段,发展的不平衡、不充分问题开始在社会领域的诸多方面表现出来,有效增进民生福祉离不开对不平衡、不充分问题进行深入的科学研判,中国共产党领导的城市基层工作正是建立在对这一问题深刻清晰的分析基础之上的。

首先,发展的不平衡、不充分是一个长期累积的结果,因此,解决这一问题也必然需要一个较长的时间过程。改革开放以来中国社会的快速发展,极大地提升了人民群众的基本物质生活水平,也由此逐渐改变了中国原有的经济社会结构。经过四十余年的发展,中国在转变原有封闭状态、引入外来各种力量改变经济社会面貌的同时,也必然会面对随之而来的潜在风险。这种风险积累同样需要时间,也同时逐渐嵌入中国社会的现实运行当中,衍生出新的矛盾。可以看到的是,这些现象与问题的形成不是短时间的过程,是中国共产党在探索有中国特色社会主义道路时必然要遭遇的挑战,积极应对以及最终消除这些问题,主要是从源头入手,有计划、分阶段地去解决,特别是基层治理工作的稳步推进应该是建立在正确理解与把握不平衡不充分问题的基础之上的。

其次,发展的不平衡、不充分表现为多层次的复杂社会现象。

当前中国社会面对的不平衡不充分问题一方面表现为地区之间的差异性,这种差异性的形成包含了历史因素、自然地理环境因素以及政策导向等因素,这一层面的不平衡、不充分往往比较容易观察和理解。另一方面,地区内部以及城市内部的不平衡、不充分现象日渐突出,一个地区内的东西部和南北部之间的不平衡性常常十分明显;而伴随着大城市和超大型城市的出现,同一城市内部发展的不充分性特征也日渐显著起来,而且地区内部和城市内部的不平衡与不充分发展往往带有资源集聚效果,进而导致这种差距被迅速拉大并形成固化性的发展模式。第三个方面,发展不平衡、不充分对人们思想观念的影响也逐步显现出来,面对同一社会事件和现象,不同群体的主观意见差异巨大,甚至形成多重对立冲突的情况。这实际上反映出,人民群众生活水平提升以后,在精神文化层面出现了群体之间断裂以及群体内部的断层,进而引发很多新的社会利益诉求问题,这种状况将在很长时间内考验中国基层社会治理能力现代化的水平。

最后,发展的不平衡、不充分最直接的影响在基层的民生保障领域。现代民生福祉事业包含的教育、就业、医疗、养老等重大问题涉及的群体不同,关切的利益重心自然存在差异。但是,社会体系的整体运行规律使得社会成员的利益链传导具有很强的广泛性与扩散性,某一领域的发展不平衡与不充分往往能形成影响全体社会成员的共同压力和困境,从而为问题的应对与解决增加了巨大挑战性。中国现阶段民生保障所面临的不平衡与不充分虽然是客观历史发展形成的结果,同时其根源主要是经济社会的结构性失调,但是,对于广大人民群众来说,民生福祉的各项内容与切身利益和主观感受紧密相关。因此,从目标层面上来分析与研判社会主要矛盾问题,也必须充分重视如何逐步有效的增强人民群众的获得感,特别是通过提升基层治理水平,让人民群众在发展的过程中感受到关怀和关心。

(三)思维方法:统筹协调人民根本利益

城市基层工作的思维方法,或者说思维方式是以现实问题为导向的系统性思考,所要考量的是在现有条件下最大程度满足人民群众需求、协调群体利益分配、凝聚社会共识。首先需要有明确的基层治理的历史思维,即新时代中国特色社会主义道路的选择是符合全体人民共同利益的正确选择。从中国近现代发展的历史过程来看,道路的选择往往经过反复探索,特别是对于中国这样一个体量庞大的文明古国,现代化是一定要经历时间检验的,从符合全体社会成员利益的角度去思考问题并不意味着在现实层面就自然地找到合适的发展道路。西方发达国家现代化发展中所遇到的风险与难题,中国作为后发国家可以一定程度地避免,但是,人类文明现代化发展进程中所经历的主要阶段,例如工业化、电气化、信息化等阶段的出现是有其客观规律的。从马克思主义分析视角来说,也只有现代社会生产力达到一定水平,才能出现与其相适应的现代化社会关系,"跳跃式"或者"平均式"的发展模式往往不能有效增进民生福祉,反而造成巨大的负面效应,这在中国近现代历史的发展过程中也一再被证明。

其次,以辩证思维来理解中国特色社会主义进入新时代,城市基层工作所要应对的群体发展差异性问题,这同时也是涉及全体社会成员切身利益的重大问题。社会主义现代化国家的最终建成符合全体人民共同利益,最终结果是社会创造的劳动成果由全体人民所共享。而在目标达成的过程中,因为社会主要矛盾的作用,全体社会成员的发展水平并不一致,甚至出现明显差距。这一方面是不同地区、不同群体在发展过程中因为客观历史条件的制约而造成的,另一方面也反映出尽管经济社会运行规律具有普遍性,但是人们的主观能动性在一定时空条件下可以发挥出巨大的创造性作用,这也是在改革开放初期,中国共产党提出"允许一部分人先富起来,先富带动后富,最终实现共同富裕"政策的原因。与此同时,应当看到的是,发展的不平衡与不充分尽管是一个重大挑战,但是这一发展状态也为中国后续发展提供了可持续提升的动力与广阔空间。

第三,以战略思维来布局现代城市基层工作。中国式现代化所推动的民生保障不是在民生领域大量盲目地投入,中国一方面还不具备这样丰富的物质条件,同时这种方式也会造成极大的社会资源浪费,遏制社会发展活力。从中国自身的发展实际考虑,中国的现代民生保障立足在增长的可持续性上,这就意味着民生的改善是一定要在国家能力提升中进行的。特别是经济领域的不断发展,实际上是民生改善的动力源泉所在。因此,经济稳步增长与民生持续改善两者之间不是相互制约、相互拖累的关系,而是可以协调共生、相互促进的人民保障力量。从更长远的角度来看,不仅要保持经济的高质量发展,还要不断加强经济成果在基层社会的共享,通过夯实基层社会的治理基础、提高基层治理力量、完善基层管理办法、促进基层人才队伍建设,才能逐步获得高质量高水平的经济社会发展,也才能最大程度满足人民群众多元化的利益诉求。

第四,以底线思维来巩固城市基层工作的稳定性。现代社会中,由于生活方式的多样化与生活条件的差异性,个体成员对风险的应对存在很大的不确定性。中国的城市基层建设不同于西方发展路径最显著之处,就在于中国更加强调全体社会成员的共享性与普惠性发展原则,也注重发挥中国传统文化"扶弱济贫"的道义观念,注重从顶层设计和力量集中层面对基层社会的关注与投入。中国的社会主义现代化尊重一般性的市场经济规律,也充分鼓励个体或者群体的自由竞争,鼓励有能力者脱颖而出。但是,营造竞争创新氛围与褒奖能力出众者并不意味着对其他社会成员的放弃与牺牲,恰恰相反的是,中国的城市基层工作正是通过托底保障、重点帮扶、精准脱贫的方式,对社会成员中的老幼弱贫投以加倍关注。这种做法实际上从根源上夯实了中国社会民生保障的基础,不仅体现着中国式现代城市基层工作的属性和特点,也保持了社会秩序的长期稳定性与活力性。

第五,以法治思维推动社会成员在城市基层工作上的共同参与、团结奋斗。城市基层工作关涉亿万人民切身利益,同时也需要广大人民群众积极参与和尽责尽力。在经济社会快速发展的背景下,这项工作尤为注重以法治思维引导人民群众在民生改善方面的预期,重视社会利益协商的公平性与规则性,也强调民生领域利益分配的正义性原则。新发展阶段民生领域出现的难题对于每一个社会成员的具体影响不同,在信息资讯飞速传播的时代,人民群众对利益问题的敏感性变得非常强烈,不仅仅表现在对自身利益的重视,还表现在对利益分配方式的关注,也更加在意社会其他群体利益获得情况。在这种条件下,如何通过基层治理工作来协调社会利益分配,并且在此基础上凝聚社会成员共识,形成共同奋斗的力量,离不开法治思维的有效运用。这不仅仅需要在法律规则上为城市基层工作提供制度支撑,更需要在社会层面上形成法治保障机制,在维护每一名社会成员权利的同时,明晰个体责任边界,推动全体成员为社会共同利益而团结一致。

(四) 鲜明特性:紧紧依靠人民力量推动事业发展

中国特色社会主义的基层工作一直以来秉承的是人民至上理念,这一理念的核心要义是一切发展为了人民、一切发展依靠人民。中国现代城市社会的不断发展意味着在全面建成小康社会的基础上,更高质量的民生发展与社会治理,这项事业的推进遵循的是中国自身发展的现实逻辑,依托于中国所具备的国情以及物质条件基础,并呈现出具有中国式现代化国家建设与社会治理的鲜明特性。

第一,城市基层工作布局的均衡性。长久以来不平衡不充分发展的社会主要矛盾成为当前制约民生福祉事业的根源性因素,这一状况的形成有其特定历史背景,在全面建设社会主义现代化国家的新发展阶段。"当前民生能力的非均衡发展从本质上依然是从制度上衍生出来的,所以,要从根本上改善民生,还需要发挥制度的优势,促进个体能力脱贫。"①中国的城市基层工作非常重

---

① 韩喜平、刘永梅,《中国现代民生福祉增进轨迹——基于民生制度与民生能力建设的视角》[J],《社会科学辑刊》,2018年第3期。

视在制度层面上着力于均衡性发展,这种均衡性体现在两个层面,其一注重空间布局上的均衡性,特别重视地区、行业、群体之间的差异性特征,重视城市规模以及发展定位所带来的基层空间布局问题,并结合这种差异性的现实表现,通过制度改进、政策调整以及内生性动力激发等手段,分阶段逐步缩小地区间治理水平差距;其二注重规划设计的均衡性,改变以往仅仅注重经济方面的发展或者只注重某一方面短时期效应的发展模式,更加全面均衡地考量民生领域各项工作的相互联系以及长远性规划,结合实际发展情况,有计划有阶段地制定基层发展方略,增进的速度可以放缓一些,重心在于打好基础、补齐短板。

第二,城市基层工作内容的体系性。现代社会快速发展带来的一个突出变化是,个体之间的联系虽然在逐渐"松散化"与"圈层化",但是人们作为组成部分之一、在共同生活空间内的体系性联系却是逐步加深的,只不过这种联系的纽带从以往传统的面对面互动转变为借助网络媒介进行互动。在这种背景下,从社会建设的整体性效果来看,教育、就业、医疗、养老、住房等民生工程涉及的重心虽然不同,但是相互联系、相互影响的效果却越发明显。城市基层工作牵涉的内容千头万绪,基本上涵盖了社会成员在现代社会中所需要的所有生活诉求。因此,一个领域内问题的积累以及应对的失当,往往带来系统性风险和连锁性社会后果。这就决定了基层工作是"基层"的原因,一旦思考不全、处理不当就会带来很多意想不到的后果,进而极大地动摇整体社会秩序基础。这也是为什么新时代以来城市基层工作越来越引起各方面的广泛关注,党和国家也持续性投入力量改善基层工作环境、提升基层治理能力,归根到底是为了解决矛盾与化解风险。也只有将城市基层工作作为一项系统性工程来设计与运行,同时充分考量精细化规则与多样化目标、有效性方法,着力打造与培育过硬的干部人员队伍,才能做好为民服务的基层工作。

第三,城市基层工作效果的可及性。尽管是基层工作,但是对于人口达几百万甚至上千万的特大型城市来说,基层工作领域仍然是一个具有复杂性和挑战性的工作,因为这项工作的最终落脚点是千百万家庭和亿万群众的切身利益。城市基层恰如紧密联系的神经网络,教育、就业、医疗、养老、住房等工作如同重要的神经器官,而这些器官联系的神经元与细胞就是社会中具体的家庭与个人。基层工作就是既要保证这一系统的稳定运行,应对随时出现的问题,还要不断提升这一系统的运行能力。这项工作的成效表现也往往十分迅速和直接,每一名社会成员在现实生活中的喜怒哀乐情绪,很多时候也折射出党和政府的基层工作效果。虽然个体生活遭遇与经历不同,但是,在社会生活中,人们之间的联系却广泛存在,这些联系过程通过一个个事件展现,更通过日常生活的秩序性得到维护。正因为如此,基层工作要充分注重在兼顾公平与效率的基础上,让民生成果惠及每一名社会成员。"可及性"不仅意味着基层治理的成果能有效有力地传递到社会成员的具体生活中,也意味着国家和政府在民生保障目标设定上要有充分的可操作性和可实现性。尽力而为、量力而行的原则,充分体现出中国城市基层工作所遵循的正义性价值和责任性伦理。

第四,城市基层工作投入的持续性。城市基层工作是一项具有长期艰巨性挑战的工作,支撑其可持续发展的基础是经济的健康增长、国家治理水平的提升以及社会秩序的稳定,这些因素也塑造了基层工作增进与提升的空间。新时代中国特色社会主义的制度模式决定了中国城市基层工作既不是"毕其功于一役"的短时间盲目投入,也不是"朝令夕改"空耗社会资源的形式化投入。中国共产党立党为公、执政为民的属性决定了这项事业的效果衡量,始终以人民群众的获得感与满意度为标准;这项事业的投入力度,始终以社会生产力水平提升以及资源的合理调配为尺度;这项事业的长久持续性投入也充分体现了中国式现代化道路的鲜明特色、制度性优势以及中国人民团结奋斗的精神品质。

第三节 城市基层工作的空间架构与时间感

新时代背景下基层工作的要求以及内涵在过去几年中,通过中央文件以及多次相关会议进行了传达和布置,一些城市和农村地区在更早之前也开始了试点工作。这些内容的主旨和目标基本上为基层干部所熟悉和了解,政策性的法规已经在日常工作中系统性地展开。也就是说,新时代以来城乡基层建设大的方向是明确的,目标也是清晰的,任务也是通过组织性和系统性的方式布置进行的,那么,最为重要的就是执行的过程与效果了。

对于S市来说,城市发展是主体,农村地区虽然重要,但是在发展规划重心中相对占比程度不高,因此,投入力度不能和城市建设相比,这也是基于城市客观现实情况作出的选择。S市的城市地区,包括原有属于农村、现在纳入城市发展的近郊都按照城市治理单元进行划分,以区为行政单元,相当于一般意义上的地级市。同时由于城市面积较大,S市又划分为中心城区和近郊地区以及远郊地区。中心城区的基层治理单元是街道办事处，主要特点是人口稠密、商业化程度较高；近郊地区以镇为单元，区域面积广阔，同时人口众多又较为分散，并伴有大型高新工业园区；远郊地区也是以镇为治理单元，涉及产业园和农村传统经济体系。

我们研究关注的重点在于街道，包括部分镇的行政单元。对于近郊地区的镇来说，日常工作内容已经越来越趋同于中心城区的街道，这也是S市快速发展的一种体现。尽管在行政区划上还存在一定不同，镇是相对较为独立的财政体系，但是公共服务与社会治理对象以及方式方法已经和街道基本一致了。对于S市的基层工作来说，正如前述所说，目标和任务一直以来是相对清晰的，从2014年有过较大调整，将原来街镇招商引资的工作内容从考核指标中去除掉了，这也是为了更好地做好公共服务与社会治理工作。这种调整，的确对S市基层工作带来了比较大的改变，因为从整个基层治理框架上作出了调整，相应的工作内容也有了较大变化。

具有改革开放时代特征的"招商引资"对于基层工作来说，是一个双向影响，一方面，城市经济社会发展离不开市场经济推动的商业发展，需要从基层单元重视这项工作的开展，这也是改革开放三十年来城市的基本发展思路；另一方面，对基层的考核，特别是基层干部能力的评价体系中，招商引资发展经济的能力占考核权重非常大，这也在很大程度上影响到基层干部的工作方向和工作着力点。还有一个重要影响在于，一直以来，城市基层的管理框架结构就是围绕发展经济的目的而设置的，现在S市作出重大政策调整后，整个基层街镇行政框架也要随之作出改变，取消了原来涉及经济指标的科室,增加并改进了针对社会服务与社会治理的科室,人员配备也进行了相应调整。

工作重心变了,工作内容也开始出现变化,原本就要承担的公共服务与社会治理内容更加强化了,并且成为相对唯一的工作,与民生保障和社会安全相关衍生的居民日常生活,也成了基层干部日常工作的主要内容。简单来说,新时代以来中国共产党基层干部工作最为本质的一种体现就是,工作是为了人民,工作就是和人民一起。

(一)从办公室到居民区:党工委书记的一天

S市A区是中心城区,整个区由九个街道组成了基层工作的基本架构,虽然每个街道对应的辖区存在不同,但是基层工作所要求的一般性特征还是相同的。K街道情况略微特殊一些,既要服务居民区工作,还要对应产业园区,同时有部分商业写字楼的服务工作,可以说,这个街道是S市街镇基层工作的一个典型微缩版本。2014年以后,S市的街镇无论辖区人口多少,整个编制人员都作了统一要求,公务员和事业编制人员都有明确规定,合同制聘用人员也有相应的指标要求。这意味着,不管之前一个街镇有多少工作人员,在新的基层治理创新后,全市所有街镇的管理架构都进行了标准化改革,基层工作人员,从处长到居民区社工,都有了统一的规范性要求,不仅是人数,还有实际工作内容与职责。

一般意义上来说,经济发展与社会建设的政府政策制定与执行,是依托"条块"架构进行。"条"是从中央部委到地方省市的委办局部门,例如国家发改委、省人事厅、市公安局,诸如此类的设置,层级不同,设置是一体贯通的;"块"是指最终落实到人民群众实际生活的政策执行部门,即我们所说的基层,在城市里边表现为街镇的具体行政设置。"条"上的部门要进行政策制定与发布,制度研究与设计是他们的主要工作。同时他们也要评估政策的效果,因此,定期的"基层调研"就是到群众社会生活中以及街镇部门去进行走访,吸取意见和经验,推动政策制定的合理性与精准性。也正是因为这样的工作模式,对于普通民众来说,容易形成一种主观印象,即人们觉得政府的工作人员主要是在办公室工作,偶尔到具体社会场景中进行走访,而这里的政府工作人员实际上主要是"条"上的工作人员。

从现实社会发展情况来看,中国经济快速发展、城市化水平越来越高,国家治理与社会建设的现代化要求也使得制度层面的设计与政策的制定越发显得重要,许多涉及人民群众重大利益的政策确实需要反复斟酌思考。这就带来一种主观上的印象,即人们对政府公职人员的感受在于他们主要是在办公室里工作的,走出来的时候不多。特别是在城市,由于城市空间广阔,人员流动迅速,人们的主观印象更容易受到空间与时间的限制,对政府工作人员的印象不如农村地区熟人社会那样深刻,对政府工作人员的感受也不亲密。这在客观上由城市现代生活方式所决定,当然也有政府工作人员工作方式方法的因素。

如果说"条"上工作人员的日常工作符合人们的普遍性认识,"块"上工作中人员则不是这样,特别是城市街镇中的工作人员。城市基层工作环境虽然和农村地区有较大差别,但是工作强度并不弱于农村地区,涉及的工作内容甚至要远远多于农村地区。K街道的办事处就设置在辖区中间位置,方便工作开展。即便如此,由于 S 市的超大城市规模,A 区的中心城区位置,要在 K 街道辖区内用一天时间把各项工作跑完也不是一件容易的事情,这是因为,辖区范围虽然不是很大,但是要处理的工作内容却十分复杂。

S 市的街镇工作场所一般而言是一幢建筑,当然,这一幢建筑有大小上的差异,近郊和远郊地区因为辖区面积较大,管理范畴广泛,一般建筑物规模稍微大一些,而中心城区普遍较小,基本行政服务功能集聚一体。K 街道的办公建筑在全区之内是属于偏小的规模了,一幢三十多年的三层建筑体,每层十几个办公室,容纳了一百多名工作人员。为了更好地利用空间,街道将每一间办公室尽量缩小,开辟出更多工作空间,同时还要设计出会议室与食堂餐厅。因此,每天午休时间的餐厅,需要错峰用餐,因为整个餐厅只能同时容纳五十人用餐,这还是一张桌子坐四个人的情况下,午间休息排队打饭对于街道工作人员来说,已经是习以为常的事情了。

K 街道党工委书记 Z 书记的工作是负责整个街道行政系统运行以及辖区居民生活服务保障,这就决定了党工委书记不仅是基层街镇工作的第一责任人,也是基层干部队伍中最重要的成员。Z 书记每天的工作既有日程计划之内的,也有计划之外的,因为计划内工作是常规性安排的,计划外工作则是针对突发性事件处置的。一般而言,常规性的计划内工作是可以预期的,这样也保证了基层工作运行的规律性与稳定性。实际上,街镇书记的工作并不总是在办公室进行，人们甚至可能会感到意外的是，到街镇去找书记往往不是很容易碰见的，这倒不是因为书记们不想见人，而是书记们确实忙得没有时间在办公室。

我们可以看看 Z 书记一周工作的基本情况，这一周的工作安排中，很多内容是上一周甚至更早之前就已经确定下来的，这是计划日程表之内的，并没有加上临时性或者突发性事情。Z 书记是这样叙述一周工作安排的：

周一，上午九点到区政府开会，区里开会不一定是每周，但是两到三周总要有一次，这不包括重大阶段性任务，例如创全（创建全国文明城区）、巩卫（巩固卫生城市）期间，相关会议要更频繁一些。内容涉及市一级层面对区工作的要求；区里贯彻执行市里要求的工作布置；区里常规性工作汇报与检查，以及各个街镇重大事项的讨论；还涉及部分党组织集中学习等相关主题内容。区里的会议一般在两个小时左右，考虑到来回路上的时间，一般要半天时间吧。下午一点到工业园区某企业讨论园区党建服务工作开展，讨论相关工作机制的建立；随后到街道的园区党建服务中心，参加党建服务中心开展的服务活动，介绍 K 街道在园区党建创新工作中的思路和做法。回到街道办事处，大概是五点钟左右了，已经过了下班时间。

周二，上午在办公室，和分管不同工作的副处长分别商量讨论工作安排，包括街道近期常规性工作内容，例如街镇文化月开展相关活动的具体细节，街道居民区和商业区消防工作的重点区域防控,社会治安新问题以及居民区矛盾的化解等等;下午接待到访的大学课题研究组,讨论楼宇党建委托课题的调研计划以及研究进展;同时,审议本周五党工委会议事项安排初稿,撰写出席街镇相关活动的发言稿。

周三,上午参加街道辖区内居民区书记主任例行学习会,这是K街道每个月组织的常规性学习会,书记以及街道分管干部要定期去讲,与此类似的学习会每周都有;下午没有会议活动安排。

周四,上午到辖区内旧区改造现场实地调研,查看旧改的进度以及出现的新问题,现场讨论问题处置;下午到居民区走访,并听取相关居民点群众意见以及居民区书记和主任的建议,评估社区工作的实际情况。

周五上午,街道党工委联席会议,联席会议一般两周一次,参与人员是街道的处级以上干部,讨论整个街道近期要处理的各项工作,一般来说,讨论的事项在20个左右,每一个涉及具体事项的科室长进行情况说明,分管处长作补充,其他人员表决通过与不通过。整个会议一般要持续一个上午。下午到其他街道参观学习或者共建单位联组学习,这项任务也不是每周都有,要么是参观学习、要么是接待参观,基本内容每周都有。

正如前述所说,Z书记一周的活动安排并不是一成不变的,但是工作整体框架是固定的,工作场所是流动的,那就是从办公室到居民区。街镇的"办公室"往往已经超越了固定空间的"办公室"范畴,企业园区、写字楼、在建工地、学校医院以及各个居民点,都是基层干部的工作场所,很多重要性决策直接来源于现场实地的考察与讨论。城市基层"居民区"也不是一般意义上的居民区,实际上是涵盖了居民工作、学习与生活的区域,这个区域里边涉及的衣食住行所有事项不是基层街镇来批准的,但是运行过程中各种情况与问题都是基层街镇首先来进行应对和处置的。

S市所推动的网格化管理,正是通过加强并提升基层公共服务与治理水平,来强化基层应对民生保障与维护社会安全的能力。如果说街镇就是网格化管理中的"网格",那么街镇中的工作人员就是保障网格有效运行的维护人员,书记就是所有这些维护人员中最为关键的一环。这并不是意味着K街道所有的工作必须由Z书记来决定,恰恰相反,书记看起来要过目讨论每一项事情,但是几乎每一项事情的最终决定都不是由书记一人来拍板的,都是在集体讨论商量的基础上决定的。Z书记每次会议中最为强调的就是整个街道"制度"的建设,因为只有形成了良好合理的制度,街道中的干部才能各司其职、各尽其能,高效有力地完成繁复多样的基层工作。

(二)八小时内外:科室长的责任

S市政府机构的工作时间一般是八小时,相对于条线上的委办局,基层街镇的工作时间远不止八小时,这主要也是由于街镇工作的特殊性决定的。不同于条线上的委办局工作,街镇工作所涉及的很多内容与人民群众实际生活紧密相连,这就意味着工作的内容绝不是在办公室里边就能全部解决的,也不一定是在八小时工作时间里都能完成的。一个街镇行政单位中的科室长,可以说是街镇工作体系中的中坚力量,承上启下的作用十分明显。上级单位下达的任务通过街镇党工委书记和办事处主任传递到分管的处级干部,处级干部再布置给相关科室长,科室长作好具体工作的计划安排,科室成员进而按照分工进行工作开展。这种基层工作机制是十分清晰明确的,挑战在于任务不是短时间内就能完成的,而且也不是在一天工作时间内就能做好的。因为涉及群众日常生活的事情,往往影响因素复杂,不仅要有相关文件支持,还要有实地调研以及大量现场工作处理。

K街道W科长是党建办的科长,这个科室的设置与2014年以后S市的基层治理创新紧密相关,主要任务是以党建引领基层治理,更好发挥党组织在社会治理中的核心与引领作用。虽然"党建引领"已经为很多人所熟悉,人们也知道中国共产党党组织在基层工作中的核心作用,但是街镇体系中党建办具体做什么工作,其实并不为人们所了解。而实际情况是,党建办是街镇中工作最为繁忙的科室之一,因为这个科室承接的任务不仅包括项目型的社区党建工程,还有很多涉及具体党务工作的"小事情"。

W科长目前在做的最为重要的事情就是针对K街道楼宇和园区的党建服务工作,这也是K街道目前的重点工作之一,这项工作不仅延续了多年的传统工作,同时也要按照Z书记的要求,针对新的形势变化作出创新。总计大概有20万人的职业白领,工作在K街道的产业园区和写字楼,这就是W科长工作的主要对象。这也意味着,这项工作不是在办公室里写写文件、定定计划就能自然而然解决问题。白天时间,白领们都在上班,以企业为主体的园区内工作繁忙,节奏紧凑,对于企业来说,时间就是效益。W科长和她的科室团队,不能去影响服务对象的工作,她们要在办公室里思考服务园区、企业以及白领的方式方法。她们的工作不仅要让街道、企业和白领们形成良好的互动合作机制,也要将党组织的影响力以及党和政府的方针政策有效地传递到园区的楼宇和企业中去,还要尽最大可能去吸引更多的年轻白领参与到相关活动中,这不是件容易的事情。方案要结合K街道的实际情况,基层干部们的沟通本领和经验,还要吸收高校专家学者们的建议,更要考虑活动场所的安排以及活动时间、活动内容的设置,从多个方面集中力量做好这项工作。

仅仅在办公室构思不能实际解决问题,还要到园区里进行实地调研,到园区党建服务中心安排具体活动事项。最为重要的是,所有活动的安排都不能占用园区企业的工作时间,因此中午时间和傍晚下班时间后,一系列活动才能举办起来。这也意味着,W科长的上班时间涵盖了从早八点到晚八点的所有时段,而且,这些活动都是系列性活动,有些还要在周六日举办,因为,也只有在白领们休息的时候,才能有参与活动的时间和兴趣。

W科长是这样理解自己工作内容的:

> 我们这个工作主要是以服务为主,服务对象是园区里的青年白领,毕竟人数多嘛。居民区服务工作也要做,但是对象不一样,居民区毕竟还有居委会书记主任帮忙,居民区也有老人家愿意出来帮忙,退休的老阿姨们也愿意参加活动。

但是园区不一样啊,园区白领们工作忙,你不能去干扰人家的上班时间,你也没有相应的人员去替你组织,你就得依靠自己去挨个企业走访,了解白领们的实际情况、党组织情况以及他们的诉求,然后根据人家的工作时间安排来开展你的活动。活动还要充分考虑趣味性和吸引力,否则人家不来,你的活动再多又有什么意义呢?企业里边有做员工服务工作的机构,有的企业还有党组织,外资企业也有相应的组织架构,做员工身心健康辅导工作的。其实大家都有这方面的需要,都希望员工可以更好地工作,但是他们对党组织还是有困惑的,甚至还有戒备心,那么这个时候,怎么去做企业工作就很关键了。要分类的,不同性质的企业有不同的诉求,我们不是靠强力去扭转他们、去影响他们的经营,而是帮助他们和服务他们,从这个思路出发,每一家企业都要去具体地谈,去商量,然后集中各种意见和诉求,再根据实际情况进行方案设计,再跟企业说明白。其实你做得好,符合他们的需求,并且确实是"共赢"的机制,很多企业愿意参与进来,甚至愿意赞助相关活动,因为我们街道是没有资金来做这个工作的,我们最多只能提供党建服务中心的场地,但是毕竟这个远远不够,所以必须得是多方共同参与。同样,活动方案也是内容为王嘛,白领不感兴趣特别是年轻人不感兴趣,你这个活动没人来,那就没有意义嘛。

W科长说,党建引领的基层治理工作,服务是第一位的,引领是第二位,也只有在服务好的前提下,才能做好思想观念的引领。

这其实就是中国共产党一直以来做群众工作的核心所在,也是多年来党组织能在基层深深扎根的重要因素。

> 很多其他街道或者区的同志来我们这里参观学习经验,大家其实都有很好的经验,当然应对的问题也有具体差异,我的感觉是,这里边"人"的作用更重要,得有适合做这项工作并真正喜欢做这项工作的人持续参与,不断去思考并改进工作方法,总结经验,持之以恒,才能看见效果。

也正是如此,过去几年,W科长和她的同事们在园区党建服务引领工作中一直在总结反思并推动创新,才形成了现在较为良好的治理机制和服务模式。如果只是在八小时工作时间里去做这项工作,不会有今天的样子,这是大量八小时之外工作时间的投入,包括周六日和节假日时间的参与,才会有的结果。基层工作的这种特性也不仅仅是在K街道存在,这也是几乎所有城市基层工作的普遍性特点。

(三)家长里短与大事小情:总管民情的居民区主任

对于城市基层来说,居民区吸纳了最大量的人群,是城市社会得以组成的根基所在。居民区里的生活涵盖了人们在城市社会中的衣食住行,也展现着人们喜怒哀乐的情绪表达。对于城市基层组织来说,居民区既是基层工作服务的对象,也是基层工作的组成部分,一般意义上所说的城市基层治理,主要载体就是居民区的日常生活。而城市基层干部队伍中,居民区的居委会主任和党组织书记,就是城市基层干部中最为重要的组成成员了。

　　如果说街镇党工委书记的工作场所是从办公室到居民区,在空间上体现了基层工作的场所性,科室长的工作涵盖了上班时间与下班后的八小时内外,从时间上展现了基层工作的时间性,那么居民区党组织书记和居委会主任的工作则将这种时空紧密结合了起来。居民区中的党组织书记和居委会主任一般大多是属地化的,也即是说,担任这一职务的人员,他们本身也居住在这个居民区里,或者在邻近小区,他们的日常工作不仅处理居民区内的各项事务,同时,因为他们本身也生活居住在这里,因此工作和生活在时空上有较高的重叠性。

　　这种高度重合的工作与生活模式,既方便了居民区主任和书记们的工作开展,同时也形成了一种挑战,这种挑战在于他们必须把自己的工作与生活进行很好的协调,毕竟,工作和生活还是存在差异的。K街道居民区居委会的C主任对于这种协调关系,有着很深的体会。在从事居民区工作的这八年时间里,C主任既是居民区中的一位普通居民,同时也是涉及三千人日常生活的三个居民区联合居委的主任,既要处理居民区里的各种事情,也要安排好自己的家庭生活。这是所有居民区书记主任们必须要做好的基本工作。

　　C主任这样描述自己的工作:

　　　　居民区应该就是城市基层的"最基层"了吧,这个工作就是做"人"的工作,各式各样人的工作,因为一个小区里边,居住着的人有时候差异性是很大的。特别是像中心城区的居民区,因为地理位置、交通方便的因素,小区里边,各个年龄、各种职业的人都有,这应该是中心城区居民区共同面对的情况吧。不同年龄、不同职业,甚至不同性别的人,对自己的生活、在居民区的生活诉求都不一样。很多人都是这样的习惯,没有事情的时候,他们不会联系居委会,不会感兴趣居委会的事情,但是有了事情,特别是在居住小区里遇到事情,天然地就会想到居委会,要找居委会来解决。很多人甚至认为居委会和物业是一样的角色,因此,各种事情、各种细节只要影响到了他的生活,他就会找到我们。从房屋漏水、管道下水问题,到邻里纠纷、楼道堆物,从噪音、垃圾处置到宠物丢失、停车安置,各种各样的事情,每天都在发生,每天都有新的情况,都需要我们去协调去处置。有的家里有矛盾吵架也会找到居委会,当然这些都是年纪大一点的人多一些,诸如此类的事情,我们都要帮助居民去解决,至少也要给他们一个说法。

C主任工作八年,已经面对了足够多的居民区家长里短的大事小情,经验已然十分丰富。这不仅仅是因为她本人的工作角色和出色的沟通协调能力,也因为她自己居住在这里,居民区就是她自己的家,这些日常生活中发生的事情,就像她自己家里的事情一样。

委屈自然也是受过的,去年全市拆违工作,区里和街道布置下来的任务,对我们这个居民区来说,压力还是很大的。

我们是老小区嘛,很多年了,租户也比较多,不像高档小区,居民同质化高,管理也相对容易。我们这里很多私搭乱建的设施,对于居民来说都好多年了,人家都习以为常甚至约定俗成了。这样就需要反复做工作。白天人家上班,你去了没人,只能晚上或者周末去。有的人根本不愿意见你,就是不同意街道的拆改意见,我们也不好用强制性的办法。当然,强制性也是合规的,但是我总想,是不是可以再多做点工作,再努力努力,说服说服。

在这几个小区这么多年了,我总是觉得,小区里真正有那种"对抗"情绪的人是很少的,绝大多数人都是讲道理的,也是支持党和政府工作的。但是人是有想不开的时候,这就需要我们去做这个工作。而且我也居住在这里,我也熟悉这里的居民,家家户户我几乎都认识,即使是流动的租客,很多我也熟悉,他们很多也是很好说话的。因此,在街道拆违最后确定的时间里,我就尽量去沟通剩下的最难的几户人家,我自己觉得还是尽了最大的努力。有一户居民,一开始非常抗拒,我们每次去都是反对,还骂我们。

后来,我就每天晚上自己去找,去跟他们谈,一开始他们是不愿意见的,后来还是见了,他们也知道这个事情(搭建)他们是不占理的,我就做工作,跟他们讲这个政策要求,讲安全隐患的问题,也替他们想好拆改之后,怎么安置原先的物品。最后,他们同意拆掉了,我觉得经过这个过程,他们也还是感受到我是真的替他们着想来做这个工作的,他们是感受得到的。这也是我们很多普通老百姓的心态,他们是讲道理的,只要你有耐心,有恒心,有真心,很多工作,大家是愿意支持的。

C主任的工作体会也代表了K街道很多居委会主任和党组织书记的心声,在居民区工作二十甚至三十年的老书记、老主任仍然大有人在,有些尽管已经换届不再担任书记和主任了,但是他们丰富的基层工作经验十分宝贵,他们也愿意分享这些经验,并将工作方法传递给新的年轻的主任和书记们。

C主任的孩子还在上小学,她既要履行好居民区居委会主任的职责,也要做好家庭中母亲的角色。这或许也是所有基层干部都要面对的事情,也是一种工作与生活的挑战。对于很多职业群体来说,在上班时间里的工作是职业要求,主要的任务是在上班时间里完成,也可以加班,但是加班是要有加班费的,加班也不是常态化的。但是城市基层工作却不是这样,很多事情在法定的上班时间里是没有办法有效进行的。比如前边所说的在园区里边开展的党建服务工作,只能在白领下班或者午休的时间进行;居民区的工作更是如此,退休居民的服务工作还是可以在上班时间进行的,但是大量工作群体的事情呢? 只能在他们下班后和周末休息的时候进行。

那么像C主任这样也有自己家庭的居委会主任和书记们,必须协调好自己家庭与工作之间的安排,既要把该做的工作做好,同时家庭也不能忽视。我们知道,对于很多职业群体来说,这两者之间要想实现良好平衡,是很困难的。特别是在现在的城市发展背景下,下班后全情投入照顾家庭的人们都觉得很难把家中的事情处理好,尤其是关于孩子教育的事情牵涉精力非常巨大,那么我们基层工作人员呢? 他们在很多基层事务工作中要花费更多的时间和精力,特别是基层干部,责任更重。C 主任说:

> 社区的社工也是以年轻人为主,有的孩子刚出生,还有双职工家里老人也不在的,他们下班后要照顾孩子,人之常情嘛。他们要承担的家庭责任更重,事情更多,所以能让他们下班早点回去的,就尽量不拖他们的下班时间,除非是市里或者区里的紧急专项性任务,要跟人跟进度,这个就没有办法了。我家孩子还大一点,家里有老人帮衬一下。所以,很多群众性的走访工作,特别是周末和下班晚上要做的,我都自己去做了,反正也是在小区里,家也住在这里,吃完晚饭,我就去走访一下,跟进一下。你不去做也不行,早晚要解决的问题。不是都说居委会的书记和主任是"小巷总理"嘛,别的地方我不太了解,S 市这里,确实很普遍的,都是这样的工作方式。

"小巷总理"既是居委会书记和主任日常工作的真实写照,也是群众对他们的尊重以及他们责任的体现,他们自己也充分认识到这种责任的重要性和使命性。现代城市社会,人们之间的联系日渐单一,网络带来生活便利的同时,也极大地割裂了人与人之间的沟通和交往。人们在生活条件越发便利、生活水平日渐提高的同时,内心孤独感和寂寞感也与日俱增,一系列心理和精神领域出现的问题使得人们开始反思"城市让生活更美好"的真正意义。中国共产党的群众工作是党的传统，在新时代背景下，这个优良传统怎样继续发挥更大更好的作用，城市基层是一个好的检验场所。而在这个基层体系中，居民区可以说是让人们在新的技术时代里能继续保持一种联系感与沟通感的最基本单元了。在这里，人们交往联系已经不是因为地理空间相近而形成的，而是借助组织关系来拉近的，这种组织关系依托于两种互为嵌入的体系进行支撑，其一是城市基层治理的行政框架，包括街镇、居委会等设置；其二是党组织工作所发挥的牵引链接的纽带作用。这其中，居委会主任和居民区党组织书记正是起着关键作用的基层干部群体，他们的工作以及所形成的方式方法对于整个城市基层工作有着无可替代的作用。

第四节　城市基层中的常规性"突发事件"

对于城市基层工作的干部们来说，日常性行政事务虽然繁忙，但毕竟是在计划范围内的，只要工作做得到位，大多数事项是可以有效预期以及精准管控的。基层工作最难的其实不是事情多、时间紧、任务重，最难的是处置好突发性事件，特别是造成社会性影响的突发事件。由于城市基层的运行特点，突发性事件是很容易变成具有社会性影响事件的。一方面，特大型城市人口聚集效应明显，人口流动性很强，涉及人们日常生活方方面面的事项十分庞杂，并且个体利益诉求也十分多元化；另一方面，互联网新媒体时代，人人都可以是新闻发布者、传播者，信息快速传播的特性使得原本可能十分微小的事情借助互联网，就会形成影响广泛的重大事件。

近年来,特大型城市尤为重视对突发事件的应急处置,已经形成了一整套完整有效的处置应对流程,对于城市整体运行而言,危害社会安全的自然性灾害、物理性灾害(火灾、爆炸、交通事故等)以及人为性灾害都有相应的应对方法,也积累了很好的经验。城市基层的挑战在于,既有整个城市运行中所出现的各种危害隐患,还要随时应对个人或者个体因素造成的社会安全影响。也就是说,如果常规性城市安全运行风险是可以有一定预期并且有各种方案进行应对的话,基层中出现的社会性事件的安全风险是很难完全预期的,并且处置起来要考虑的因素更为复杂。

例如 K 街道作为中心城区街道,所应对的一系列突发性事件,尽管产生原因各式各样,有些有很强的个体偶发因素,但是这些突发性事件在城市基层工作中,已然是新的"常态"型事件了。这其实产生了一个新问题,突发性事件并不是单纯因为事情的"突发"而被这样定义的,这种突发性在于打乱了原有的工作计划和部署,并且很有可能演变成一个新的具有重大安全隐患的问题,影响基层的稳定性。同时,这些事件也带有鲜明的基层特性,不仅和城市居民生活中的日常行为紧密相关,有时很多事件的发生也并不是街镇的原因,但是基层街镇的工作人员必须参与其中,并发挥相应的作用。

(一) 禁放烟花的除夕夜

燃放烟花爆竹是中国传统民俗,已经有几千年历史了。进入现代化发展时期,S 市作为特大型城市,出于对消防安全、人身安全、噪声污染以及空气污染等问题的治理考虑,对春节期间燃放烟花爆竹的规定不断进行调整。2015年开始,S市中心城区开始禁止燃放烟花爆竹,2016年以后扩大到外环线以内。这就意味着,涉及千万以上人口居住的城市中心地区,全年都不能燃放烟花爆竹。实际上,对于大多数城市市民来说,燃放烟花爆竹主要是春节期间的一个传统活动,在一年中的其他时间,只有举办婚礼与店铺开张时才会有燃放烟花来"讨彩头"的做法。因此,禁止燃放烟花爆竹,在一年中的很多时候其实并不是一件难做的工作,但是在中国农历新年正月时间,特别是春节除夕的这几天里,禁止燃放烟花爆竹这项工作一开始还是很有挑战性的。

Z书记对于这个问题理解得很清楚:

看起来是一件再普通不过的小事情,但是也反映出中国基层治理的主要矛盾所在,就是一方面要将传统的东西融入现代管理方式和体系中,另一方面要将整个工作有效地做好。放烟花,是中国的传统,多少年来都是这个传统,大家已经形成了习惯和记忆,觉得这才是过年的感觉和味道。但是现在,这个习惯要改,不是完全改掉,而是要受到调整性的改。所有的事情都是这样,两面性嘛,有人喜欢就有人不喜欢,也有人一直不愿意放烟花,觉得烟花吵闹,更不用说引起的火灾以及每年因为燃放而受伤的人,所以有很多人一直反对这个事情。现在年轻人也不太喜欢放烟花爆竹。自然,也有人喜欢这个事情,觉得这个是一种记忆,一个传统。

当然,这个问题更涉及一个经济问题,相关的产业怎么办,多少人是依靠烟花爆竹生产加工销售来生活的,这背后也有很多人生计的问题,这就是现实矛盾!我们要保留传统的东西,特别是好的东西,又要治理好城市,特别是安全问题,既要满足大家对传统的回忆和感受,也要解决好环境污染和噪声污染以及人身安全问题。手心手背都要兼顾,这个靠什么呢?靠的是政策和制度。政策和制度靠谁呢?靠的是人。所以这个事情也好,很多事情也好,最终落脚点都在基层,在基层的工作人员身上。

既然是在基层,而且又是一个影响很大的新规定,要改变很多人的生活习惯,那么做起来只能投入更大的人力、物力和精力。S市禁放的规定一经决定,就必须要执行。新规定于2015年春节开始执行,在此之前半年时间已经开始进行准备工作。从市里到区里、再到基层街镇,规定传达到位后,接下来就是宣传和准备的工作了。这个工作对于大多数基层干部和基层工作人员来说,提前是没有预期的。虽然每年春节后,S市的基层干部和工作人员都会因为燃放烟花爆竹带来的一系列问题,被增加了很多工作内容,例如居民区失火、街头清扫燃放垃圾、燃放带来的邻里纠纷等,但是大家并没有想到会一下子彻底改变这个行为。

Z书记一开始也认为,一下子通过行政禁令方式将一个存在了几千年的行为彻底改变,这个还是很有难度的。虽然燃放烟花爆竹为城市安全带来了很多问题,但是对于很多普通人来说,更多人觉得这个行为毕竟不是一个完全性的坏事。更何况,在这么大一个城市,去禁止所有人燃放烟花爆竹,这本身就是一项挑战巨大的工作。区里开会的时候,A区大多数街镇的党工委书记和办事处主任们都持相似的观点。

　　但是,S市的政策规定不可更改,要做这个事情,要在中国做表率作用,就是要有这样的决心和勇气,这也是治理中国这样一个人口众多、地域辽阔的国家所必须应对的问题。市里的决定是春节前四个月做出的,A区开会传达到基层街镇的时候,留给基层的准备工作时间也就是三个多月。在这三个多月时间里,S市中心城区的每一个街道都要做好相应的宣传和准备工作,书记们要签署保证承诺书,承诺在春节期间,所在管辖区内"零燃放"。换句话说,就是在春节期间,所有中心城区不能出现烟花爆竹燃放的声音,否则,街镇党工委书记作为第一责任人,是要受批评处分的。这个事情传达到K街道所有基层工作人员那里的时候,对于基层工作来说,是一件"突发性"事件。禁止燃放烟花、零声响的要求意味着,必须全力保证整个街道所有范围内都不能出现烟花爆竹燃放事件,声音就是信号。

　　Z书记告诉全体街道工作人员,现在这个事情是全市第一年开展,各个区的区委书记和区长要跟市领导签署承诺书,我们党工委书记和办事处主任要跟区长和区委书记签署承诺书,那么大家所有科室也都要签署承诺书,集中力量保障这项工作的顺利进行。

　　于是,相关准备都在紧锣密鼓地进行着,离春节还有三个月,主要的工作围绕两个方面进行,第一,对街道内所有市民和商铺进行不断的宣传教育,告诉大家政策要求,并且尽量讲清楚禁止燃放的有益之处以及对城市安全的益处。第二,在源头上,将出售烟花爆竹的企业和商铺集中起来进行政策解释,并由政府出资统一购买商品,保障商铺的权益,也告诫其不要售卖。Z 书记认为这些工作非常重要,但是并不能完全解决"零燃放"的问题,关键还是在人,要靠"人"去推动新政策的第一次落地执行,这当然也是全市都要去做的事情。

> 一项新的规定或者政策在中国施行,必须依靠人的作用,依靠群众的参与。好的制度的形成,一开始也是要靠人来去培养习惯意识,很多新的做法以及新的方式,要形成习惯,一开始不靠人是不行的。这其实不矛盾,看起来似乎还是"人治",实际上从"人治"到"法治"没有一个过程是不可能的,特别是老百姓已经约定俗成、形成习惯的事情。

K 书记告诉街道的干部们,第一年禁放烟花爆竹,从市民的角度来说,也是一个观望过程,要看看政府这个政策到底能不能推动下去,到底执行到什么程度。整个街道从辖区工作来说,全区域零燃放、零声响确实难度很大。但是既然决定要做,再大的困难也得做。宣传引导市民和统一购买烟花只是一个基础性的工作,实际的禁放监督巡逻还要靠街道和社区的干部、工作人员还有社工。仅仅靠这些人也远远不够,还要招募大量的志愿者一同参与。整个街道的工作人员才一百多人,社区工作人员满打满算也就两百多人,要让一个三十万人口的街道七天不燃放烟花,难度还是很高,必须招募大量志愿者。

两个多月的时间过得很快,年终岁尾,街道的各项工作十分繁忙,但是禁放烟花的工作是重中之重,因为第一年的效果十分重要。春节前的一周,街道开会布置最后的工作安排,整个街道按照人口和居民区的大小进行点位布置,除夕夜和春节七天街道全体干部上岗,其他办事工作人员做好调休工作表;各个居民区的居委会主任以及党组织书记保证在岗,1000名志愿者按照工作调休时间表上岗。特别是除夕夜这一天,尤为关键,街道的全体干部分布各个点位,志愿者也各自就位,巡查各个点位的实际情况,劝阻和制止有燃放行为的居民。在旧年的最后一天,K街道所有的基层干部和大多数工作人员,包括志愿者都度过了紧张难忘的一天,直到午夜三点以后,大家才逐步放下心来。

这一天实际上很重要,因为毕竟是第一天,又是十分关键的除夕夜,我也没想到我们前期工作做得这么好,我们这个区域没有一起燃放,也没有一声鞭炮声。也有个别群众不知道的,从外地过来的,想要燃放,都被我们干部和志愿者劝阻了,大家都很配合。我们的志愿者最辛苦,他们是没有任何酬劳的,在过年时间参与这样的工作,也是占用自己的时间,真的很不容易,这也是我们这个城市基层力量的一种反映吧。其实,十二点多还是听到一声鞭炮声的,后来证明不是我们这边的,是相邻街道辖区的,也是虚惊一场啊。我们其实一开始也没指望能做得这么好,一声都没有,但是,做到现在这个样子,真的是不容易,是大家一起努力的结果。

K书记对于这次行动,还是很满意的,也是很感慨的。当然,这也只是除夕夜第一天,后面还有春节七天,还有正月十五,……

任务还没有结束。但是，至少经历了这次除夕夜的烟花禁放事件后，这项工作在基层有了可以持续开展的基础。这项对于基层来说是"突发"性的任务工作，慢慢也将成为"常规"性的工作了，这也是城市基层日常工作的规律。

（二）破碎建筑中的麻辣烫小店

S市的城市更新一直在进行，但是相较于 2010 年以前，中心城区的大规模改造活动是逐步减缓的，因为中心城区已经形成相对稳定的商业区和居民区规划设置，同时由于城市发展带来的土地价格提升，旧区改造以及由此产生的动拆迁安置问题在中心城区并不多见。K 街道已经经过了最早的大规模动拆迁和改造项目过程，整个街道范围内不再有大规模的动迁活动，但是个体商业建筑的改造重建活动还是有的。城市基层干部对于动迁安置和旧区改造工作是非常有感触的，因为这种工作不仅仅是涉及搬迁、建造、安全等诸多问题，更重要的是区域内居民的动员工作是很有挑战性的，往往很不好做，毕竟牵涉的是千家万户的现实利益问题。

"家"的概念在中国社会有着十分稳固的影响力，人们对于这一概念的理解是可以无限扩大化的，特别是在城市化浪潮影响下，"家"不仅仅是情感纽带，更是一种利益关系的体现。因此，在城市社会基层工作中，处理居民的各种生活事项，其实就是帮助他们把家庭生活做好，这是一种大家庭概念，这应该也是 S 市城市建设发展的核心精神。

如果说动迁安置是基层工作最具挑战性的工作，那么与此相类似的"拆违"工作同样不好做。"拆违"是根据 S 市城市发展规划,将居民生活区有消防安全隐患的私搭乱建、一些历史政策遗留的特定建筑设施,包括不符合新的区域发展需要的各种公共空间摆设进行统一的拆除清理。K 街道因为是中心城区,这类违规的建筑主要集中在居民区的公共空间,也存在一些公共街区的违规建筑物情况。街道的"拆违"工作开展后,过程基本是比较顺利的,直到出现麻辣烫店主事件。

Z 书记来到现场的时候,这家麻辣烫店的店主是十分激动的。店主手里拿着棍子,大声咒骂着街道工作人员,宣泄着自己的愤怒。民警正在现场,店外也不断聚集着前来围观的群众。Z 书记对于这栋建筑物的情况是了解的,对于现在出现的这种情形也一直有所担忧,也想到店主可能会做出比较冲动的事情,今天也的确发生了,店主和房主以及街道工作人员协商搬迁的时候,砸碎了桌子,并且要动手殴打房主,拒不接受搬离条件。事态存在进一步扩大的危险。

Z 书记后来讲到,这家小店铺是在一栋临街建筑物的一楼,这栋建筑物有四层,楼上三层一直是短租公寓,一楼经营着十余家面街的商铺。这栋建筑物存在的时间已经有三十年以上了,初建的时候,产权归属集体所有,后来逐渐被个人所购买,整栋建筑的产权归同一个房东,房东将整栋楼按照楼层出租,承租者又联合起来将建筑物分为公寓、足疗店以及门市商铺,出租给个体经营者。这就形成了一个涉及两层房东以及众多经营者关系的商业网络。由于地理位置较为优越,人流量比较大,整栋建筑在过去的十年里,生意兴隆,公寓和商铺的经营收益还是十分稳定的。

2017 年 S 市拆违活动布置以来，K 街道的这栋建筑物由于建设规划的消防安全问题，以及所在位置要拓宽公共马路的需要，这栋建筑要全部拆掉。这项工作街道里的相关负责科室长已经和建筑物的房主进行了沟通，房主也表示接受并同意政府的规划和补偿，通知承租者合同要提前解约。"二房东"也接受解约以及违约金，通知下边的各个商铺提前解约，并限期搬离。绝大多数商铺也同意了，陆续也搬走了，最后只剩下两三户一楼的饭店没有同意。街道和房主通过不断沟通协商，最终只剩下一家麻辣烫店，坚决不肯搬走。

五十岁的麻辣烫店店主从外地来，在 S 市经营小饭店已经二十几年了，一直以来也算是勤勤恳恳、奉公守法，没有什么不良记录。在这栋建筑物里租下这个店铺，经营已经快十年了，店铺楼上的公寓就是店主和家里人居住的地方。白天工作，晚上就住在楼上，这个店就是他们在 S 市的家。可以说，他对这个店是投注了大量心血和感情的。整栋建筑物外围已经被搭上了脚手架，楼层上边已经按期开始拆除，麻辣烫店仍然在经营。白天，麻辣烫店的周围弥漫着工人拆除建筑的烟尘，夜晚，在废弃的建筑物中，麻辣烫店的招牌灯光闪烁着幽幽的白光，形成了一种独特的风景。店铺仍然在营业，店铺的生意也没有中断。

而这件事情的矛盾激化在于房主与店主之间的协商约定。原房主要求按照签订的合同执行，合同未到期，租金退回，押金退回。但是店主按照的是与二房东之间签订的合同，这份合同，月租金以及押金的金额都要更高。这就导致店主已经交付的租金和押金，要远高于原房主返还的数额，而二房东人在国外，表示暂时不能回国。

于是,矛盾开始产生。其实本身这个事情是一个利益协调的问题,如果好好谈是可以谈好的。但是原房主因为拆违的事情,心态也不是很好,态度上就有些急躁并且还有一些傲慢,协商不成,就威胁断水断电。这就激起了店主的强烈不满。二房东也不参与这件事情的处理,只表示按照合约执行,这就使得整个事情逐步向着危险爆发的方向发展。

Z书记接着讲到,房主表示无法说服店主搬迁,必须街道去做,这个难题就交给了街道的工作人员。第一次上门解释,无果。第二次上门沟通,店主表示不仅仅是钱的问题,还有尊严的问题。街道还要做房主的工作,包括二房东的工作。第三次上门沟通,沟通过程中,房主言语激烈引发了店主的情绪反应,店主表示再逼迫就点燃煤气罐同归于尽。因为没有实际去做,民警到场也不能采取强制措施。

第四次上门沟通的时候,店主和房主以及街道工作人员发生了肢体冲突,Z书记到的时候,事情仍在发酵。在这种情况下,做好安抚工作是第一位的。

　　我就跟他说,街道不是帮着房主来针对你的,你的这个做法不仅不能解决问题,还会影响到你的家庭,不为自己考虑,也要为孩子考虑考虑吧。咱们都是为了解决这个问题,采用极端手段最终受损的还是自己。我看到他也情绪比较激动,觉得还是先安抚他,让他稳定一下,不要把事情扩大化,外边围观的人也不少了,这不是好影响。今天就先不谈了,后边再应对,先不要让事情失控。

　　这就是基层要处理的"突发性"事件的特点,很多事情并不是完全没有预期地出现,事情是一直存在的,工作也一直在做,"突发"意味着突然出现的可能迅速恶化并影响社会安全与秩序的情况。基层工作处置这类事情的原则就是首先控制事情的进一步发酵,其次再去想办法,不要硬顶硬上。基层工作的一个显著特点就是这样,按照法理来说,街道可以完全按照政策规定直接进行拆除,但是街道工作对居民不应该是冷冰冰的法律条文,在法律框架遵照执行的基础上更要讲"人情",这个人情是从为民情感的角度去思考城市社会各种人群的实际情况,尽量在"讲理"的同时,还要"讲情",这就是中国共产党基层工作的本质体现,也是党组织在基层工作中应尽的本分。

　　破碎建筑物中的麻辣烫店又开了半个月,最终还是搬走了。Z书记表示,我们做通了工作,我们对于这种情况不是一味退让,也不是要采取强制的手段去执行。关键的地方还是在做"人"的工作,只有做通了人的工作,才能使问题有最终的解决。房主和二房东以及店主最终还是坐到了街道的会议室,在街道工作人员的协调下、在法律顾问的见证下,三方达成了同意新办法的协定。Z书记说,最终的结果其实并不是所有人最满意的结果,店主在其他地方另开店铺,街道进行协商沟通,给予一定的优惠;二房东退还部分租金;房主也同意减免部分租金。他们其实对于最终结果都有自己的想法,时间成本成为他们都无法继续拖延下去的原因。对于街道来说,时间成本也是如此,但是从另一个角度来说,这个事件没有发酵成为影响社会公共安全的治安事件，并且在一定可控范围内解决，已经是最好的结果了。毕竟，在城市基层，类似的情况每天都在发生，"突发性"事件随时考验着基层干部的应对能力。

(三) 街道门口的维权者

"拆违"作为一种项目型的治理动员方式，并不是常规性的，对于城市基层工作来说，具有一定的"突发临时性"，其中发生的这些"小插曲"更是一种既在预料之中又难以提前应对的状况，这也是基层工作的一个特色。维护社会稳定是城市基层工作的重心，拆违工作的背后也是这一目标。相比较而言，在基层信访工作中面对的矛盾和挑战就显得更为突出了。特别是一些长期上访人员，利益诉求背后是千差万别的社会现实，这些情况即便是已经为街镇干部所熟知，解决起来也不是一个容易的事情，况且，长期上访人员所采用的方式也往往是在基层干部预想之外的"突发"事件。

怎么解释这种听起来比较怪异的说法呢？我们街道还算是幸运的，我们长期上访人员不是很多，这些人呢，他们的利益诉求已经不是街道所能解决的了，因为很多是历史政策，这是要更高层次的政策改动才能解决的。他们也会到区里到市里去上访，但是，家住在这里，所以到街道去是最方便的啊。我们几年工作做下来，大多数是可以解决问题的，就是解决他们不要总去上访的问题。但是有一些也是非常固执的,是怎么也做不通工作的,这些是真的一点办法也没有。

　　那怎么办呢?也就只能尽量安抚好,如果要去区里和市里(上访)我们也没办法。所以,说他们的行为是在预料之中的,是这个意思,因为一直上访嘛,一直也没有满意嘛。但是,他们的做法有时候很有"突发性",就是会换着办法来跟你(街道)提条件。实际上,我们也觉得说,他们也知道自己的事情没法解决,但是他们就是不甘心啊,就是要搞出点声响,要让你重视他们,所以他们在街道门前活动,你也不好处理。有一次,两个长期上访人员举着牌子站在街道门口,既不说话也不喊叫,就是举着牌子站在大门边,他们也不挡着进出车辆和人员,就站在那里,一声不吭,我们知道做了很多工作,沟通效果也不好,但是他们也没违法啊,你也不能怎样。最后在反复劝说无效的情况下,只能让五六个保安围着他们,把他们圈起来,大家都不说话,就这么耗着。实际上,这对于我们街道来说,也是很大的人力资源浪费,但是确实没有什么好办法。

W科长的党建工作虽然不是专门对接信访工作的,但是也要协助街道基层信访工作的开展。她所讲述的情况,在城市基层工作中具有很强的普遍性。

　　这种站在门口的,人家已经觉得很给你们(政府)面子了,这是一种方式,没有规律的,还有很多其他各种在不违规违法情况下的行为,这也是近几年基层上访的一个特点吧。

去年北京开全国性的大会比较多,一到这种时候,上访人员就开始活跃起来了。春天两会召开,我们这里几个上访人员说我们要去北京反映问题,我们都知道的,当然是不能让他们去啊。尽管有人说该去去嘛,有问题了、违反法律了,自然就按照法律程序来处理,但是实际情况是,哪有那么容易。

市里和区里对街镇的考核要求就是管控好重点对象,不要让他们越级上访,这也是中央部委的要求。都去北京了,事情也不好办。那我们怎么办,各个街镇都注意起来啊。平常还好说,重要大会召开的时候最是紧张了,他们要求去北京,不能让去。然后他们要求出去转转喽,好吧,那就我们几个科长带着他们到郊区去,转几天,也就是陪着他们玩几天,等大会开完了,再回到这边。虽然这不是经常用的方法,我们也不可能每次都是这样处理,但是那一年全是重要性的大会,我们如果每次都是这样,我们自己的工作还要不要做了呢?

W科长说,选择跟着他们出去,既是看着他们,也是想在一起活动的过程中,去进一步说服他们,用实际的行动和一些做法让他们明白街道有街道的难处。基层街镇承担着社会生活中的所有具体事务,但是不能解决社会生活中的所有问题,这不是愿不愿意、想不想的问题,这是权责归属的问题。在这个过程中,其实效果还是有的,W科长不是直接去劝说他们应该怎样怎样,而是以一个陪伴者和倾听者的角色让他们倾诉,在合适的时候去开导劝解他们,也把自己的想法和感受说给他们听。其实这几位长期上访维权的居民,也知道他们的诉求有些离谱,也不是街道能解决的,他们只是觉得没有人重视他们,没有人重视他们的声音,因此才会采取一些相对极端的方式来表达情绪。他们知道法律法规的作用,也不想用暴力方式来表达,除非万不得已,谁也不愿意把自己的生活推向毁灭的深渊。

"将心比心"是做好城市基层工作的关键所在,虽然不是所有的问题都可以用情感去化解,法律规范的重要性是基层稳定的根本,但是,没有情感的法律是不能解决日常生活所有困境的,有时候简单地诉诸法律的方式,尽管没有错误,但是带来的后果却往往适得其反。城市基层干部工作的有效开展,不仅需要细致全面的法律规范作为依据,更需要丰富的情感和耐心去坚持基层工作的底线。也正如 W 科长所言,所有的工作都应该在规范的法规基础上展开,所有工作的结果都离不开人的努力。

(四) 房间里忧郁的青年

周日下午,Z 书记接到 W 科长的电话,居民区的一栋楼里,有大量居民聚集,社区居委会 C 主任已经在现场,情况比较复杂,W 科长已经在赶去的路上了。Z 书记让 W 科长先到,自己马上过去。这个事情 Z 书记早就听过汇报,事情本来也不是什么大事情,但是具有一定的代表性。

这个年轻人嘛,是本地人,已经三十二岁了,原来工作还不错的,在一家外企上班,后来可能是因为一些个人情况吧,就辞职不做了,回到家里一个人生活。这个房子是他父母留给他的,他父母在另外的小区居住。原本还比较正常,但是辞职回家一年后,他就不出门了,每天都是靠外卖和父母送的吃的。一开始垃圾什么的还是放在门口,后来干脆就不拿出来了,父母来了也不给开门了,所有东西都放在门口,人走了,他才拿进去。

这个情况吧,持续了三个月以上,父母也没办法了。主要是他这个屋子里垃圾味道越来越大,正好到了夏天,味道已经完全从门窗里边散发出来了,周围邻居意见都很大。社区上门做了几次工作,他都不开门。我们也想等他开门跟他谈谈,但是他拒绝交谈,表示如果我们非要和他谈,他就拿刀自杀。这个问题就比较复杂了,我们就做父母的工作,让父母做他的工作,但是父母也没有什么好办法。这个事情现在已经半年多了,也就说,这个人半年就没有出过房间。

到达现场后,楼道里已经挤满了居民,整个小区的居民也逐渐围拢过来,这栋楼里的住户情绪激动,一定要让这个年轻人出来,要清理垃圾。居民们表示,这个事情已经严重影响到了他们的正常生活,也影响到要买卖房屋的住户。因为有这个事情存在,租售房屋的时候,看房子的人一进这栋楼就闻到刺鼻的味道,完全无法促成交易。这栋楼的居民都表示,今天必须解决这个问题,否则他们就要集体破门而入。小区里的其他居民也认为这种情况对于小区各方面的生活以及稳定都不太好,谁知道这个年轻人会有什么举动呢,他肯定是精神有问题啊。W科长正在和C主任进行现场情绪疏导,对居民进行劝解和解释。

　　W科长告诉围拢的居民,这个事情一定会解决,等书记来了,街道和社区一定给大家一个满意的方案。但是在此之前,用暴力的方式去私自解决是违法的,民警也在现场,大家不要再额外增加麻烦了,不要聚集,也不要辱骂,我们把问题解决了是最重要的,不要让我们的生活再增加负担了。这时候,Z书记到达了现场,跟围观的群众表示,今天就解决这个问题,这样,住户居民的情绪逐渐地平息了下来,大家将感受诉说了一遍,人群才逐渐散去。W科长认为这个问题其实应该早就可以解决了。

　　这个年轻人的情况,我们问过他的父母,做过比较深的了解,他父母应该是对这个儿子从小要求比较严格,也有些忽略了他的感受,所以也完全想不到事情会变成这个样子。这个人在公司工作还是可以的,我们也了解过,辞职前也没有什么特殊异常的表现,老板和同事都以为他另外换工作了。当然这个公司的工作是比较紧张的,世界五百强嘛。但主要原因可能不在于此。我们问过他父母他的情感情况,父母表示不是很了解,好像是有女朋友,但是没有带到家里来。其实父母也不是很清楚自己孩子的情况,这个父母也是有责任的。我们做这个年轻人工作的时候,他已经有比较强的抵触情绪了。

　　两个月前,他明显不相信我们,并且也说过威胁性的话语,自杀啊,开煤气爆炸啊,我们不想太刺激他,就没有继续沟通。原本我是建议书记同意强制性执行的,但是,因为这个人本身还没有什么过激行为,目前也没有什么实质性的危害举动，尽管父母也同意，楼里的邻居也强烈要求，书记认为最好还是协商解决，让他父母来做工作，所以事情就暂时先这样了，一直到现在。其实，看得很明显，他父母做不通他的工作嘛，如果可以的话，也不至于到今天。你看他父母在那里，不也是束手无策？他父亲就是骂他，他母亲就是哀求他，都没用嘛，和周围邻居的方法本质上都是一样的。

W科长和Z书记商量后，与社区C主任作了沟通，也与消防人员和民警进行了协商，征询过这个青年的父母同意，最后决定采取强制执行的方式，先破门再做保护工作。为了避免刺激到屋内居住的青年，所有人员包括周围居民全部暂时清场，根据这个青年的基本作息时间，选择在第二天上午，他睡觉的时候开始破门行动，并相应准备了防跳楼气垫，提前做好防爆炸火灾的消防安全准备工作。一切就绪，行动展开，果然如预料中一样，房门破开的时候，他还在屋里睡觉，整个行动没有人员伤亡，这个年轻人很平静地被送到了医院，他的父母和医护人员陪着一起，W科长也跟随着。这个他曾居住过的房间，堆满了各种垃圾，整个清理过程用了整整一天时间。这栋楼里的住户居民以及整个小区的居民终于满意了，街道的干部们也松了一口气，而这个青年以及他的家庭所要应对的问题应该才刚刚开始。

C主任对这个事情表达了自己的看法：

这个青年的情况我还是了解一些的，他原来是和父母住在另外一个小区，后来工作后，他父母就在这边给他买了房子。一开始都还是很正常的,没有现在这样的表现。后来他辞掉工作后,一开始也不是不出门,半夜会出来散步,我知道这个情况,我本来是想找个机会跟他聊聊的。我大概了解到他应该是在情感上有些问题,因为我听邻居们说,最开始,在他上班的时候,是有一个小姑娘总来的,后来就见不到了。我猜测跟他的感情问题有关系,当然肯定也有原生家庭啊、工作啊一类的其他因素。但是后来他就不出门了,因为有一次和隔壁邻居发生了争执嘛,其实也就是因为垃圾的收拾问题,邻居有意见,这个也正常,还是可以去协商的。但是他因为这个刺激,应该是有一点恼火吧,就完全不接受任何沟通了。

后来整栋楼的居民都开始担心这个问题,有些脾气大一点的就天天在门口骂,还有用那种噪声制造器的,这些行为都不好。但是居民也有他们的不满,毕竟要卖房子的,因为这个事情,会影响价格;买了房子的,居住在这样的环境,心里又不舒服。这个我们都理解,也做了工作,但是确实是错过了对这个事情的最佳解决时间。这个事情吧,说大不大、说小不小,每天都在居民区发生类似的事情,因为并没有造成实质性的危害,我们也不能什么事情都跟 W 科长和 Z 书记去反映,毕竟如果都是由领导出面来解决的话,那么大家都不用做别的事情了,这样类似的情况太多太多了,很多都很复杂。我只是希望,这个青年在医院能有一个比较好的治疗和恢复,然后他是不是回来我们也不确定,我们能做的就是,尽量不要再产生新的矛盾了。

"说大不大、说小不小",这应该就是城市基层社会各种事情的一个普遍性特点吧,也是城市基层干部每天工作的一部分。"说大不大"反映的是基层的常规性日常工作,涉及的都是保障民生和社会稳定的具体事项;"说小不小"反映的是,一些看起来似乎无关紧要,甚至都不是基层干部应该去管的事情,突然变成影响巨大的社会安全性事件,也是非常容易和迅速的,这也是为什么说城市基层工作是常规性中伴随着"突发性"的原因吧。

第五节　基层工作中的"老问题"与"新矛盾"

对于城市基层工作来说,新时代发展背景下,"老问题"仍然存在,"新矛盾"同时产生。基层干部们清楚地认识到,问题和矛盾是一直都有的,这将持续很长时间,这也是由中国社会发展的阶段性特征所决定的。只不过问题与矛盾在不同的发展阶段,表现也不同。最大的挑战还在于,原有发展阶段存在的问题还没有完全解决,新发展阶段的矛盾就涌现出来了。

这种"共存"阶段对于基层工作以及基层干部来说,压力还是巨大的。基层工作的最大特点在于很多事项不是简单的"非黑即白",即便存在法规明确禁止的要求,但还是要考虑民众的接受度以及时间效果的问题,因此,很多工作在基层的干部必须要投入更多的人力和精力。这些问题不一定能在基层干部任职期间得到解决,但是他们的工作是一定会在基层留下清晰的痕迹,这个痕迹不是纸面上的东西,而是在居民的心里。也即是说,街镇的书记主任包括科长会换届、调走、退休,但是辖区里的大部分居民一直都在,他们对于每一批基层干部的工作作风以及工作成效是有一个比较和记忆的。

　　Z书记对于城市基层工作性质以及面临的新旧矛盾有着自己的认识,他总是认为,基层出现各种新矛盾和新问题是常态,尽管基层中"人"的因素是最关键的,但是制度设计以及执行更为重要。正是因为人的因素太复杂多样,因此,基层工作的长久有效开展必须要有好的制度体系作为核心框架。Z书记这样来分析基层的"老问题":

　　　　基层的难题,最根本就在于是"基层",也就是说复杂性是第一位的。从上级单位层层下达的指令和文件,在制定和执行的过程中是清晰的,思路也是好的。但是,再详细的讨论、再精细的标准,到了基层,仍然存在很多不适应性。一方面是中国的基层确实太大了,涉及的因素太多,想要面面俱到,很难做到,所以才有集思广益以及集中领导,否则,很多工作无法开展;另一方面,在现在的社会发展情况下,事情的变化瞬息万变,非常快,不像以前,很多情况会一直保持着一种状态,因此还有缓冲的时间和余地。现在,一个政策下来,可能半年,情况就又有变化了,又得重新调研。

　　　　基层承担了从中央到地方所有上级单位分派的任务。对于基层工作的干部和同志来说,工作的第一位就是执行,所以,思考的东西就少了,但是这不代表基层干部就不用思考问题。正是基层的复杂性,决定了很多情况上级单位并不是很了解,而基层的同志又不知道怎么反馈问题,这种情况一直是一个难题吧。

基层的复杂性以及由此带来的基层工作的任务重和压力大，应该是整个基层社会一直面临的突出问题，这也是最近几年党和国家不断出台相关政策，通过各种方式为基层减负的原因。效果是明显的，但是问题却一直存在，这也是由基层社会的特殊性所决定的，这种特殊性是中国的特殊国情以及历史发展因素，包括各种文化因素共同发挥作用的结果。这种特殊性将伴随社会生产力的发展水平而不断地变化，在相当长的时间内，中国社会基层治理的复杂性将会一直保持，这种保持从更深层次的角度来说，只有通过制度和国家治理的现代化才能有效应对。

正因为这种复杂性，基层的问题不是一个部门或者一个组织就可以完全应对的，需要多个部门和力量共同合作。Z书记表示，基层工作的实际情况是，一个问题的出现，或者一项任务的产生，多个部门都投入了力量，但是具体操作和执行都放在了基层街镇，压力基本都放在基层了。特别是以"项目"方式进行的经济治理或者社会治理，原本的意图是调动基层的参与性，给予基层最大的权力，集中力量完成这一项目。但是实际运行的过程却变成各个条线上的上级单位向基层下达各种指标任务，基层要完成这些下派的任务指标的同时，还要做好自己常规性的工作，而且一旦出现问题，基层是首先要被追究的担责和问责的对象。

在这样的情况下，基层既要独立面对具体问题的解决，又要承担最大的责任后果，其实更增添了基层工作的复杂性。因为基层社会本身涉及的工作情况比较复杂，解决复杂问题的过程和机制又增添了很多复杂的因素，这就使得很多好的想法和政策在基层执行中看似"变了味"，这其实不完全是基层工作以及基层干部的问题。从目前 S 市基层治理的思路来看,剥离基层街镇原有的经济功能的目的是给基层干部的工作减轻负担,这在一定程度上起到了积极作用。但与之相应的是各种非经济功能极大地压到了基层街镇身上,所给予的自主权力空间却并没有扩大,这也就是为什么有基层成为"夹心层"的说法了。既要面对人民群众日益多样化的现实诉求,又要承接各个条线上级的社会发展目标任务。这应该是当前城市基层面对的最大的问题了。

　　Z 书记的观点体现的是城市基层街镇主要负责人的观点,而 W 科长从科室工作执行的角度,认为基层一直存在的问题还是人的问题。

　　　　制度是非常重要的,但是人的重要性更强,特别是对基层来说。因为制度是好的,至少设计的时候出发点是好的,可是在执行过程中,好的制度也要靠人来执行。

　　　　这里边就存在两个很重要的问题,都是关于人的问题,第一,执行制度的人是不是能理解这个制度,并且很好地贯彻制度和政策的含义,并且能将问题反馈到上面去,帮助制度完善,毕竟也不是一下子就能制定一个完美的政策和制度,特别是对基层来说。第二,执行制度的人能不能形成一个稳定的群体,一个能在基层做下去并对自身工作充满兴趣的工作群体,这个也是十分关键的。

　　　　以我的经验来说,在城市里,各个街镇都有很好的做法啊,也有很不错的人员,就是同样的围绕园区服务工作的内容,大家其实都有自己不错的方式方法,短期效果也很不错。

但是为什么我们这里可以形成一种长期的做法,甚至是一种品牌,就在于我们这里有核心人员一直在做,并且可以将经验有效地传递下去。虽然工作人员在流转,书记主任也在换,基层干部也在流动,但是我们人员再怎么更换变动,基本的氛围和思路,以及做法都在继续保持,这也是我们注意不断培养一支队伍的目的。

当然,一开始,这个队伍的组建以及培育是要有人一直坚持做的,要长期坚持做,并且是有一定牺牲的。如果不是真的喜欢这个事情,在现在的社会中,大家都比较注重短期利益和个人利益,怎么会一直坚持做下去呢?所以,制度是重要,但是人更重要。然后再看看现在基层的问题,这就是大家都不愿意来基层的原因啊,从领导到基层干部,都愿意在条线上的上级单位工作,不愿意到基层来,基层工作累和难是一个方面,关键是没有能留得住人的待遇和方法啊。基层干部如果不是对这个工作有真心的兴趣和喜爱,那么你再说吃苦也好、奉献也好,包括有再好的想法、模式、工作内容,都不能持久下去,因为人员留不住、心思留不住,一切就只能看短期效果了。

这也是基层工作的一个老问题了:基层干部怎样能真正地融入基层工作,并且能有一定的自主性开展工作。有时候这并不是干部本身的素质问题,更多的是基层工作面对的很多现实压力导致。这种压力也不是简单地理解为工作的累和忙,而是基层"权力有限而责任无限"的工作模式,使得基层干部和基层工作人员没有时间去思考与提升。

大量的事务性工作已经占用了时间、消耗了精力,这就让基层干部一直处于一种"紧绷"状态。这种状态是会极大地消耗个人对自身工作的理解和认识的,并且容易形成一种思维定式,就是基层仅仅就是执行,而没有"向上"提出意见和建议的权力。尽管现实情况并不完全如此,上级单位和组织也会进行大量的基层调研听取意见,但是反馈回来的效果总是让基层干部感觉不够有效,每一次调研之后,基层工作的任务仍然十分繁忙,至少在基层干部主观感受上如此,这似乎也成了一种内在的矛盾。

在更具体的实际工作中,例如在居民区的日常工作中,"资源"问题成为基层干部最为棘手的问题,这个问题其实也是"老问题"。

C主任认为,在最一线的工作中,资源很重要,这个资源包括几个方面,其一是居民区的志愿者们,包括党员,他们经常参与各种活动,很多是纯粹的义务奉献,这是基层治理中最宝贵的人力资源,也是党组织做好群众工作的基础支撑;其二是居民区可以调配的物资,因为很多活动需要有一定的物质条件支持,这些除了区级层面的拨发、街道的配给,很多要居民区自己想办法,依靠群众或者其他社会组织包括企业的赞助;其三是精神文化层面的资源,这个是在前两者的基础上塑造出来的,需要经过不断的组织活动项目以及长时间系统培育才可以形成的,一旦形成就会极大地推动整个区域内基层工作的有力开展。这三者构成了基层工作最为重要的"资源",而现在的城市基层中,最欠缺的也就是三种资源的整合。

现在的管理更规范了,特别是涉及财政用钱这块,区里非常紧张,街道也很谨慎,毕竟经济功能取消后,街道也没有更多的余留了,而且这些钱是必须要用在具体工作中的,这个是要审计的。但是问题就在于,我们基层很多工作需要一些费用的投入,但是这些费用的投入往往又都是花在个人头上的,这就在财务审计方面有很大的麻烦。

比如我们在"创全"活动中,有大量的志愿者在各个社区与路口进行垃圾清理,包括监督乱扔乱停的行为,这些是为了检查的,不是常设行为,我们哪里有那么多的人手,因此只能依靠志愿者来完成。七八月的夏天,志愿者一干就是五六个小时,那么热,总得给人家准备一些清凉用品和饮料吧,这些费用都没有直接拨款的来源,只能街道来想办法筹措,或者我们居委会自己来准备。如果说一年就这么一次,倒也还是可以坚持过去,但是现在基层治理要求越来越高,各类项目的检查动员也越来越频繁,有些甚至成为常规性活动,这就使得我们在资源调动和使用上,越来越困难。

其实这个问题很早之前就有,但是以前我们在经费上还是有一定余地的,街道也有自己的财政预留,志愿者甚至包括很多居民是愿意参加我们的一些活动的,因为可以有一些小礼品分发。现在更加规范了,也是对的,这是发展的大方向。但是有的时候一下子"一刀切"就会使得大家在工作开展上,面临一定的挑战,有些居民就问我们说,以前不是有礼品嘛,现在怎么没有了呢?我们也不是说所有活动都要靠礼品去吸引人,但是改变终究要有一个适应的过程,更何况,有些活动也确实需要有一些物质上的慰劳,其实已经是很小的东西了,也是正常需要的。

的确如此,城市基层工作的开展不能只是单纯依靠物质激励进行,但是习惯的改变以及工作的有效展开,也不能完全靠口号和精神激励。群众工作的挑战性就在于既要有效发动群众参与还要让党组织在群众中有威信,在活动中教育和提高群众觉悟,这必然需要一定的资源投入。物质资源和人力资源互为支撑,一定的物质回报也符合党开展群众工作的传统以及当前的基本定位。

现阶段城市基层的发展是涵盖在中国式现代化道路范畴中的,在新发展阶段的目标与任务是十分清晰明确的,以 2035 年远景目标为指向,中国城市基层的民生福祉事业的阶段性任务就是要在实践层面上更加有效的筑牢城市经济基础、夯实社会土壤以及锻造素质过硬的干部队伍。如果说基层的"老问题"是长久以来一直存在的矛盾,那么在新的发展形势下,"新矛盾"也表现出很鲜明的特点。

第一个需要考虑的就是如何让经济发展的劳动成果更高质量地分配到基层中去,这也是城市基层干部和群众最为关心的问题。

中国城市社会发展增进民生福祉的基础在于全社会创造的劳动成果可以从更广泛的空间与更普遍的层次上有效惠及全体社会成员。以逐步实现共同富裕为基本目标设定,现阶段劳动成果的高质量分配主要针对的是当前社会贫富分化扩大的问题。

城市基层工作不能直接改变社会财富的分配方式,但是基层工作是和人民群众打交道最为直接和广泛的领域,因此,许多工作层面上的问题都涉及人民群众对社会财富分配的感受度和理解度。这种情绪上的变化很多时候产生了许多非常具体的社会影响,在群众工作中,基层干部们的感受还是很直接的。

Z书记就表示,现在要处理的很多和维权相关的群众工作,都是指向社会公平正义的问题,群众不一定十分理解法律意义上的公平正义,但是他们有着自己接受并认可的公平正义标准,尽管这些标准主观性很强,但是却会对群众的心理和情绪产生极大的影响。特别是对政府机关和公职人员的工作作风,群众的感受十分敏感,这也是为什么总会有一些人借助一些特定事件煽动群众情绪,并形成广泛影响,这在很多群体性维权事件中表现得非常明显。

应该看到的是,当前社会性贫富分化问题的出现一方面是由于市场经济运行规律带来的财富分配不均衡,进而导致个体或者群体获取机会的能力出现了差异;另一方面则是由于政策层面的利益分配机制以及社会层面的协商机制出现了失调。在新中国成立以来很长时间内,由于社会生产力发展还没有能够达到产品极大丰富的程度,计划经济体制下的劳动成果按劳分配制度主要是保障人民群众最基本的生活条件,同时还十分注重平均性和一致性。

因此,在这一阶段,由于劳动成果总体数量上的不足,分配层面的差异性表现十分微小。改革开放以后,为了迅速提高生产力发展水平以及激发社会竞争活力,在效率优先的指引下,社会劳动成果增速明显、社会活力激发,大量社会财富被创造出来,基础民生建设也有了明显改善。但是,伴随着经济的飞速发展,社会财富在群体间的累积上出现了越来越明显的分化,与此同时,政策层面上的劳动成果分配机制却并没有充分发挥应有的作用。无论是"兼顾效率"还是"注重公平",最核心的发展议题仍然是既要保持经济的持续增长,又要在劳动成果分配上体现社会主义共同富裕的属性。

对城市基层工作的有效开展来说,劳动成果的高质量分配首先还是要进一步加快提升社会生产力水平,在保持经济健康与可持续发展的基础上,不断增大对基层民生领域的投入力度。其次,在分配方式上坚持按劳分配为主体、多种分配方式并存的基本原则,在制度层面上强化分配过程中的政策引导与干预,既要尊重市场经济运行的一般规律,也要注意规范竞争行为的合理性和有序性,保持经济活力。再次,在基层工作中,要注重在宣传领域引导坚持多劳多得,鼓励勤劳致富,同时也在法治框架下规范财富分配秩序,注重劳动成果更多向社会弱势群体倾斜。最后,以进一步扩大中等收入群体、保障社会边缘群体的基本生活为底线,劳动成果在基层民生领域中的分配要充分考量中等收入群体的生活质量与现实关切,加大对城市基层生活困难群体的支持力度,从基层工作的实际情况出发,在具体工作中更注重工作方式的实效性,在现实操作中使工作更具精细化和人性化。

第二个要面对的新矛盾是互联网时代,如何推动基层社会全体成员的高效能参与问题。

城市基层工作的实际效果体现在城市人民生活品质的不断

提升上,这不仅仅需要党和国家在制度设计与政策实施上有更加全面精准的考量,更需要有效调动人民群众的参与积极性。"生活品质"是一个复合型概念,既包括社会资源的投入与调配,也包括社会成员的主观感受与主动选择。在很长一段时间内,受制于有限的生产力水平,基层民生建设更关注"量"上的表现,而无法顾及"质"上的要求,对于人民群众来说,在当时的民生条件下"能否得到"以及"得到多少"成为最要考虑的事情,对于得到的"好不好"、"行不行"方面往往没有更多的选择权。进入新时代十年以来,伴随社会主要矛盾的变化,人民群众的生活水平有了显著提高,对美好生活的向往意味着人民群众对民生改善有了更高的要求和更主动的选择。生活条件也由基本满足到改善,再到新发展阶段对生活品质的追求,这是一个民生福祉事业不断增进积累的过程。

实际上,无论是在大型城市还是农村社区,人民群众对于生活品质的提升表现出一些共性要求。

首先,多样性。在满足基本物质生活条件的基础上,伴随中国不断扩大开放以及受教育水平的提升,人民群众对现代民生福祉事业的理解越来越深刻,对衣食住行基本民生领域的需求层次也越来越丰富,参与社会活动的主观意愿也越发强烈,这表现在日益增多的生活方式选择上。这种情况符合社会发展的一般性规律,也反映出中国社会主义现代化道路探索方向的正确性。

其次,高品质。社会民生事业仅仅是数量上的增加以及选择样式的丰富还不能反映出人民群众生活水平的真正变化,真正意义上的人的全面发展,其可选择和可支配的社会生活条件也必然是高级别和全面性的。因此,民生福祉所创造的公共产品以及公共服务的品质提升才是衡量社会发展进步程度的根本性标准。

第三,可持续。当前阶段人民群众对民生福祉发展的基本诉求是希望在现有基础上保持可持续性的增进,受到国内外发展环境中不确定因素带来的风险影响,增量的程度和速度可能会有所调减缓,但是中国人民对自身持续发展的信心是明显的,突出表现在积极配合和主动参与到城乡治理的各项活动中,特别是关涉民生的工作中,没有人民群众的参与,诸多矛盾化解和风险防范工作仅仅依靠基层政府和党组织是很难开展的。

人民群众对高品质生活诉求的提升是城市基层工作有利开展的一个重要推动力,同时也带来新的情况,那就是在互联网时代,人们相互之间的联系与沟通,不可避免地受到巨大的冲击和影响。

C主任提到,在现在的居民区,居民参与社区活动的积极性和人数,确实比以前有明显的下降,不是说大家不支持社区工作、不愿意参与,而是一方面每个人都有自己的生活圈子,"圈子"的影响越来越大,通过互联网,身处各地的同圈人可以顺畅沟通,他们就好像一个个气泡,只是这些气泡并不是在物理空间上联系,而是在网络空间里构成联系。这种情况已经不单存在于年轻人中,以往愿意在一起的老年人也开始习惯于在网上进行社交活动了,网络已经逐渐打破了年龄的分隔。这应该就是时代发展对社会的影响吧。另一方面,由于互联网上的内容丰富、形式多样,社区或者街镇所办的很多活动已经很难有吸引力,传统的聚集性活动现在只对年纪偏大的居民有吸引力。社区和街镇也开展了很多依托互联网形式的活动,但是毕竟不是专业从事这种工作的,在形式上还是简单了一些。

当然所有这些也都受到各种资源条件的制约,毕竟网上很多活动是商业活动,这个社区和街镇的活动无法与之相提并论。在这种情况下,怎样通过活动调动群众更多地参与,这确实是一个值得思考的问题。C主任还是很明显地感觉到,其实对于大多数人来说,互联网并不能带来真正意义的快乐,人与人直接面对面的沟通以及互助性的联系,才是能让人真正快乐起来的事情。群众也不是不想参与,但是网络带来的便利性以及娱乐形式的多样性也确实极大地刺激了人的本性,并且逐渐形成了一种习惯,这种习惯就好像一个泥潭,身体陷入其中,很软很舒服,但是心灵却越来越下坠,找不到归属感的根基。

城市基层工作在社区建设层面其实就是要应对这种矛盾,只有通过必要的活动,在尊重个体权利和生活方式选择的基础上,最大程度地将人调动起来参与社会活动,激发人与人之间真实的情感联系,才能形成合力以对抗现代社会带来的对精神层面的消耗,这应该也是当前社会主义制度下进行社会主义现代化建设要应对和解决的最重要的挑战。

第三个要面对的新矛盾是如何培育良好的社会心态、合理疏导不良社会情绪的问题。

在城市基层保障民生维护社会安全的过程中,国家整体的结构性改革与利益再分配机制的深入调整不仅需要一定的时间,还会产生相应的阶段性社会矛盾,这虽然是一个必然经历的过程,但是广大人民群众在这一过程中产生的社会情绪与心态变化具有不确定性和风险性。这源自在现代社会发展进程中,生活水平的提升与生活方式的变化带来的个体心理层面影响,"急速的社会变迁不仅持续改善了人们的生存状态,也大大提高了他们感受幸福的阈值,这一方面提高了他们的社会期望,另一方面却使得他们的满意度大打折扣。"①

同时,一些由群体心态或情绪引发形成的社会事件,特别是一些引起人民群众广泛关注和激烈争论的事件,也在一定程度上反映了当前民生发展领域存在的深层次矛盾。这种宏观层面的社会结构性矛盾作用在基层社会中,在人们的日常生活中形成了各种各样带有社会情绪的事件,这些事件往往都是由一些非常细碎的事情引起的,本身其实并不会带来巨大的社会反响,但是借助网络或者特定群体的推动,就会形成带有强烈社会不满情绪的能量释放过程,这也是影响基层工作有效开展以及基层社会长期稳定的重要变量因素。

从个体角度来说,人的情绪形成和表现与生活经历和现实遭遇紧密相关,并且往往带有一定的累积因素,而"对于社会情绪来说,不同个体的社会认知、主观和期望决定了社会成员如何对社会现实和社会事件做出反应,并伴随怎样的情绪体验。"②即是说,社会情绪不仅反映了社会成员对所处社会环境的基本感知和判断,也反映出一个社会的稳定性水平以及综合治理能力。社会情绪的正向性与负面性特点交替呈现,对于大多数社会成员来

---

① 周晓虹,《中国体验——全球化、社会转型与中国人社会心态的嬗变》[M],北京:社会科学文献出版社,2017年,第2页。

② 王俊秀,《社会心态理论:一种宏观社会心理学范式》[M],北京:社会科学文献出版社,2014年,第132页。

说,物质生活水平的满足与提升保证了情绪正向性的常态化存在,而个体在精神层面上的更高追求往往容易与现实处境产生矛盾,从而引发情绪的负面性。

在互联网时代,借助特定社会事件的出现与社会现象的产生,社会情绪的负面性表现往往会带来更多的舆论关注,形成更深远的社会传播与影响。特别是在与人民群众日常生活密切相关的民生领域,教育、就业、医疗、养老与住房等方面涉及人民群众最根本的现实利益,这些方面出现的社会事件及其产生的社会情绪,负面性效应会被急剧放大与广泛传播,进而影响基层社会秩序的稳定性。

城市基层工作的目标之一是创造与培育良好的社会心态氛围,合理疏导社会不良情绪,这其实不仅仅是传统意义上宣传部门的工作。基层工作做得好,人民群众满意度高,自然就会心情舒畅,也会更好地投入各自的日常工作与生活中。这个道理其实从事基层工作的干部们都十分懂,因为在基层中,干部们是最直观的感受到人民群众对国家社会发展状况的真实想法,人民群众是用实际表现来反馈对所居住城市以及社区的感受。

基层工作中之群众的思想工作,最难的就是首先要厘清群众一些不良情绪产生的根源性因素和直接性因素。情绪虽然带有较大的主观差异性,但是其形成与塑造具有现实基础,与宏观层面的政策制定、中观层面的社会治理以及微观层面的个体生活方式紧密相关,需要多视角地分析研判社会情绪的演化路径。

其次,从价值观念塑造上为情绪疏导奠定基础,基层工作在不断保障与满足人民群众物质生活水平的同时,也更要注重精神层面的丰富性与多元化,通过提供力所能及并具有多样性的文化产品,增强基层社会思想文化空间的包容性。

第三,从基层社会支持体系上为情绪疏导构建长效的心理服务机制,关注现代城市化进程中个体和群体的心理反应特征,充分研究个体与群体的心态和情绪对社会发展的深层次影响,探索其中规律,创新应对方法,重视在体系构建和机制运行中形成社会心理调节的有效方式。

第四,从表达渠道上为社会情绪疏导提供更多的路径选择。情绪是抽象的,无论是在现实领域还是在网络领域,特别是在情绪积累的前期过程中,只有让人民群众的情绪反应通过具体形式表现出来,才能针对不同情绪采取有效应对方法;同时,既要尊重人民群众公开发表意见的权利,也要在法制框架内规范观点表达与社会协商的基本原则,推动社会情绪产生的问题在治理共商的范畴内得到排解和释放。

第三章　城市基层干部日常
工作中的身份认知

　　在城市基层工作环境中,基层干部对于工作和自我身份的认知是在实践中不断塑造出来的,这种实践包含了整个城市基层工作的全部过程,是在具体日常工作事务处理中不断感知、体会、思考以及形成的。对于城市基层干部而言,日常工作首先是一种职业,具备了必要的职业素质和职业伦理要求;其次,党员身份的重要属性体现在,这个工作还应该是一种事业,是一种价值追求。

　　作为事业的价值追求并不是天然形成的,这需要在具体工作实践中不断磨炼自我品质、塑造特殊情感以及锻炼工作能力。中国共产党的基层干部在把工作作为一种职业的同时还要进一步地上升为一种事业追求,这对其日常工作提出了更高要求,这意味着干部的工作要体现党的性质和宗旨,即"为人民服务"。

　　近代工业革命兴起以来,人们对于工作的认知经历了三个阶段的变化。第一阶段,工业革命之前,人们对工作的认识由一种"天职"观所决定,即每一个人从事的工作由他的身体和技术特长所决定,包含了一部分人的兴趣爱好,工作意味着一种谋生的手段;第二阶段,工业革命到来后,人们被卷入工厂进行"流水化"作业,按照效率原则进行分工,工作纯粹变成一种谋生手段,无所谓兴趣爱好,也无所谓是否具备特殊技能,一切工作所需要的人力资源都可以通过培训进行"熟练化"和"数量化"生产;第三阶段,现代社会,伴随着科学技术的快速发展,人们的工作逐步脱离单纯的体力消耗,更多体现的是脑力消耗,工作与职业化相匹配,以专业性进行要求,口号是"快乐工作",既满足谋生需要,也满足个体发展需要,人与技术的结合形成细致的职业化工作。

因此,职业化是当前发达国家、包括发展中国家工作的主要特征。中国的职业工作发展情况离不开整个世界发展的大背景,但同时也具有中国自身的国情特点,表现为两个方面,其一是当前中国经济社会仍然处于高水平的发展时期,很多领域的职业化正在形成;其二就是如前所述,中国共产党领导的中国式现代化,使得党组织带动下的党员干部的工作不仅仅是职业工作,更有事业和信仰的要求。

S市的基层干部就是在职业与事业双重目标的推动下开展日常工作的,他们对于工作的理解以及身份认知也正是在过程中不断体会与形成的。这个过程包含了诸多影响自我身份认同的情感与心态要素,有些要素从外在的工作形式上就可以清晰地看得出带来的影响;而有些要素则并不是明显可见的,只有参与具体的工作过程才能逐步显现出来;还有一些要素要在工作之外的领域中进行对照性比较才能看出来。

这些要素的集合不仅构成了城市基层干部日常工作的基本

模式,还逐步性地影响他们对于自身职业工作的理解,这种理解是升华为事业认知的基础。从职业到事业的变化,本质上来说是"人"的变化,即工作中的人是如何不断改变认识的,基层干部的实际工作恰恰体现的就是这种认识的转变过程。客观来说,整个城市的基层工作是一个系统性工程,这个工程包含了目标管理、运行模式、考核评估以及监督监管。

对于基层干部来说,日常工作的全部内容都是纳入体系化管理之中的,这也是体现制度性的一个方面。在国家治理体系与治理能力现代化的要求下,制度效果不仅体现在政策的制定与执行中,更体现在全过程的系统化管控中。这其中"人"的因素在基层主要体现在两个方面,一方面是个体对体系中竞争与压力机制的感受与应对,另一方面是个体自我认知的塑造以及主观能动性的发挥。

第一节　基层工作中的目标管理与竞争效能

S市快速发展的城市化进程极大地促进了基层工作的开展,整个基层治理架构是以目标为引导、标准化体系为框架、竞争考评为机制的有机整体。为了使特大型城市整体运作保持良好的发展态势,既有秩序又有活力,因此"效能"就成为核心关键词。这个"效能"一方面借助层级化管理进行传递,另一方面在各个层级的系统内部再构成相应的竞争模式。特别是在基层中,这种具有绩效考评要求的竞争模式,构成了基层日常工作的一个基本模式,那就是注重目标管理,同时强调精细化服务。

对于整个城市来说,各个区之间构成了一种相互合作与竞争的发展模式,在区级层面之下,各个街镇也同样形成这样的工作模式。从本质上来说,这种模式的作用在于最大效能地调动整个城市的发展潜力,并且形成具有体系性和高效性的发展模式。这样的模式同时具有较为规范的操作方式,使得一座容纳千万人口以上的城市运行起来秩序井然。这种模式对于城市基层来说,是一种自上而下的行政治理方式,目标是从上至下贯彻的,执行是层级化的,即系统内每个层级都有相应的执行目标以及考核要求。而基层是最为重要的执行主体,同时也是最能体现目标制定的针对性与执行过程有序性的地方,也是查验效果的主要场所。

一般而言,S市里的全年发展目标会在年初制定,紧接着传达到区里;区里开会再将工作要求以及部署传达到街镇;作为执行主体的街镇,在年度目标管理体系中处于非常重要的位置。Z书记在区里开会后,针对市里和区里传达的目标要求,对整个街镇的年度目标进行了详细部署安排。这个部署安排不仅展现了城市基层工作的主要内容,也体现了城市基层工作中竞争效能的传导方式。这个方式既包含了市里和区里的年度目标要求,也涵盖了K街道如何贯彻落实区里的部署和要求,同时对K街道的党员干部队伍以及工作人员的责任使命进行了要求。

(一)区级层面的工作部署:全面推行政府系统目标管理

Z书记年初参加区里会议,这是新一届区政府第一次工作会议暨年度目标管理工作推进会,主要任务是贯彻落实市政府工作会议精神,按照区党代会和区“两会”的要求,部署区政府今年的重点工作和开局工作,通过目标管理签约这项活动,切实抓好推进落实。

目标管理制度是现代政府管理的一项基础性制度。S市政府去年已全面实施,要求各区政府今年全面推开。去年第四季度,K街道所在区出台了政府系统运行目标管理暂行办法,正式启动建立目标管理基本制度和框架体系。在反复沟通讨论目标立项的过程中,区里各个主体单位对这项基本制度的理解和认识也在逐步加深。

概括而言,首先,目标管理是落实市委市府的新要求。市委书记曾强调,要强化目标管理,所有工作必须围绕目标奋进,把目标管理贯穿于工作始终。市长在市政府工作会议上也指出,要抓紧完善和严格执行目标管理各项制度,全面推进区级政府目标管理,切实做到以目标落实倒逼工作落实。

其次,目标管理是提升精细管理的新需求。建设一流中心城区需要有一流的政府治理能力。把企业管理的方法运用到政府管理中,有利于进一步明确工作目标,清晰任务单、时间表和路线图,有效推动解决政府工作中目标不细化、过程无监督、考核不对接等突出问题,实现“四个转变”(即从“要我做”到“我要做”,推动政府管理从被动向主动转变;从“做什么”到“怎么做”,推动工作计划从粗放向精细转变;从“看进展”到“看进度”,推动过程管理从模糊向清晰转变;从“听故事”到“看数据”,推动工作考核从主观向客观转变),提升政府工作的精细化管理水平。

再次,目标管理也是推进改革创新的新抓手。目标管理的实施过程可以改变过去政府管理各领域各自为政的局面,加快构建“五年专项规划—三年行动计划—年度工作目标”联动、“区级目标—部门目标—街镇目标"联动、"工作目标—财政预算—绩效考核"联动的管理体系,形成激励敢于担当、开拓创新的制度安排,鼓励各部门、街镇站在全区层面定方向、定目标、定举措,自我加压、勇挑重担,真正体现一个地区政府工作的合力、水平和效率。

在这样的背景下,K街道所在的区政府常务会议审议通过了全年区政府重点工作目标、专项工作目标和部门街镇工作目标,其中,区级专项工作目标25项,重点工作目标5大方面77项221小项。Z书记这次去开会,就是要参与并完成这样一个签约仪式,区长与几位副区长、副区长与各单位代表分别进行了目标管理签约。接下来全区各个单位都要着力在"四个机制"上下功夫,各个基层街镇也是如此。在签约会议上,区长提出四点要求,这四点要求实际构成了全区各个单位年度工作的主要特征。

第一个特征就是健全责任机制。Z书记说,区长在会上反复多次强调,目标管理把握着全区全年工作的方向和要求,这种既关系大局又涉及创新、同时又很有难度的工作,各单位的一把手一定要亲自抓、亲自管。现在区级层面已经建立了目标管理领导小组,各部门、各街镇也成立了相应的领导架构,行政主要领导为第一责任人,建立措施具体的目标管理责任制,层层抓落实,要在全区形成上下协同、两级联动、环环相扣、闭环运行的目标管理体系。

第二个特征是要优化调整机制。今年是目标管理推行的第一年,过程中难免存在目标设定不周全、目标分解不精细等问题,同时市委、市政府和区委也可能会不断提出新的工作要求,所以全区所有工作人员要适时对目标进行动态调整。原则上4月、9月各集中调整一次，按照目标管理暂行办法的规定，说明目标或者节点调整的原因，经过一定的程序批准后，在系统中予以修订，体现目标管理的严肃性、科学性。

第三个特征是强化联动机制。坚持市与区、条与条、条与块的联动，对于如科技创新、滨江贯通等市委、市政府明确的重点工作要加强市区联动，主动对接，抓好落实。需要多部门合力推进的目标任务，牵头部门要加强统筹协调，配合单位要主动跨前，合力按照节点目标抓好实际进度。需要各街镇配合落实的工作任务，条线部门要把具体节点安排与街镇再对对表，做到全区统一手势、统一步调。

第四个特征是要完善考核机制。区长强调最多的就是要用好目标管理信息系统，工作进度和问题情况全程网上留痕，做到月月有跟踪，季季有督查，年年有考核。今年的绩效考核实施方案将在第一季度出台，目标管理相关的分值很大，区行政服务中心、网格中心、社区事务受理服务中心、"12345"市民服务热线等客观数据也占了不小的比重。目标管理考核细则正在制定中，将坚持平时与年终相结合、定性与定量相结合、激励与问责相结合的原则，尤其要考量一个部门承担区级专项目标、重点目标的数量和质量，在考评上予以倾斜。

在目标管理这个事情上，区委书记和区长都相信，只要全区干部同志一以贯之，久久为功，通过三到五年的时间，目标管理必将成为运转顺畅、行之有效的基础管理制度和重要管理工具，有力推动政府工作作风的改进和效能的提升。

全区的年度工作任务通过目标管理的方式进行了明确,现在就是各个街镇基层单位如何进行具体部署的时候了,Z书记要结合市里和区里的统一要求,结合 K 街道的实际特点,安排街道年度工作目标以及重点内容。

(二)K 街道贯彻区里目标的根本原则:集中精力、抓早抓实

针对区里的统一部署和要求,Z书记说,街道今年的工作原则主要是"一分部署,九分落实"。要围绕区里提出的长远性根本目标,即建成社会主义现代化国际大都市一流中心城区,所有单位部门都要在改革创新上发挥示范作用,在引领现代化超大城市管理上发挥标杆作用,在实施文化强市战略中发挥重要带动作用,我们街道自然不能置身之外。基本原则就是坚持稳中求进、进中提质,突出重点、以点带面,切实抓紧抓好各项工作,确保开好局、起好步。结合 K 街道的发展特点,Z书记明确具体工作主要从四个方面展开。

首先,街道内部聚焦职能升级。关键还是要提升街道内原有职能部门的工作能级,在关键领域有所突破,增强街道各部门的内生动力。职能部门的结构持续升级是超大城市可持续发展的重大问题、永恒难题。我们应该要对接国际发展趋势、对接国家战略需要、对接 S 市转型重点,明确我们街道的职能以及转型升级路径。第一个重点内容是人才队伍建设。今年街道要依托社区行政服务中心、园区科创发展中心和区组织人才发展中心三个中心,全面对接落实干部队伍培养制度创新、党建人才建设和社区菁英人才计划三项重点工作。干部队伍制度创新方面,市里和

区里正在制定五年的整体方案,我们要以区里组织部人才中心为平台做好对接,学习其他区在基层力争打造提升政府治理能力的干部队伍培养方式,主动复制好的人才培养举措,积极帮助干部处理好工作与家庭关系,提升干部队伍服务效能。第二个重点内容是在组织架构上做好"加减乘除"和"1234"四方面任务。即在简政放权上做"减法",在市场监管上做"加法",在激发活力上做"乘法",在陈旧观念上做"除法"。抓好"一条热线"即"12345"市民服务热线办理,落实权力和责任"两张清单",完善政务服务、事中事后监管和网格化综合管理"三张网络",推行"四位一体"政府目标管理。各个科室组织协调建设方面,要做实党建活动中心,整合原综协办职能,统筹推进全街道党建引领工作创新。重点是打好"四张牌",即完善街道管理政策体系、做强党政办核心承载功能、集聚党建众创空间和打造街镇服务示范点,使为民服务更精准、机制更完善、氛围更活跃,加快把基层治理创新落到创造新的增长点上。街道治理能力改革深化方面,要围绕"便民服务"处理好"增"和"减"的关系,重点是在"新"和"增"上下功夫,聚焦信息技术、生命健康、文化创意、创新党建四大重点内容,巩固提升社区事务受理中心的服务能级,推动居民区服务精细化发展。要依托产业园区加大引入社会组织参与力度,尽快制定社会组织参与公共服务的目录和重点企业清单,统筹各居民区公益组织资源力量,实现园区和社区的精准对接。

第二,城区建设要聚焦功能品质。功能品质体现在项目建设的全过程中,重点是三个环节:一是征收腾地,要做细方案、预案;二是建设推进,要早出形象、功能,三是工程质量,要确保安全、优质。在今年度的区政府专项工作目标中,市委、市政府交办的重点建设任务有两项:重中之重是滨江贯通工程。上周市长专门到我们街道所在区域带视察并召开专题会研究部署,我们要充分借力,按照明确的规划方案和节点任务,不打折扣、不搞变通、不降标准,加快腾地建设,把S市的江东建设成全球城市的卓越水岸。城市更新要加强商务区和园区之间的天桥连廊涉及的周边服务设施的协调;滨江要统筹好江岸传媒港九宫格各个项目主体的建设进度;风貌区要按照区委书记的要求,不搞大拆大建,落实最严格的保护制度,加大历史建筑和街区的保护、利用、开放力度。

第三,街区管理要聚焦机制标准。S市的城市规划对标的是全球城市核心区建设,因此,要营造干净、有序、安全的城区环境。K街道作为中心城区的组成部分,"干净"重点要打好三场硬仗。春节后第一天,区委就召开了专题推进会,务必要把"五违四必"整治、中小河道治理、住宅小区综合治理当作头等大事抓好落实。"五违四必"成片拆违和中小河道治理都签订了目标责任书,立下了军令状,要倒排时间表、先啃"硬骨头",确保按时完成任务。要加强后续管理利用,盘活拆违释放的土地资源,提高土地节约集约使用效益。住宅小区综合治理要坚持"四个一"机制,今年全街道居民区小区都要制定"一小区一方案"治理计划,分级分类明确治理重点,做到硬件改造与软件提升并举,让每个小区的居民都有感受度。"有序"重点要强化精细管理。以创全为重要抓手,完善"网格化+"工作机制,推动各类管理资源和执法力量在网格集聚,增强快速发现和及时处置能力。"安全"重点要依法严守底线。要从严从细压实安全责任,紧盯生产安全,要把隐患当作事故来对待，尤其加强小工地事故、"小火"的管控，强力推进安全隐患排查整改。

第四，民生保障要聚焦重点特色。街道要把保基本、广覆盖、促公平和提标准、抬底部更好结合起来，既要面上托底，也要点上突破，提高公共服务的精准性。民生保障要突出养老服务，这也是全市重点工作之一。做实养老服务项目，构建为老、健康、生活服务和创新服务的"3＋X"综合服务体系，解决社区服务品质低、门类少、资源散的短板，做成精品、做出品牌，打造为老服务、社区服务的升级版。教育卫生要做好保障服务工作。要加快推进街区范围内体育公园建设，按照市里和区里的要求在上半年完成清退整治，下半年启动改造，同步开展规划报批、设计等工作。

K街道四个方面的全年工作部署，不仅仅是一个街道工作内容的体现，可以说也是整个城市基层工作的"微缩版本"，微缩的是城市治理工作的目标、内容、任务以及考核。因为目标管理的执行方式是自上而下的，所以，对于城市基层工作来说，从市到区、再到街镇，工作要求是逐层传导的，这其中最为重要的其实是"完成"与"考评"，具体执行与操作的权力交给基层自行处理，这其实是目标管理工作最为显著的特点。

(三) 对基层干部的要求：着力营造干事创业良好氛围

S市今年是新一届市委、市政府领导班子的开局之年，改革发展任务十分繁重。区级层面到街镇层面特别是各级领导干部都参加了学习动员大会，要求进一步强化党的意识，做到对党忠诚、为党尽责，并在实际工作中坚持干字当头，谋实事、务实功、求实效,走在干事创业的前头。对于基层干部来说,要做到"干事创业"包含了组织上和工作上的几个方面要求,结合全市工作部署开展的具体文件内容,我们可以充分感受到其中对党员干部的明确要求和具体规训:

其一是组织上的要求,在政治上增强"四个意识"。那就是坚决在思想上、政治上、行动上同以习近平同志为核心的党中央保持高度一致,始终做到政治信仰不变、政治立场不移、政治方向不偏。要坚定政治立场,增强看齐意识。党组织强调,增强政治意识、大局意识、核心意识、看齐意识,最终要落脚在看齐上。要始终向党中央看齐,向习近平总书记看齐,坚决贯彻落实中央、市委和区委的决策部署,把"四个意识"落实在行动上,落实到推进改革发展稳定的各项工作中。要抓好作风建设,加强纪律约束。要时刻把党的纪律和规矩刻在心上、挺在前面,驰而不息抓好政府作风建设。深入贯彻中央八项规定精神和市区相关实施办法,严格执行党的各项准则条例,切实防止和纠正各种"四风"新问题,认真整改巡视、审计、督察中发现的问题,不断把政府作风建设推向深入。要落实主体责任,发挥表率作用。责任不落实,全面从严治党就无从落实。各单位、各部门的主要负责人既要严格自律、做好示范,带头遵守党章党规、带头坚定"四个自信",带头实干苦干,也要严格管理、带好队伍,认真落实"一岗双责",把党的建设、廉政建设与业务工作紧密结合起来,营造风清气正的政治生态。

其二是党员干部思想上的要求,突出强调的是增强群众观点。可以说,群众观点和群众路线是中国共产党的传家宝,让老百姓过上好日子是一切工作的出发点和落脚点。党员干部要始终坚持以人民为中心的发展思想，以群众心为心、借群众力为力、造群众福为福，切实增强群众的获得感和幸福感。首先在思想上要"为民"。党组织一直强调"党员同志要和人民群众保持血肉联系"。街镇作为最基层的治理单元，党员干部更要始终紧密联系人民，将心比心、以心换心。要通过基层调研、基层会商等形式，拓宽联系群众的渠道，及时了解群众所思所想、所忧所盼。要依托"12345"市民服务热线和网格化管理平台，客观真实反映群众急难愁问题，明确政府的工作指向。其次在行动上要"亲民"。要坚持问计于民、问需于民，不断创新群众工作的方式方法，鼓励居民和各类社会组织更多地参与社会治理和公共服务。要充分尊重基层的首创精神，及时发现总结群众在自治共治过程中创造的新鲜经验，并提炼转化为政策制定和推进工作的指引，形成政府和社会共建共管的良好局面。再次在成果上要"惠民"。坚持尽力而为、量力而行，大力推进各方面的民生实事项目，多做群众关切的好事实事。要学会抓住群众需求的"最大公约数"，着力推进普惠性、基础性、兜底性民生建设，更好地保障和改善基本民生。

　　其三是在行动上的要求，增强治理能力。提高各级政府的治理能力和治理水平，是国家治理能力现代化的关键。强化法治理念和法治思维，持续推进改革创新，不断提升政府的行政效能和服务水平。具体而言，就是要坚持一张蓝图干到底。政贵有恒，治须有常。经过换届选举，一些机构、岗位、人员发生了重大调整。区和街镇要保持工作的连续性、稳定性和开拓性，既定的发展目标和任务，必须认真落实、全面完成，行之有效的工作方法和机制,要继续坚持、不断完善。要大力推进政务公开,加快构建发布、解读、回应"三位一体"的政务公开新格局,更好地方便群众知情、参与和监督。

从 S 市级层面到区级层面的年度工作部署,形成了一个体系化的目标与内容要求;区级层面同样在市里要求的基础上又形成了具有区域特点的年度工作计划,并且以企业化的方式运行目标管理。"签约"包含了规范化的操作要求,也增强了对各个责任主体的内在要求,特别是对基层单位,还进一步地构成了互相竞争的绩效考核。街镇在贯彻区里目标要求的同时,也对组织内部各个科室以及职能部门明确了责任要求,也采取"签约"方式落实管理考核方法。同时,对基层党员干部还另外提出组织、思想和行动上的更细要求。这种体系化管理方式搭配层级责任制以及党组织的职责纪律要求,就构成了城市基层工作的基本模式,这个模式对于基层干部专业能力以及使命担当都提出了很高的要求。

第二节　工作节奏与环境压力的弥散性

市里和区里的目标管理通过绩效考核的方式将年度工作任务下达到各个层级的政府单位,这些目标任务具有非常鲜明的特征,既进行了充分的前期调研,有细致周密的安排,还有高效执行与严格考核要求。实际上,一个人口超过千万以上的大型城市,如果不进行这样精细化与体系化的目标设计,整个城市运行势必出现很多矛盾与风险。即便是如此全面的考虑与设计,也不能确保城市运行与社会治理没有一点问题,毕竟人员是流动的、基层社会的情况也是瞬息万变的。

有了目标以及管理要求,同时竞争性的绩效考核指标也传达到了基层,工作就开始运行起来了。对于城市基层干部来说,过去几年来的工作基本就是按照这样的模式来进行的,设定的年度工作任务,基本上都是要完成的,为此,全年的工作节奏以及工作强度是紧紧围绕这些重点内容来安排的。可以清楚地看到,大多数目标任务,从市里到区里,都没有说必须一定要完成。但是,既然是作为年度工作的重点内容,在全市和全区的会议中提出来了,这就意味着,这些目标基本上都是要完成的,这已经在基层干部中形成了一种共识,体现的是一种政治觉悟。由此,城市基层工作节奏的基本特色——"忙"——就构建起来了,这个"忙"不仅仅是一种工作上的忙,一种身体和精神上的高度投入,还表现出城市基层工作的环境氛围特色,通过基层干部对工作的自我叙述可以清晰地呈现出来。

(一)"时间紧,任务重"

"时间紧,任务重"这句话可以用在所有职业工作中,这句话本身就意味着目标设定带来的要求与压力,同时,这句话在基层工作中也清楚地表明了工作的基本节奏特点。所有的目标任务都是在时间空间以及内容上进行了体系化设定,也就是说,对于城市基层单位来说,年度目标是在时间上划分为季度目标和月度目标;在空间上根据各个基层单位的特点以及条件,确定主要内容;在实施过程中也随时进行修正和补充。这样设计的目的是,一方面保障城市发展与治理工作的不断推进,另一方面也是为了给基层工作留有一定余地,通过规范化的目标管理为基层减轻负担。

一个很有意思的现实情况是，"时间紧，任务重"这句话只有六个字，但是干部们特别是基层干部，大家听到上级领导讲出这几个字的时候，尽管有时候领导并没有刻意强调什么，但是大家都能感觉到接下来的工作节奏一定是加快进度的。甚至于很多普通群众听到这话的时候，也都知道政府部门针对某项工程或者某个事项的办理会大大加快进度。K 街道负责城区和街区管理工作的 Y 科长对于这句话有非常深刻的工作体会：

> 书记在讲出"时间紧，任务重"这句话的时候，我们是有准备的，因为基层的工作就是这样，虽然很多事情具有突发性和临时性，但是我们的工作安排是必须要有"提前量"的，是要有这个工作节奏计划的。年初，我们是根据街道党工委会议安排，就目前街道在城区建设管理和街区重大项目建设方面的工作进行了年度设计，首先肯定是先将上年的城区管理情况进行汇总，当然这里也包含了过去几年的老问题。向大家作通报。
>
> 从城市建设和管理的整体工作形势来看，我们街道是有压力、也有动力，有责任、也有机遇的。经过反复研究，已经形成区政府到街镇的专项工作目标、区政府重点工作目标以及部门工作目标、街镇工作目标四个层面的目标管理任务目录，明确了各项工作的责任单位和节点目标，目标是清晰的、责任也是明确的。
>
> 尽管如此，我觉得我们做好这些工作的前景还是非常光

明的。按照今年的工作目标,我们将建成约 1 万平方米的商务楼宇,实现港桥至大桥 3 公里的沿江带贯通,拆出近 100 亩土地资源,完成近 3 公顷绿地建设,机遇非常难得。科室同志的士气还是比较高昂的。通过这几年全街道上下的共同努力,我们在重大项目建设和环境综合治理方面取得了阶段性成效,积累了经验,锻炼了队伍,鼓舞了士气,大家对完成目标任务充满信心,保持着高昂的士气。

所以,尽管"时间紧,任务重"意味着工作节奏的提速,但是对于基层干部来说,已然具备了丰富的应对经验,不仅在身心上做好常态化应对,更重要的是在思想层面上理解工作的意义,并且做好相关人员动员,这样才能为接下来的工作提速做好准备。

Y 科长接着叙述道,

光有准备肯定不够,既然要求比年初设定目标提速了,也意味着在一些工作环节上出现了预料之外的情况,这其实也是正常的,谁也不能保证风险一定不出现,特别是在基层。我们现在要完成的任务,经年中情况总结后初步梳理,暂定城区重大项目约 3 个,其中 1 个市重大项目,2 个区重大项目,涉及产业项目 5 个,社会民生项目 2 个,市政建设项目 2 个。这些项目体量还是蛮大的。建筑面积约 2 万平方米,还有道路建设、河道整治近 2 公里,工程量达到近几年的峰值。而且确实是时间紧。重大工程都有严格的时间节点要求,我们面临着严格的考验。这些项目分布又广,覆盖区域南北,分布在各功能区域和整个街镇,面临的建设和稳定压力都很大。

但同时,我们也清醒地认识到,这些项目的建成运营,有着非常重大的意义,将会进一步夯实我们街道作为卓越全球城市中央活动区的功能定位,实现市里和区里定下的发展目标。这些项目既是能促进经济发展的重要载体,产业项目聚焦重点区域,建筑量达到规模以上平方米,将为新一轮产业结构升级、科创中心建设提供优质的空间载体;又是完善城市功能的重要路径,贯穿南北的轨道交通线,连接邻区的隧道,缝合东西的下穿中环地道,以及水、电等配套,将进一步均衡设施布局,完善城区功能。

这其中还有一批市级院团的提升改造项目,以及故居、名人公寓、风貌道路整治等风貌区文化项目,也将进一步推动历史文化传承和发展,提升城区文化软实力。所有这些规划建设与改造项目,将为市民提供近3公顷以上的公共活动空间,打造宜居宜业的城市环境。

Y科长认为,这些工作不仅仅是工作,更是让人民群众检验党和政府工作成效的方式。区里年初制定这些项目规划改造目标的时候,已经向全区市民公示了时间表,虽然不是所有市民都会关注这些工作,但是对于执行主体——基层街镇来说,这些项目能否如期完成,是对全体市民负责的一个重要体现。因此,无论如何,从目标设定的体系化管理,还是从为人民服务的党组织使命要求,基层干部以及工作人员都应该要坚定信心,落实责任,迎难而上,确保按期完成各项建设任务。

　　明确目标时间提速以后，统一思想，了解工作内容后，剩下的就是干的问题了。干也不是蛮干，现在的城市基层工作，特别是涉及这些重大项目的工作，也不是光有干劲就能干好的，还要有充分的思考和步骤性推进，最终目标要完成，不管时间怎么变，安全高效地完成是最重要的。因此，按照区里和街道的要求，首先还是要强化目标落实。

　　我们也是要求各个工程的责任主体部门严格对照目标管理工作要求，按照任务节点安排抓好推进落实。街道做好服务保障工作，配合部门按照职责分工，主动跨前，密切配合主体部门共同推进。相关工作人员要对照区级专项和区级重点工作目标，细化分解阶段性工作任务，按照目标节点实施。

　　所有这些工作其实都是涉及整个区域发展的系统化工作，是街道对照卓越全球城市中央活动区的发展目标来开展工作的，因此要高度关注城市建设的功能完善和方案优化，针对重点区域的实际情况，坚持项目的高标准规划和高品质开发，确保开发品质和城区品位。因此，我们的实际工作首先都是要坚持以人为本。工程项目要充分考虑人的需求，坚持人性化原则，特别是在公共活动空间、公共环境的方案深化阶段，要把人的感受度和体验度放在重要的位置进行考虑，提升居民的满意度。

　　我们街道的任务就是要认真排摸稳定风险，发挥属地作用，通过党建联建平台，积极争取居民支持，确保工程建设有序推进。还有就是所有的工作都要加强廉政风险防范，这也是党组织的必然要求。我是对党员在内的所有工作人员都一致要求的,那就是严格抓好党风廉政建设责任制落实,深化廉政风险防控,确保工程优质、干部优秀。区里和街镇 Z 书记都提出加快进度的要求,我们也就只有各科室共同努力,迎难而上,全力以赴推进重大项目建设。

这些细致具体的工作要求与内容只是街道一个科室年内的工作安排,K 街道六个主要科室都同样是这种工作安排和工作节奏。Y 科长对于工作的叙述不存在夸大的成分,所有工作都是按照体系化的目标设定进行的,体现的是较为严格的事前调研、事中监管、事后评估的基本原则。当然,尽管进行的是科学体系化设计,但是对于进度的要求也经常会因为一些特定性的因素进行调整,例如领导换届、自然环境变化以及项目实施过程中的突发情况,这些已经为基层工作的干部所熟悉和了解,所以,即使在体系化的工作安排中,基层干部都会尽量提速并留有时间存量,以应对这些情况。

(二)"内容多,要求高"

如果说"时间紧,任务重"是一种工作节奏的要求与体现,那么"内容多,要求高"则是城市基层工作环境的一种真实反映。K 街道 X 科长负责街道的办公室工作,这项工作是保证整个街道有序运行的关键部门,涉及了街道日常工作的方方面面。例如,每双周举行的街道党工委会议,是阶段性统筹街道工作目标进度并汇总街道各个科室工作运行情况的重要会议,在这个会议上,所有涉及街道工作内容的事项都要上报会议,通过会议讨论决定是否进行,Z 书记作为第一责任人,对所有会议议程作最终签字确认。

因此,在会议召开前,X 科长要汇总各个科室以及相关部门报送党工委会议讨论的材料,做好前期汇总工作,会议期间全程做好会议的记录和录音,并存好记录材料。会议结束后,相关议题的后续跟进也是由 X 科长所在科室负责,而且,从一般意义上来说,每一项工作都非常细碎,但是不能出现纰漏,否则后果非常严重。

下面的议程是 K 街道的一次党工委会议议程:

K 街道党工委年度第 18 次会议议程

8 月 14 日　106 会议室

序号	议　　题	汇报人	列席人
1	研究开展对重点企业高管、园区管理负责人夏季高温慰问的事宜	社区自治办公室科长	财务科长
2	汇报调整 K 街道商会副会长,增加副会长及副秘书长的事宜		
3	研究 K 街道 12345 市民服务热线管理办法事宜	社区专项办公室科长	
4	研究街道领导参加"12345"市民服务热线现场派单试行办法事宜		
5	通报入户宣传雨伞制作比价情况	社区文化办公室科长	
6	研究"创全"小区、工地外墙宣传氛围营造事宜		
7	汇报发放第 3 季度计划生育家庭特别扶助金事宜	社区卫生服务办公室科长	
8	研究发放巩卫入户宣传品事宜		
9	研究 K 街道庆祝建军 90 周年文艺汇演事宜		

序号	议　题	汇报人	列席人
10	通报上半年非机动车停车区域划线项目比价情况	社区管理办公室科长	财务科长
11	通报 K 街道各小区危树加固、修剪项目比价情况		
12	汇报 MU 路沿街商铺污水供水管道改造相关事宜		
13	汇报 BN 路 750 号拆违清退后续费用事宜		
14	研究轨道交通 X 号线开发区站 3、4、5 号出入口处区域路段绿化改造项目事宜		
15	汇报 Q 居民区小区商铺门前绿化补种事宜		
16	研究网格应急抢修工程管理办法事宜		
17	汇报 BN 路 100 号园区党建服务站点租赁事宜	社区党建办公室科长	
18	通报科技园活动办公点续租单一来源采购结果情况		
19	汇报区发改委商请延长借调事业人员的情况		
20	研究新录用公务员试用期培养方案事宜		
21	通报年度街道固定资产报废情况	办公室	
22	通报上年居委会经费审计情况	财务科	

这些议程每一项都十分重要,因为能上街道党工委讨论的会议,都是涉及比较关键的事项安排,X 科长是这样理解的:

　　街道作为基层单位,事情是非常多的,涉及的内容范畴也非常细致,也不是所有事情都要报给书记,那书记也没有精力去考虑整体工作了,日常事就足以消耗全部时间了。所以很多更细小的事情,科室长也是可以去决定的。但是因为书记是第一责任人,涉及工程、安全、钱和人事的问题,都必须要经过书记和党工委会议的。当然这些也不是就书记一个人说了算,是经过街道处级干部集体讨论的。会上的议程有些也是经过前期讨论过的，一些常规化的项目，比如每年都做的事情，会上只是走一个流程；但是更多的事情是要讨论商量的，不通过也就是不通过。我们负责前期汇总整理这些议题，也要对议题内容进行筛查，这也需要我们对这些事项有所了解。我们科室不负责具体事项的推进，但是你不了解这些事项的基本情况以及街道的整体工作安排，你就无法对议程进行整理，这个也是不行的。同时，我们还有很严格的事项申报制度，各方面都是要尽力一丝不苟不能出错的。这些也都是受上级考核的。

尽管是从综合层面去协调运行街道的管理工作，X科长也要对街道的一些重点工作有更深入的了解，例如，按照区里的统一部署，K街道的年度重点工作是打造住宅小区综合治理示范模式，由于同时叠加"创全"与"巩卫"区级项目，街道相关科室的工作人员不足，因此X科长的科室协同帮助该项工作的推进。X科长认为：

这个工作从目标设定来说，确实对城市发展有很大的益处，这是落实市委、市政府关于创新社会治理、加强基层建设的要求，也是区委、区政府关注的重点工作。对于基层街道来说，更是进一步强化群众观点，回应人民群众对美好生活向往的具体抓手。

我们做这个工作，就要了解这个工作，不是因为只是短期性的协助，就随便去应付，基层工作很多是无法随便应付的，如果不了解就容易出错，出错就是要造成损失，也要严厉追责的。像住宅小区建设这个工作，要做好就要从"广度"和"深度"上下功夫，我是重点从以下三个方面来了解和开展工作。

一是全方位地了解整个治理规划。不仅是要了解市里和区里的要求，还应该了解其他兄弟街镇的情况，然后对照标准，对全区涉及的小区的"软治理"（包括综合治理机制、业委会规范运作、物业规范运作、居委会队伍建设、居民自治、社会多方参与）和"硬治理"（包括房屋修缮、安全设备、基础设施、环境整洁有序）形成一个基本概况。通过已有的做法，如"一小区一档案"和"一小区一方案"，先明确各小区的治理目标和分步实施计划，然后在具体工作中，考虑怎样推动全街道住宅小区同步治理、同步发展，力争年内全部达标。

二是要考虑到街道以年度目标为推进的工作安排。区里的目标定的是多少，街道的目标是多少，现在完成了多少，这些还是要了解的，不了解就无法开展有效工作。工作原则是一方面回应民需解决好突出问题。由街道结合小区短板，按需制订方案，实施环境综合整治和"六项"（包括门房间、路面、垃圾房、楼道、绿化、消防设施）为主的零星改造；对小区违法搭建、毁坏占用绿化、乱设摊、破坏承重结构等投诉量排名前四位的突出问题开展专项整治，保证每个居民区投诉量较去年同期下降。另一方面，做好条块对接工作，落实好市区实事项目。符合条件的小区落实综合统筹推进住宅小区设施设备改造工程。实施老旧公房改造、老旧电梯更新、二次供水改造、老旧消防设施增设或改造、电动自行车充电设施建设、电能计量表前设施改造、水电气三表集抄改造、商品住宅维修资金补建等任务；新增群租及时整治率 90% 以上，"无群租小区"创建率达 60% 以上。这些都是"硬指标"，是要必须完成的。

三是按照 Z 书记的要求，考虑如何提升基层治理水平。这个工作其实在基层也不分科室的，可以说，所有科室都要有这样的任务。坚持党建引领，完善自治共治体系，着力提升街镇党领导下的各类主体各司其职、各尽其能、通力合作的治理水平，这也是贯彻市里的基本方针。具体操作就是突出我们这个科室的工作优势了，在强化分级包干的工作中确保责任落实。还是要实行分级负责，就是由科室长以身作则、做好基层走访工作，与社区居委会做好对接工作，发挥指导督促作用的同时，也可以帮助社区解决实际困难，化解风险矛盾，也是多跟社区的居委会书记主任学习经验，他们常年从事基层治理工作，经验十分丰富。

从 X 科长的叙述中可以明显看到，街道工作中，科室的设计与分工是明确的，但是在一些重大紧急任务出现的时候，基层的工作就是全员上岗，共同完成，这也是基层工作的一个显著特点。"内容多，要求高"不仅仅是工作繁忙的一个层面，还包含着对工作高标准的要求。X 科长所负责的科室要参与重点工作项目，实际上，K 街道的各个科室在推进本职工作的同时，都要经常性地参与一些重大任务或者帮忙参与重点工程，这已经是一种较为普遍的基层工作特色了。

一方面,街道确实在加强顶层设计,通过进一步完善治理规划、明确工作目标、细化工作标准来完善工作机制。另一方面,S市从市里到区里也在按照"一切围着基层想、一切围着基层干、一切围着基层转"的要求,推动条线资源向基层整合。对"跨部门、跨单位、跨层级"的任务要加强统筹,形成统一的口径和方案,便于基层操作落实。但是,城市发展目标就清楚地摆在那里,今年的目标内容今年务必要完成,无论从哪个角度来说,这个基本原则是轻易不会改变的,否则,这样一个人口规模巨大、经济体量庞大的城市,如何不断满足人民群众对美好生活的诉求呢?

因此,从市级层面到区级层面、再到街镇基层,以目标为导向、以项目为抓手的治理体系表现出以下特点:其一是指导督促。市里注重对区里的过程指导,区里注重对街镇的加强监管,确保目标落实。区级层面的各条线部门主要发挥的是专业规划与管理等方面的专业主体责任,在体系化的上下对接中,加强沟通协商,及时领会上级精神,为的是确保工作方向不偏、主要任务落实;其二根据目标的进展动态,及时分解到位。市区对各项指标进行统筹规划的同时,也及时将任务内容逐项分解到各基层街镇,可量化、可操作、可考核;其三是专业指导到位。业务上是市区加强对基层的指导,特别是基层面临困难时,想办法为基层排忧解难、为基层服务。

当然,各基层街镇也要切实担负起组织协调、统筹推进的属地主体责任。基层街镇的工作内容主要包括"摸清底数",认真梳理重点项目的实际进展情况,问需于民,做到台账底数清、目标任务明、实施方法可行,以此确保年度目标完成。"加强统筹",基层要搭建平台,实现问题、需求和条线解决方案在块平台上的有效整合,形成协同推进机制。"补齐短板",找准本街镇治理短板所在,重点聚焦居民区、业委会、物业服务行业、居民自治和社会参与,加强基层建设,创新社会治理,下功夫补齐工作短板。

(三)"重机制,抓长效"

S市的基层工作是以服务全市主要发展目标而展开的,从市级层面来说,希望通过制度和机制将基层工作紧紧围绕目标任务的实现而推动起来,并且形成良性合理的基层工作环境。区级层面则是在贯彻市级要求的同时,进一步对基层工作进行规范化布局,力求在市里要求的基础上,体现区的管理特色。

因此,"重机制,抓长效"就成为全市基层单位日常工作的一个基本特征,这个特征是在体系化设计中以通俗性语言表达出来的,也可以简单地理解为基层干部所有工作安排的最根本特点。这就产生了一个城市基层工作中非常有趣的现象,简单的语言看似平淡,却能形成工作环境的压力氛围,这与前述所说的"时间紧,任务重""内容多,要求高"不同,这些话语本身就体现了一种压力感;而"重机制,抓长效"从字面上并没有表现出任何压力的要求,但是在实际工作中却能构成一种弥散性的压力氛围,这其实也是上级部门以及领导所未能预料到的一种新情况。

对于K街道工作环境中的压力氛围,我们可以从不同层级的领导工作布置表述中感受到平淡语言背后的用意。S市副市长在区长的陪同下,考察K街道科技园区的建设与服务工作时,提出园区的科创中心建设应该"注重机制创新,抓住效能提升":

你们区作为 S 市科技创新中心重要承载区之一,要主动融入全市发展大局,积极推动落实市里在科创部署方面的各项工作,争取取得积极成效。今年市里重点是聚焦大众创新、产业创新、协同创新三个层面,要深化构建创新体系;同时聚焦知识产权服务、创新人才服务、科技金融服务、政府公共服务等方面,深化构建科技创新服务体系。所以,任务是明确的,你们区围绕目标管理工作要求,这是好的,应当进一步明确责任主体,强化目标任务,找准路径,抓好开局。

副市长强调了工作的重心与规划,区长在此基础上对 K 街道的要求是"以机制推动成果,形成持续性发展动力":

你们街道要以市里科技创新结构性改革为目标,坚持稳中求进的工作总基调,实施创新驱动发展战略,深化体制改革,创造良好营商服务环境。以园区产业创新为引领、以机制体制为突破、以目标管理为抓手,以项目载体为依托,不断推进产业发展和稳商服务工作,着力推动基层工作在科技创新方面的提质增效。科创方面,一季度要切实抓好各项重点工作的起步,尤其在一些改革突破和重点政策措施的制定完善上要积极探索、勇于破题,同时落实责任、积极推进,为全年园区科创与企业服务各项工作目标的完成奠定扎实基础。

区里在区长的工作指示下,对 K 街道的园区科创和服务工作再进一步地概括为"三点"意见和说明,以书面的形式传达到街道,这并不是一份行政指令,而是贯彻市里和区里要求的一项补充说明,也并不意味着额外增加工作内容,因为其中涉及的主要内容已经被纳入年初的全区工作目标里边了,工作主体内容也是 K 街道本年度要做的内容。同时这个说明也不仅仅适用于 K 街道,全区所有街道都要按照这个说明来思考工作重心与计划。

结合市领导对区重大项目和重点工作的考察与要求,各级党员干部应在接下来的工作中更加注意以下几点:

第一点是要提升能力、释放活力,加强工作队伍建设。要实现"精准化、专业化、市场化、社会化"的体制改革目标,关键在人、关键在基层、关键在园区服务工作人员这支队伍。因此,必须始终牢牢抓住队伍建设不放松,不断完善机制体制建设,提升团队的能力与活力。一季度重点推进三项工作:其一是明确园区各功能区年度任务指标,不仅有刚性的基础指标,而且有更高标准的努力目标;不仅有总体增幅的要求,而且有具体指标,切实加强目标管理。其二是按照"激励为主,注重绩效"的工作思路,制定完善绩效考核方案,保障园区工作有效调动各类企业服务平台、网络和资源,进一步强化其在科技创新与企业服务工作中的主体地位。其三是由区里统筹工商、税务等部门以及街道相关社会机构的资源与力量,集中开展技能培训,有效提升队伍的专业化水平。

第二点是要增强合力、形成引力,构建园区科创服务新格局。科创工作发展到今天,早已从最初的拼政策、拼资源转变为比服务、比环境、比氛围。要发挥好区在综合资源方面的优势,关键是要把综合资源凝聚好、发挥好,把分散在各个街镇、各个条线、各个领域乃至各个社会机构中的优势资源都捏合起来为我所用,形成服务企业的强大合力与招商引资的巨大引力。一季度着重做好四项工作:其一是制订好各街道科创工作方案,并细化项目安排;其二是在强化与工商、税务等部门合作的基础上,进一步拓宽视野,结合政策的完善,相关部门要在人才、公租房、医疗、教育等特色资源领域形成更加紧密、深度的合作;其三是加强与社会中介机构的合作,推动建立与第三方服务机构关于项目对接服务、信息共享、专业培训、"走出去"服务等方面的合作机制;其四是加强与市科委、市经济信息化委、市商务委等上级部门的沟通,主动争取支持。在增强合力方面,区科委要牵好头,积极搭建平台、制定政策、完善机制,同时希望全区各部门、街镇共同参与支持,形成合力,切实把区位优势、资源优势转化为环境优势、发展优势,共同打造我区科创与企业服务相融合的新格局。

第三点是要挖掘潜力、凸显战斗力,探索科创新方式。在实现平稳承接的基础上,进一步向长远持续性方向发展,重点推进四项工作:其一是加强源头管理,提前筹划科创新建载体的建筑服务增值税属地预缴工作。区科委会同区商务委与区建交委、区规划局、区税务分局等部门多次协商,目前已形成相关管理办法,并听取了各功能区意见,下一步要落实责任、主动对接、及时跟进,切实保障建筑税的落地。其二是推进楼宇属地,努力引进优质企业落地,提高楼宇单位面积产出。目前已形成相关工作方案,各功能区已锁定目标企业,下一步区科委、区商务委、各功能区要联合区市场监管局、区税务分局等相关部门继续深入跟进,配以"一楼一策"政策等调动发挥楼宇业主招商的积极性。其三是加大"走出去"力度,推进产业精准科技创新。按照对标国际一流创新城区发展要求,强化政策引领,制定科创产业指导和企业目录,着力吸引世界五百强、行业龙头企业落户,带动产业链能级提升。其四是聚焦引大引强,完善科创企业走访服务机制。创新企业情况了解和沟通机制,跟踪、收集、分析产业及行业的发展趋势、运行特点、服务需求。要通过月度功能区和专题行业对接活动等,收集整理企业服务需求,获取企业第一手信息。加强重点企业走访,不断鼓励总部经济机构做大做强,推进现有地区总部集聚功能,不断提升能级。

在区里下发补充文件的"三点"意见和说明后,K街道围绕相关工作开展,制订了具体的工作部署计划:

　　一是要完善街道对科技创新政策服务,重点抓评估、对标和落实。一方面,市里和区里的两项新政策要在一季度完成发布工作。关于《区关于加快培育和发展科技产业的扶持办法》,街道要明确产业发展重点领域,实施科技产业重点项目,以推动技术创新和服务创新为突破口,提升工作能力。关于《区关于加快发展知识产权服务业的扶持办法》,这将是全市第一个提出涵盖专利、商标、版权"三合一"扶持的政策,要利用这个政策发布的机会加大宣传力度,对我们街道的产业园区推进国家知识产权服务业发展示范区建设形成积极推进作用。另一方面,对人才服务等已有政策要加大落实力度。如对接市人才新政,进一步贯彻落实区级人才政策;要通过加强人才方面的政策落实和服务力度,全面支撑科创中心建设。

二是要完善街道协同创新服务体系,重点探索园区科技成果转化社区治理方面的机制和路径。服务国家重大科技战略实施是园区建设科创中心重要承载区的五大功能定位之一。在加强与高校院所的合作方面,除了要继续做好项目的跟踪服务工作外,重点要把协同创新作为促进街道治理能力提升的重要途径,力争一批科技成果实现本地化、产业化,成为区域社区治理发展的重要动力。要重点推动与高等院校、园区企业的合作,在双方战略合作的框架下,围绕科技成果转移转化和示范应用形成明确的工作平台和路径。

三是要推动街道对园区科技产业服务创新的标准化制定,重点做好对各类科创企业和项目的服务工作。完善科技产业专项统计工作机制,完成对上年度辖区内科技产业发展情况的专项统计和分析,联合区里相关部门,从税收数据、人才比重、研发投入比例等方面梳理出细分行业的龙头企业、培育企业。走访区内企业及市级行业协会,对区域信息产业重点领域开展调研,在全面排摸辖区信息产业发展现状基础上,结合国内外产业发展新趋势,梳理待引进的目标科创企业名单,做好针对性的培育引进工作。

　　四是要提升园区内众创空间发展水平，重点抓好专业化和国际化发展特色。发展众创空间、推动大众创业万众创新，重点要形成创新创业的活力，完善创新创业服务的平台。今年市政府工作报告中明确提出众创空间的发展重点是抓专业化和国际化，我区在这方面有着非常好的基础，可以进一步在众创空间的专业化和国际化方面塑造品牌、提升影响力。我们街道也要抓住机遇，利用好一月份国际知名企业科创项目首期招募的正式启动，接下来要重点抓好项目公司的落地服务工作，同时，积极引进国际研究院的技术平台，跟进落实设立人工智能开发平台等项目，充分发挥全球创新企业对产业技术创新的支撑带动作用。

　　五是要加强对园区职业群体服务平台的建设，重点抓好园区党建服务中心建设与功能培育。以促进职业群体在园区发展深度融合为主线，增强高学历、高技术职业群体对基层治理方式转型升级的助推作用。要围绕服务市党建服务中心的建设，加强和区委组织部、宣传部的沟通协调，积极推进党建中心加快入驻，培育集聚党建品牌的服务机构，尽快形成平台功能。

　　六是要深化街镇合作机制，重点推动与相邻街镇在提升科技创新功能方面的深度合作。要抓住园区东区新开发和城市更新的契机，围绕科技功能、产业功能和城市服务功能的深度融合，加快推进园区新开发区的科技创新功能提升。重点落实与开发区总公司和 L 街道的合作协议，夯实园区合作、街街合作机制，明确推进项目和责任分工，整合各方力量凝聚科技创新工作合力,加快推进园区内创新孵化平台标志性项目的建设。

七是要深化创建街道科普品牌,营造科学传播氛围。今年一月,市政府发布了《市科普事业"十三五"发展规划》,我区也召开了年度科普工作联席会议,推进落实科普工作。接下来,我们街道要着力构建区域科普工作大格局,推动"一街一品"和"一居一特"科普项目建设,策划组织重点科普活动,形成今年街道重点科普活动一览,构建"特色＋品牌＋系列＋专题"科普活动体系,做好全国科技周、科技节等科普活动的筹备工作。

"层层推进"就是城市基层工作的一个基本特征,这在各级领导的讲话以及相关文件中可以清晰地展现出来。一般来说,基层街镇在科创建设方面的工作和任务并不突出,毕竟主要工作重心是社会治理和保障民生。但是伴随S市产业园区的广泛建设,体现的是S市落实国家交办的科创中心建设的实际行动与能力,同时,基层街镇也是有属地管理责任的。即使规模较大的国家级产业园区有相应独立的园区管委会,在一定程度上也需要所在地的基层街镇配合工作开展,更不用说各类规模小一点的产业和商业园区。

所以,S市科创中心建设是重点目标,对于各个区来说,这个市级目标也是区级目标,区对于街镇在科创中心的要求是做好服务工作。但是服务工作不是简单的"你提出要求,我来满足",在具体的工作中,是一个涉及各个环节协调沟通的复杂过程,这也是前述各级领导要通过工作部署的方式来描述并推进这项工作的原因。因为这项工作需要机制保障,并且要具体现效果性。这也是为什么,看起来平淡无奇的话语,其字面含义并不是要额外增添基层干部的工作负担,但是要求提出来之后,在基层的实际工作中却能形成一种直观的压力氛围,并且这种压力以一种"润物细无声"的弥散性方式,逐步在基层工作中传播起来。

第三节　工作与生活情境中的双重自我身份

S市的基层干部对自我身份的认知受到工作与家庭两种环境影响,对于现代社会中任何一种职业来说,这两种日常环境的影响都是同时存在并相互交织作用的。只不过对于很多人来说,工作与家庭的区分具有较为清晰的界限,而对于基层干部来说,这种界限表现的相对具有模糊性,这种模糊性不仅在时间与空间结构中存在交叠,在身份角色的感知与实践中也影响着干部们的自我感受。

(一) 工作中的角色定位

K街道的基层干部对于自己工作中的角色定位有着清晰的认识,这种认识其实遵循两条线索,其一是行政管理体系的职级设置,不同职级岗位决定了工作的权限与内容;其二是党组织的特定身份属性,这种属性决定了所有党员干部的事业身份与工作内容的一致性。Z书记作为街道党工委书记,是S市基层行政管理区划范畴中职级最高的岗位了。整个街道运行管理的第一责任人是党工委书记,这意味着,街道不是书记一个人说了算,但是街道的大事小情书记必须是基本掌握的；街道所有的运行事项不是书记一个人来批准，但是街道管理与基层治理运行中出现的重大事故问题，书记是要第一个负责的。

别人总觉得党工委书记权力最大，管着几万人甚至十几万人的一个城区，那肯定是说一不二，什么事情都得是书记点头决定。实际上这只说对了一半，确实，在大城市里，人口多，经济发展水平高，街道管辖人口规模比较大。但是，这个还是有很大差异性的，比如说，一些县级市，行政级别和我们街道是一样的，但是行政管理条线却差异巨大，县委书记和城市街道的党工委书记，管理权限差别巨大。一方面是行政区划不同，另一方面，也是大型城市和地方治理的要求不同决定的。县的财政是相对独立的，县委书记可调动的条线部门也比较完整，这是城市街道所没法比的。而且，书记不能决定所有的事情，首先行政程序上就不合法，再就是按照党章，党组织纪律上也不合规。

所有事项都是要经过党工委会议集体讨论的，书记确实是有最终决定权，"说一不二"只是体现在最终的签字上边，书记是最终集体决定后签字的，但是这不是说书记一个人就可以签字决定事情的，这是两码事。另一方面，所有重大事项的后果责任，书记是第一担责人，也就是说，在辖区范围内发生的所有重大事情，如果造成了严重后果的，书记肯定是第一个要接受行政和处罚的，同时还有党组织处罚，这是两者并行的。

有一半说得是对的那就是,书记确实要对整个街镇的情况做到心中有数,几乎大部分辖区内的事情,书记确实是要"点头"的,这个点头意味着,各种汇报上来的情况,书记首先是心里大体有了解的。

Z书记认为,城市基层治理的最终目的也不是形成党工委书记和街道办主任决定一切事情的框架结构,之前也许有过历史时期是这样的,但是原来的一些传统的做法和管理方式必然随着城市化进程的推进而发生根本性变化。处长级别的基层岗位角色,更多地体现在对基层工作的整体性把握以及系统性协调推进上。Z书记认为:

> "处长"应该是行政体系中比较中间的位置了,对基层来说是最高级别了,也是最关键的了。我理解这个"处长"一方面是处理基层各项事务的总长,是总的负责人,因此关键,因为它要保证整个基层体系在稳定合理还有高效的基础上,不断提高治理和维护稳定的能力与水平。另一个方面,为什么城市里边叫"街道办事处",是为老百姓解决日常生活方方面面事情的"处室",是处理事情解决问题的地方,因此,这个地方的总负责人就是"处长"。重要的是解决和处理问题,而不是"长"。这是很有必要的。

正因为如此,Z书记非常强调制度的重要性以及街道运行的整体协调性,他很看重的是各个科室长的处置问题的工作能力,也更加认同,科室长才是城市基层治理中最为关键的组成部分。对此,W 科长是很有感触的。

> 书记很看重系统性的稳定,看重街道整体工作的制度化与规范化,这是必要的。特别是像在 S 市这样的大城市,流动人口多,发展速度快,情况与问题日新月异,基层涉及的很多矛盾和问题都非常复杂,且要考虑的因素十分多。光靠人去一样一样地解决,肯定是低效率的,必须得有制度规范性。当然,人还是最基础的,我们科室长就是在基层治理现代化要求中根据基层发展情况来开展工作内容的,我们要比书记和主任(街道办事处)更了解各自分管领域的工作,要汇总问题情况,报给领导们(街道处级干部)斟酌考虑,然后作出判断和选择。这就好比一个汽车系统,书记们如果是方向盘的话,我们这些科室就是让这个车开起来的各个运行系统,有加油的、有传动的、有制动的、有传送带等等,科室长就是这些系统连接中重要的中间纽带了。

的确如此,K 街道的整体运行中,科室长的作用十分关键,这也是城市基层干部群体中的中坚力量。"科长"和处长在职位的功能设置上具有一致性,是保障行政体系合理规范运行的重要环节,是处理更加具体实际问题的关键岗位,一个或者几个科室围绕基层社会中的一些重要问题形成"发现—汇总—反馈—处置"这样一个基本治理链条,既分工有序又能合力办公,这是基层工作有效开展的基础所在。同时,党员身份的科长也受到组织纪律的更高要求与监督。这一方面与处长是一致的，作为基层社会中各个具体领域工作的承担与负责人，科长所具备的责任要求往往更高，工作能力要求也更严格。因为很多重大问题的出现，特别是一些突发事件，科长往往在第一时间到达现场，既要第一时间汇总情况报告上级，同时还要具备必要的临场处置能力，这对于科长来说还是非常考验自身能力的。

> 我们科长不能做最终决定，特别是重大的、突发的事件，一定要报备和请示上级的，按照行政管理法规或者组织规则都是如此。但是有些时候，时间紧迫的情况下，你也要做出一些具体决定啊，毕竟现在信息反馈与应急响应机制已经很快了，但是一些情况有时候还是要先处理一下的。所以我们肯定是比书记们先到现场的，而且也要至少把现场情况了解清楚，等领导们到了，作出及时汇报。一般来讲，尽量还是等领导到了再决定，除非是非常紧急的情况，当然，这种也是有预案方法的。

相对而言，基层社区的居委会书记和主任不是一个严格意义的行政级别，但是他们在工作中的角色要比街道中的书记和科长更"接地气"，因为，他们的工作本身就是在和群众打交道中进行的。

> 我们的工作虽然也是隶属于街道管理体系，但是，居委会书记和主任也是这几年改革后，加强城市基层治理后，才

纳入编制的。之前很长时间都是聘用制，现在其他很多地方也还是没有纳入编制。这就是一个很矛盾的情况，对居民来说，我们看起来就是政府工作人员，是属于政府这边的，所以有时候处理一些居民区矛盾的时候，一些居民会认为我们是代表政府的，这其实是有一定误解的。从工作内容上来说，我们确实是政府聘用的，按照市区政府以及街镇工作要求来工作，但是实际上，我们是聘用的，不是正规编制的人员。

这里边还有很多退休老党员其实是志愿服务者。最近几年，市里基层治理改革以后，社区工作者也已向职业化方向发展了，有专门的程序来进行招考录用。而我们的工作方式这么多年其实基本性质就一直是这样的。无论居民是否理解，该做的工作还是要做的，这个工作可以说是一份职业，但是对于我们很多在基层社区工作的这种身份的人来说，也是一份事业吧。

居民区的 C 主任是这样理解她的工作的，工作内容与在街道政府部门工作的人员是一致的，内容上也有行政化要求，但是毕竟以前很长时间以来，身份是不一样的，既不是公职人员也不是事业编制，那么做这份工作除了把它当作一个职业工作来说，更多的还是一种责任和义务吧。大多数社区的基层工作者，就居住在这个社区或者相邻街区，很多人居住的时间很久，对于这个社区、整个街区不仅熟悉而且还有感情。因此，参与到自己居住区的日常管理与服务工作，不仅仅是一份谋生的职业，正如 C 主任而言，很多社区工作者其实也并不是为了赚钱才参与这项工作的,很多人退休了,也有退休金可以领取;他们更多地是出于对所在社区的热爱和责任,这其实也是对这个城市的一种情感表现。

(二) 家庭中的角色转换

工作中身份职级不同的基层干部,在工作之外的家庭生活中,身份角色发生了转换,只是这种转换也经常性地受到工作影响,毕竟,基层工作内容与节奏特点也改变了干部们日常生活的很多方面。

K 街道在春节前一周做值班排班表,尽管整个春节期间烟花防控重点专项任务使得整个街道都处于比较繁忙紧张的工作状态,但是,毕竟还是要保障每一位工作人员基本的休息时间,所以街道处级以上领导和科室长的值班时间尽量多排一些,其他工作人员按照正常排班进行调休。按照提前做好的值班计划表,Z 书记在初二这一天是有半天休息的,Z 书记选择了下午和晚上,这样可以回家吃个饭,弥补一下除夕以及春节没有回家团聚的遗憾。但是,非常不凑巧的是,邻近街道在初二上午出现了私自燃放烟花的情况,就是这一声鞭炮声,引起了 A 区全区的重视,区长要在初二临时到 K 街道以及相近几个街道进行走访,加强巡防工作,所以,书记初二晚上的休息就临时取消了。

　　原本打算晚上陪我们家老爷子喝一杯的,就不回去了,既然区长过来了,就不休息了,正好也加强一下巡检安排。

Z 书记轻松地表示不休息了,在随后的春节中,Z 书记直到初七才休息。这其实只是一件小事，过去的几年时间里，几乎每个春节的除夕夜 Z 书记都没有在家里过过，一方面是繁忙的工作决定的，另一方面也是由于春节的特殊性决定的。在这个大多数中国人都回家团聚的日子里，也必须要有人坚守在岗位上，保障这种团聚的安全与稳定，基层干部无论从工作要求方面还是从党员身份上都需要做好这份坚守工作。Z 书记在自己的家庭中作为父亲的儿子，应该在春节这个中国人的传统节日中尽到自己的本分；但是，作为一个街道的党工委书记，他也要履行好自己的工作职责，要保障好千家万户的团聚，这应该就是城市基层干部身份的一种特质吧，既要承担自己的家庭角色，从更大范畴来说，也要承担起整个"社区大家庭"的角色。

W 科长也是如此，在工作中她要做好科室各项工作的安排，做好基层工作中各种活动内容的设计与运行；在家庭中，她要做好妻子的工作，也要兼顾家庭生活的方方面面。

> 我老公也是公务员，只不过他在区里工作。区里工作嘛，虽然没有街道那么忙，但是事情也不少，主要是办公室工作也很多，各种文书类的事，都是需要时间精力的。所以我们嘛，经常也是下了班也都回不了家，都各自在单位里吃了，因为加班是常态嘛。我这边都是常规性工作，但是很多活动都是要等园区里白领下班后进行，所以活动都是晚上，我要盯一下的；他（爱人）那边就是有很多临时加派的任务，也是突发性很强的。所以我们没有孩子，已经好很多了，否则真的很难兼顾，就是有老人照顾，孩子也总得父母陪一下啊，你

也不能说只有周末才能陪。我是有时候活动多，周末也不能在家，他还好一点。我们也是蛮习惯这种生活节奏的，这么多年了，就是他可能吃点亏吧，我很少做饭的嘛。

　　像 W 科长这样的情况，在 K 街道并不是个例，在 S 市的基层干部中，情况更为普遍。尽管城市基层工作不要求每一名基层干部都加班，而且城市基层治理创新的目的就是要减轻基层干部额外的工作负担。但是，基层情况的复杂多变以及基层工作的行政体系位置，决定了基层干部的工作特性必然要部分地牺牲家庭生活时间，这其实也是每一名基层干部在工作过程中都清楚认识到的问题。何况，在 S 市现阶段快速发展的状态下，即使不在基层，各个行政条线部门的工作也十分繁忙。

　　在基层社区，居民区的工作更是决定了身在其中的干部是无法严格区分职业工作和家庭生活界限的，因为毕竟是生活在社区，工作也在社区。居委会的 C 主任理解得很深刻：

　　　　我们本身就住在这个社区，工作也在这里，上班是在社区，回家也是在社区。怎样能严格区分开呢？家在这里，工作为大家也是为自己家，是一样的道理。但是的确有时候，居民区家长里短的事情，你要花更多精力去帮忙协调处理，自己家的事情反而顾不上或者不是那么上心了，这也是职业病吧。我女儿现在小学，她也知道我的工作，其实她也理解。有时候晚上我们吃完饭，我就要去邻居家做工作，也没法陪着她做作业。别的父母都是陪着嘛，她也觉得挺好的，不用人看着,不过她还是很自律的。周末有时候忙的时候,也顾不上她,就孩子爸爸陪着,说好一起出去玩的事情,也有不得已推迟或者不去的时候,这一点上,我倒是觉得心里还是有点亏欠她的。

但是,工作任务就是在那,很多工作都是要居民休息的时候做。所以,要想把工作做好,人家休息的时候,我们就不能休息。(我们)习惯了。家里人也是理解的。我总是跟我女儿讲,妈妈不能陪你是因为妈妈要把整个社区这个"大家"照顾好,只有大家好了,我们小家才能一起好。我女儿很小就听我这样说,她很习惯了。我一有事情,不能答应她的要求了,她就说妈妈你去吧,大家需要你,小家支持你。其实,还是蛮感动的。

也正是在基层工作环境与家庭环境无缝衔接的过程中,城市基层干部们对自我的身份认知有了深刻的体会,这种体会借助日常生活力量,一方面影响着基层干部工作中的情感表达,同时也塑造着他们的职业心态与对自身角色的思考。

第四节　主题教育学习中的干部身份认知

城市基层工作环境与工作模式在影响着基层干部自我身份认知的同时,也影响着他们对职业责任与社会责任的认知,这种认识建立在对工作的情感和态度上。如果说具体行动是做好本职工作的话,干部工作态度则包含两个方面,一是对工作的认识,二是对身份的认识,特别是对党员身份的认识。对于所有职业来说,工作态度都不是天然形成的,这其中被复杂多样的因素影响。客观组织环境以及职业特征是人们工作态度的外在塑造条件,而对自我身份的认知以及主观情感性表达,则反映出人们对于自己所从事工作的价值判断。对于中国共产党的党员干部来说,政治身份与组织纪律性就体现出对他们工作的主客观要求。

党的基层干部对于身份的认知不仅仅是在实际工作中形成的,还受到以政治身份为纽带的纪律要求与组织生活的影响,这是通过党组织一系列规范化与持续性的学习教育活动来塑造的。对于中国共产党来说,党员身份不是一个抽象概念,而是通过为民服务的实际工作中得以证明的,党员对这种身份的理解不仅需要通过行动来展现,更需要在特定的党组织教育活动中强化其使命意识与责任意识,这也是为了帮助党员干部更好理解自己的政治身份以及更好在工作中发挥主观能动性的重要方式。

因此,党的"主题教育"活动虽然不是一个有固定日期的活动,但却是一次自上而下、囊括各级党组织、有阶段性和规律性的持续活动,这个活动同时也在向常态化与制度化方向进行,是塑造党员干部身份认知、推动实际工作前进的重要抓手。

Z书记在新的党的主题教育活动街道动员会上,对街道全体党员这样讲:

> 全体同志要充分认识到学习教育常态化制度化的重大意义,推进学习教育常态化制度化,是党中央加强党的思想政治建设的重大战略部署,是坚持思想建党、组织建党、制度治党紧密结合的有力抓手,是不断加强党的思想政治建设的

有效途径,是全面从严治党的基础性工程。机关、居民区和"两新"组织党组织要深入把握推进学习教育常态化制度化的基本目标要求,在抓常抓细抓长上下功夫、求实效;要把思想政治建设摆在首位,坚持用党章党规规范党组织和党员行为,用习近平总书记系列重要讲话精神武装头脑、指导实践、推动工作;要落实好学习教育常态化制度化各项举措,保证党的组织履行职能、发挥核心作用,保证领导干部忠诚干净担当、发挥表率作用,保证广大党员以身作则、发挥先锋模范作用,实现组织有活力、党员起作用、群众得实惠。

街道党工委下属各基层党组织要提高思想认识、增强行动自觉,讲政治、重全局,始终牢记习近平总书记对 S 市工作的重要指示要求,围绕市委对区提出的要求,紧密联系勇当改革开放排头兵、敢为创新发展先行者这个最大实际,通过推进学习教育常态化制度化,凝心聚力、团结一心,顽强奋斗、克难前行,为建设现代化国际大都市一流中心城区提供坚强的组织保证。

主题教育不仅是一个目标,更是一个要求,虽然是对所有党员的共同性要求,但是党员干部在其中更要起到带头引领的示范作用。同时,主题教育还要通过一系列具体安排与活动来予以展现,并不是表现为书记的一个讲话或者一份通知文件。在 K 街道党工委布置领导下,由社区党建办公室会同街道纪工委、党政办公室、社区自治办公室、社区发展办公室和社区党建服务中心,统筹做好学习教育组织协调、督查指导、宣传报道等工作。

党建办的 W 科长负责学习活动的具体安排,结合城市基层工作情况,既要保证主题教育活动的时间内容安排,高度重视这一活动的开展,也要融入街道的日常工作,不要占用太多街道工作时间,增加工作负担。这其实是一个需要动脑筋思考的问题,要综合考虑各方面因素影响,保证主题教育活动的质量与效果。W 科长说:

> 主题教育学习活动党中央是有具体操作流程的,虽然不是一个标准化的工作流程,只是定下大体的框架以及学时要求,但还是要按照一定规范进行,是要检查和督查的;同时,最重要的还是要效果,要切实推动工作开展。我们基层街镇事情多嘛,市里和区里也不想太增加我们的负担,所以给我一定的自主安排权。所以,这个活动既要非常重视,还要考虑效果,同时要注重安排,我们还是要动动脑筋的。

在这种背景下,K 街道制订的学习主题教育计划的基本原则就是坚持"学"是基础、"做"是关键,注重学做互进、知行合一。以"勇当排头兵、敢为先行者,做合格党员、建规范支部"主题活动为抓手,确保学习教育各项要求落实到位。具体安排首先要考虑政治站位,突出党员干部思想理论建设与使命责任担当;再就是要有具体的内容安排,不能流于表面。因此,党建办汇总各方面情况和意见,拟定了本次主题教育活动 K 街道开展的基本要求:

> 聚焦重点、学深学透。机关、居民区和"两新"组织党组

织要有经常学、长期学的部署安排,明确学习内容、学习任务、学习方式,做到年度有安排、月月有计划。学党章党规,要深刻认识到党章是管党治党的总规矩总遵循,自觉践行党内政治生活准则、廉洁自律准则和党内监督条例等党内法规。学系列讲话,要坚持读原著、学原文、悟原理,联系实际学、带着问题学、不断跟进学,抓住关键,领会要义,掌握方法。通过学习进一步坚定理想信念,牢固树立政治意识、大局意识、核心意识、看齐意识,自觉向党中央看齐,向党的理论和路线方针政策看齐,向党中央决策部署看齐,校准自己的思想和行动,做到步调一致、令行禁止。

联系实际、拓展深化。要紧密联系市、区和街道的实际,系统学习、深刻领会、全面把握习近平总书记对市工作的重要指示要求,继续当好全国改革开放排头兵、创新发展先行者,有勇气、敢担当,有智慧、善创新,在推进社会治理创新上有新作为,在全面从严治党上有新作为,以此作为各项工作的根本遵循,做到真学真懂真信真用,切实增强贯彻落实的自觉性、坚定性。

学做结合、注重实效。机关、居民区和"两新"组织党组织要教育引导党员把自己的思想和工作摆进去,从具体问题改起,从具体事情做起,把政治合格放在首位,把执行纪律合格作为铁的要求,把品德合格作为修身的重中之重,把发挥作用合格作为检验言行的重要标尺。党员干部要聚焦"四个合格",主动对照、时时检视,列出"不在组织、不像党员、不起作用、不守规矩"等不合格表现的负面清单,不等不拖、即知即改,真正在信仰信念、纪律规矩、修身律己、责任担当上强起来。

这是 K 街道开展学习活动的基本定位,这些学习要求已经不是单纯展现这次主题教育活动的主要目标了,实际上也是党历来对党员干部的一贯要求。在这些定位和要求中,党员干部的身份不断明确,突出这一身份的政治性意义,这也是塑造党员干部自我身份认知的基础。

紧接着就是对党员中的干部群体进行更高的要求,这也是常说"党员干部发挥先锋模范作用"的用意。如果党员是群众中的先锋示范,那么党员中的干部就是"先锋示范"中的模范,更要起到带头引领作用。

街道党工委领导干部和机关干部要有更高标准,走在前列、当好表率。

严格执行集体学习制度。街道党工委要认真贯彻《中国共产党党委(党组)理论学习中心组学习规则》,要明确学习主题,把党章党规、系列讲话作为理论学习中心组学习的主要内容,全年中心组学习安排专题内容不少于二分之一;要不断健全学习制度,加强研讨式、互动式、调研式学习,增强学习效果。党员领导干部要根据自身实际制订个人自学计划,每年完成规定的学习任务,不断提高用党的创新理论指导解决街道发展实际问题的水平,增强工作的科学性、预见性、主动性和创造性,为基层党组织和广大党员作出榜样。

带头做合格领导干部、合格共产党员。街道党员领导干部要带头践行"四个合格"标准,切实做到忠诚干净担当。带头旗帜鲜明讲政治,自觉同党中央保持高度一致,坚决维护党中央权威和集中统一领导,坚决贯彻市委、区委和党工委的各项部署。带头强化党性修养,对照党内政治生活准则和党内监督条例,严格执行双重组织生活制度、重大问题重大事项请示报告制度。带头严格自律,坚持公正用权、谨慎用权、依法用权,严格执行中央八项规定精神及本市、本区和本街道相关规定。带头担当负责,改进工作作风,密切联系群众,每季度深入基层联系点参加"服务在基层"行动,落实党员领导干部直接联系群众、面对面听取群众意见的长效机制。

对党的干部群体要求要更高一层,并且有专项的考核与督查制度,这也是"党管干部"最重要的体现。其目的就是要将党的干部群体打造成为政治纪律硬、专业素质高、行动能力强的工作群体,这个工作群体要很好地融合职业与事业的关系,并且始终保持与普通党员和广大群众的密切联系。同时,也要把强化基层党支部建设作为纽带,牢固树立党的一切工作到支部的鲜明导向,把思想政治工作落到支部,把从严教育管理党员落到支部,把群众工作落到支部,使基层党支部真正成为教育党员的学校、团结群众的核心、攻坚克难的堡垒。

Z书记和W科长都知道,城市基层加强党支部的规范化建设,目的就是发挥党支部的主体作用,指导各个更基层的党支部健全各项工作制度,进一步规范党组织换届、党员发展、党员教育管理、党费收缴使用管理等基础工作。这次主题教育活动还有附带目的,例如其一就是根据 S 市党组织统一部署开展的"支部亮牌"工程,建立并形成了各级党支部工作经常性督查指导机制,目的是持续整顿在城市发展过程中出现的部分党支部软弱涣散的情况。特别是在基层,尤为强调认真落实党支部工作基本保障,确保基层党支部有人办事、有钱办事、有场所办事。K 街道也结合自身辖区特点,聚焦"两新"组织流动党员等短板盲区,创新组织设置方式,在"两新"组织和园区中合理设置党支部和划块管理,不断扩大党的组织覆盖和工作覆盖。这些都需要有基本的操作方法和实施内容,例如:

持续实施班长工程。选好配强党支部班子,把优秀党员选拔到支部书记岗位。健全完善教育培训体系,充分发挥社区党校的主阵地作用,积极引入专业化、社会化培训力量,开展基层党支部书记集中轮训,分层分类对不同类型党支部书记及新任党支部书记开展培训,确保每名基层党支部书记每年参加不少于一周的脱产培训,每个任期内参加一次区级示范班培训,不断提升党支部书记队伍的整体素质。建立健全居民区党组织负责人职业化教育培训体系,加强居民区书记后备队伍建设。

坚持和落实"三会一课"等基本制度。党支部要组织党员按期参加党员大会、党小组会和上党课,定期召开支部委员会会议。支部要形成年度"三会一课"计划,逐级报送至社区党建办公室和社区党建服务中心备案。用好"党建"信息平台和《区党（总）支部工作记录册》，如实记录"三会一课"开展情况。落实党员领导干部讲党课制度，街道党工委书记每年至少为基层党员讲一次党课。社区党建办公室和社区党建服务中心每年要对下属党支部执行"三会一课"情况进行专项检查，对组织生活不经常、不认真、不严肃的，要批评整顿；对没有正当理由长期不参加组织生活、不按期足额交纳党费的党员，要进行批评教育、促其改正，情况严重的，要按照相关规定予以处置。

创新党支部工作方法。丰富内容载体，每月固定一天作为党支部"主题党日"，组织党员在"主题党日"开展"三会一课"、交纳党费、民主议事、志愿服务等活动。深化推进组织生活"指导性内容＋自选动作"等有效做法，充分利用区域单位党组织、共建单位资源，依托园区枢纽型平台，开展开放式组织生活。每个党支部要用好"党员汇公益"和"企业社会责任联盟"平台，引导党员积极参与志愿服务，开展积分制管理。深化"服务在基层"组团式联系服务群众走访行动，深化到一线开展基层会商、解决问题的工作制度，积极为群众办实事好事。

从党支部在主题教育活动中的建设目标部署可以清晰地看到日常工作中党组织是如何发挥作用的。有组织、有目标、有效果是 K 街道基层党组织开展工作的主要方式，其中，制度建设是核心，"人"是关键，这个"人"就是党员干部群体。在城市基层工作中,由于涉及工作事务的繁杂性,制度和政策是解决问题化解矛盾的依据,但是执行和操作的过程是依靠基层工作人员来完成的。对于城市基层干部来说,常规职业身份所要求的工作是远远不能满足基层实际工作情况需要的。尽管制度建设的目的就是要减轻基层干部和基层工作的负担,但是基层社会的复杂性是常态,制度的运作效果也需要时间。在这个过程中,基层工作单靠个人力量是不够的,必须依托党组织建设,来为党员干部的工作提供必要的支撑力量,这是基层如此重视和加强党组织建设的重要因素。

城市基层工作仅仅靠上级党组织的要求与传达自然是不够的,还要形成监督检查机制,这也是对党员干部和党组织工作效果的一种"附加考核"。即在常规化职业考核中,还有党组织考核,这也是对基层党员干部工作的一种督促,也鼓励基层党组织联系实际工作,把查找解决问题作为规定要求,建立并完善及时发现问题和解决问题的有效机制。这些做法的目的在于让广大党员干部立足工作实际,通过组织建设,强化力量补齐短板、改进提高。W科长说,要求是一以贯之的,从党中央一直到基层党组织,纪律规范是一致的,体系化的组织建设也是一致的,学习教育开展也有比较统一的动作设定,现在主要就是看效果了。能不能解决问题是关键。

从现有的K街道在党组织建设中的基本路径可以看到,联系实际查找问题一直是基层工作特别结合党组织要求的显著特色。依托基层党组织架构,党员干部在学习教育时综合运用民主生活会、专项检查和组织生活会等手段,推动党员经常性进行"党性体检"。街道党工委的重点工作之一就是要查找分析是否落实全面从严治党主体责任，是否坚决执行党的理论和路线方针政策，是否认真坚持民主集中制，是否认真整改区委基层党建工作责任制检查、书记述职评议考核、机关党建专项巡察中提出的基层党组织建设的薄弱环节和突出问题。

这些是日常党组织建设中的重点内容。针对具体党员的教育和组织管理，街道机关、居民区和"两新"组织党支部要查找分析组织生活是否经常、认真、严肃，党员教育管理监督是否严格、规范，团结教育服务群众是否有力、到位，着力解决政治功能不强、组织软弱涣散、全面从严治党缺位等问题。而党员自身要在主题教育中，查找分析理想信念是否坚定，对党是否忠诚老实，大是大非面前是否旗帜鲜明，是否做到在思想上政治上行动上同党中央保持高度一致，是否在推进各项工作中做到头脑清醒、脚跟站稳、肩膀过硬，着力解决党的意识不强、组织观念不强、敢于担当不够、发挥作用不够等问题。W科长说，其实最重点的问题或者说最难的问题一直存在，也确实不是短时间能完全解决的，但是是可以在阶段性的学习教育活动中进行专项整治的。例如

街道党工委及其下属机关、居民区和"两新"组织党组织是要通过建立问题清单、整改清单，采取专项整治等办法，集中力量解决问题。其中，尤其要抓紧解决群众反映强烈的突出问题和长期存在的"老大难"问题，希望是以解决问题的实际成效取信于民的。而且，对于我们街道来说，园区里党组

织的突出情况就是,要继续深化落实基层党建工作重点任务,健全防止党员失联的长效机制,着力解决党建"灯下黑"和"两张皮"问题,继续推进"两新"组织党建工作"两个覆盖"。居民区那边就是要认真解决发生在群众身边的不正之风和腐败问题,着力解决基层干部乱作为、不作为、侵犯群众利益、贪腐谋私等问题,增强群众的获得感和对党组织的信任度。

一直以来,我个人觉得党的组织生活会在基层没有发挥更大的作用,因为基层工作忙嘛。实际上好好利用起来,是很有利于基层治理的。比如说,按照党章要求,落实民主生活会和组织生活会制度,严肃认真开展批评和自我批评,坚持"团结—批评—团结";落实谈心谈话制度,坦诚相见、交流思想,发现问题及时提醒;落实民主评议党员制度,客观公正评价党员表现等等这些,都是很好的强化党组织基层力量的方式,但是方式方法要有创新,要能凝聚起党员的向心力,能真的面对党员、特别是青年党员关心的问题,进而帮助引导他们自觉认识问题、自我改进提高。还要严格稳慎处置不合格党员。因为我是做这个工作的,因此对青年党员尤为关注一些,确实需要有力地引导年轻党员加强政治历练、政治能力训练,严肃认真参加党的组织生活。

在主题教育过程中,党员干部对自我身份的认知深化是借助党组织系列学习活动来强化的,这个认知主要是政治身份认知。同时,这个政治身份不是一个抽象符号,还要与具体工作内容、职业属性、个体道德情感有机融合。因此，K街道在学习过程中，不仅要对标市委、区委对街道提出的要求，围绕组织有活力、党员起作用、群众得实惠来推动学习教育与中心工作深度融合；还要把学习教育同党员身份的内在认同强化结合起来，促进工作能力与自我认识两方面的提升。W科长认为，街道的中心工作肯定是不能落下的，党员的学习活动也必须开展，那么两者结合就需要在具体操作上，考虑抓手和载体的问题。

我们一直在做的一个长期项目，就是党员干部开展深化岗位行动、志愿行动。围绕市里和区里今年的科创中心建设、城市环境综合整治、社会治理创新、争创全国文明城区、全面从严治党等重点工作，教育引导广大党员始终保持锐意创新的勇气、敢为人先的锐气、蓬勃向上的朝气，在本职岗位上建功立业、在为民服务中展示先锋形象。具体来说，深化党员岗位行动，首先是开展承诺践诺，设立党员责任区、示范岗等多种实践平台；再就是深化党员公益活动，落实"党员到社区、人人做公益"的要求；也是充分运用区域党建促进会的平台优势，用好"双报到""双报告"制度，积极发挥区域单位党组织和党员作用。

在当今的时代背景下，不去主动适应社会群体结构和社会组织架构的变化，来推进基层党组织的工作机制创新，那是肯定不行的。组织设置创新、方式方法创新都要去考虑，说到底还是补短板、强基层、重服务，统筹推进社区、机关事业单位、"两新"组织的党建工作。我们既要深入贯彻落实市

委"创新社会治理、加强基层建设"的文件精神,健全街道和
居民区及园区的党建工作联动机制,探索符合"园区＋社区"
工作机制和园区治理特点城市基层党建新路;也要充分发挥
街道"1＋2"党组织领导核心作用,推动区域化党建、"两新"
党建和居民区党建深度融合;还要立足园区、楼宇,深化党建
社会化工作模式,推动基层党建向新领域拓展,扩大党在城
市新兴领域的政治引领。这些内容和工作都需要不断的去
做、去推进,这也是常态化的事情。

　　K 街道的党员干部十分清楚地认识到,推进主题教育学习常
态化制度化,是加强党的建设的一项长期任务,这项任务不仅体
现了党组织的政治性,还体现了党组织服务群众的人民性。作为
主题教育的参加者,党员干部身份意味着不仅要做好本职工作,
还要履行好党员义务,否则,党员身份又怎么体现出来呢? 这个
身份不是"高人一等"的身份,而是"为民服务""先锋模范"的要
求。因此,主题教育活动虽然每一次都要有一个具体主题,但是
这种学习做法已经通过常态化制度化的方式纳入城市基层工作
机关、居民区和"两新"组织党组织日常工作中去了。各级党组织
都有责任清单,以此做到任务明确、措施具体、目标清晰、考核严
格。对于 K 街道来说,党工委作为责任主体,每年要专门研究部
署,及时分析评估,提出改进措施,深入推进落实,加强督促指导。
同时,把组织开展学习教育情况纳入机关、居民区和"两新"组织
党组织工作考核,结合总结、述职进行检查评估,坚持一级抓一
级、层层传导责任,确保责任落实落地。

在这个过程中,基层党员干部的典型模范会被用于宣传推广,以此激励其他党员干部做好日常工作。所以,城市的组织部门和宣传部门会把选树、宣传、学习先进典型作为重要抓手,发挥好榜样的引领和激励作用,加大先进典型的宣传力度,挖掘"学"的典型,发现"做"的楷模;宣传基层优秀党员事迹,引导广大党员见贤思齐,使学先进、赶先进、当先进成为时代风尚。

与此同时,对于党员干部的具体工作要求也包含了正反两方面的含义,最终目的是强化组织的指导督查。一方面从正向意义上,根据党组织和党员实际,加强对机关、居民区和"两新"组织党组织的分类指导,鼓励探索、鼓励创造,充分调动基层党支部的主动性创造性,让基层党支部在学习教育中有更多的自主权,有足够的灵活性;另一方面从反面典型上,以党支部工作成效和党员作用发挥效果、以普通群众作评价,及时总结交流经验,对工作落实不力、搞形式走过场的党员干部和党组织,要严肃批评、追责问责。

主题教育学习过程中对党员干部特别是基层干部是一次重要的身份认知与情感塑造过程。在这个过程中,身份的意义既有抽象符号化的政治纪律要求,也有具体明确的事务工作安排,整个过程还包含了从党组织工作安排到业务工作安排的系列活动。这可以说是一个完整展现城市基层干部工作特性与身份特性的观察途径。而且不需要我们对每一项学习与工作内容进行具体化的展现,仅仅是从组织的目标要求与安排部署就可以充分感受到,城市基层干部日常工作的一般性特征。这种特征既有体系化的制度安排,又有行政化的职能展现,还具备了党组织的纪律要求,体现出规律性的运行方式,特征背后还反映出基层党员干部的心态认知。因此,从更深层意义上来说,主题教育学习活动已经不是一个单纯的党组织动员活动,实际上已经成为党和国家推动日常工作并培育党员干部的重要抓手。

第五节　项目治理对基层干部心态的影响

项目治理最开始作为一种财政资源再分配的管理方法,在中国国家治理体系构建中具有重要作用,并逐步形成一种具有特色性、多维度的综合治理体系,在城乡地区具有较为明显的差异化表现。项目治理及其形成的具有中国基层治理特点的"项目制",逐渐变成一种治理方式,不仅仅可以反映出一个阶段内中央与地方的权责关系,更反映出在这一治理过程中,基层干部群体的心态特征与行动方式。对项目制及其治理动员的一个微观考察,可以清晰地反映出当前基层干部日常工作的主要特点。

(一)项目型治理的背景及演变

以重大项目为主体贯彻的社会动员及其治理,是近年来推动城乡社会建设的重要手段,其中,"项目制"作为一个概念,多年来一直是学界研究的热点。在国家治理体系与治理能力现代化背景下,围绕"项目制"治理的研究从经济学、政治学、社会学、管理学等多学科视角展开,借助量化分析与案例研究对"项目制"的概念、性质、起源和运行机制及绩效问题进行了细致分析。

根据国际项目管理协会界定,项目是按照事本主义的动员或组织方式,即按照事情本身的内在逻辑,在限定时间和资源的约束条件下,利用特定组织形式完成具有明确预期目标(某种独特产品或服务)的一次性任务①。在中国特定国情背景下的"项目制"是"特指中央对地方或地方对基层的财政转移支付的一种运作和管理方式"②;它的覆盖面越来越广,影响力越来越大,逐渐溢出财政领域成为国家治理和贯彻政策任务的一个重要机制③;"项目制"已经取代"单位制"成为中国治理的基本方法④。

就目前相关研究资料梳理来看,"项目制"的研究背景大体包含几个方面研究脉络,其一,项目制与国家权力体系及科层结构的关系⑤;其二,项目制与中国财政制度和公共服务的关系⑥;其三,项目制运行中不同主体行为与策略⑦;其四,项目制实践的社会影响⑧;其五,项目制本身的改革与创新⑨;其六,国外的实践范例与相关研究成果借鉴。这些领域均形成了大量研究成果,为项目制研究积累了丰厚的研究背景与研究基础。同时,"项目制"概念本身在几个新的实践范畴内进一步演化和拓展。

对于中国的城市治理来说,最初,"项目制"是在分税制模式运行背景下,主要是以中央财政转移支付为基本特征的国家管理

① [美]项目管理协会,《项目管理知识体系指南》[M],王勇、张斌译,北京:电子工业出版社,2009:199。
② 折晓叶、陈婴婴,《项目制的分级运作机制和治理逻辑——对"项目进村"案例的社会学分析》[J],《中国社会科学》,2011(04)。
③ 周雪光,《项目制:一个"控制权"理论视角》[J],《开放时代》,2015(04)。
④ 黄宗智、龚为纲、高原,《"项目制"的运作机制和效果是合理化吗》[J],《开放时代》,2014(05)。
⑤ 周飞舟,《财政资金的专项化及其问题:兼论"项目治国"》[J],《社会》,2012(01)。
⑥ 周黎安,《行政发包制》[J],《社会》,2014(06)。
⑦ 渠敬东,《项目制:一种新的国家治理体制》[J],《中国社会科学》,2012(05)。
⑧ 李祖佩,《项目下乡、乡镇政府"自利"与基层治理困境》[J],《南京农业大学学报:社会科学版》,2014(14)。
⑨ 陈家建,《项目制与基层政府动员——对社会管理项目化运作的社会学考察》[J],《中国社会科学》,2013(02)。

方法,通过将中央掌控的经济资源以"打包专项分配"的方式,帮助地方政府提升管理效能。所以,经济属性一直是"项目制"的基础特性和鲜明底色。尤其是重大工程的大额中央财政支持,直接越过层层审批体系,作用于地方建设发展。而由此带来的巨大经济效应与利益回报促使地方政府趋之若鹜。随着国家建设的整体发展与管理方式的现代化转变,"项目制"的治理属性开始不断拓展。这意味着,原来单一的经济利益刺激与回报存在一定程度的下降。同时伴随政治晋升、地区稳定与基层动员的附加要求,开始不断强化项目制综合治理的特点,这就使得不同地区的地方政府开始重新思考"项目"本身的实际影响,最为典型的即出现所谓项目的"双重效应"问题——获得与分配的实际使用的差异化①。

　　由此,特别在像 S 市这样的特大城市地区,项目本身的经济属性已经不能满足不断提升的中央对地方的治理标准要求了。伴随而来的是政治、社会、文化等一系列综合指标考评,"项目"已经不是单纯的以经济维度来衡量其最终效果,往往涉及多层次、多样化的地区综合治理内容。即使是城市项目本身,东部发达地区、中部发展地区和西部欠发达地区内部,对于项目的需求尽管强烈,但是考量的方式却差异极大。中央对不同地区城市发展定位有差异化要求,不同地区城市管理者对项目思考也存在很大的主观差异性。伴随而生的除了地方经济发展的考评要求,还要结合政治要素、社会稳定、民众诉求等一系列综合因素,这在东部发达地区的城市项目推进中,尤为明显。在项目实施过程中,这些

① 陈家建,《项目制的"双重效应"研究——基于城乡社区项目的数据分析》[J],《社会学研究》,2021(02)。

非经济要素的强化也不断产生出新的治理手段和治理方式,不仅超越了以往单纯的以经济指标衡量的考评范畴,也衍生出了新的挑战和风险。同时,对项目整体性权衡以及多方博弈的过程,也深刻影响了项目本身的实施效果。

结合当前国家治理体系与治理能力现代化要求,"项目制"治理的最为关键环节——"人"的问题日益凸显,项目本身无论是经济属性的还是政治属性的,都需要体系化的干部群体进行必要执行,也即各层级干部在"项目制"运作中的心态和行动显得十分重要,这是以往研究所较少涉及的地方,也是"项目制"研究体系的一个空白点。以往研究往往认为,作为中央专项项目,在巨大经济属性的推动下,地方各级干部基本是倾向于全力执行的,执行者群体本身因为同时获得比较丰厚的各项回报,不太会出现"反对"项目的情况。

从 S 市以往项目推动与发展轨迹来看,20 世纪 90 年代以来的直接经济回报推动各类项目的快速发展,都源自于地方干部强大的主观能动性。特别是一些专项项目,往往在短时间内集中大量资源,并且由中央文件直接推动,不仅能为基层干部带来明显的物质利益回报,也避开了各种审批和审计环节,并能成就明显的政绩表现,因此受到基层干部群体的欢迎。然而,近十年来,在全面从严治党的背景下,无论是在城市还是农村地区,项目依然存在,数量还有所增加,但是对项目运作本身的考评、测量,以及由此衍生的非预期性风险不断增加和扩大,促使干部群体内部开始对项目本身产生分化性理解。实际上,作为一种特定制度安排的治理模式,"项目制"对干部群体的激励方式设计、实际效果评估、有效治理等问题,在实践层面上决定了中国国家治理模式中——"项目制"治理的力度与效度。特别是在当前社会结构深化定型阶段,基层干部在"项目制"治理中的心态和行动反映出该种治理模式在中国社会的实际影响。

相较于前三十年中国的发展,当前国家治理与社会建设的法治化与规范化越发增强,这同时彰显的是制度建设现代化的基本要求。项目本身就带有一定的风险特点,过去也不乏失败的国家投资重大项目。然而毕竟失败的数量较少,同时很多内在风险在社会经济快速发展过程中,被一定程度地主观抹平了。也即是说,在以往项目的运作过程中,人的作用其实是非常显著的,地方的自主性也十分明显,这也符合项目制早期形成的初衷——让渡部分中央财权和事权。然而在现阶段制度不断成熟化且定型化的过程中,法治与规范要求不断提升,"人为"因素被不断压缩,这为项目执行的稳定性和安全性提供了较好的保障,但同时也带来执行群体主观能动性减退的问题。

项目的执行群体——基层干部主观能动性的减退,不仅仅是受经济利益回报降低所影响,往往还包含了政治风险考虑、职业心态倦怠以及社会民众压力等多重因素影响。这些风险要素积累到一定程度,往往在项目执行过程中出现一种上热下冷的"悬浮"情况,即中央或者地方政府有执行项目的动力,条线部门和基层干部对项目并不太抱有热情,整个项目虽然在进行,但是却进展缓慢,甚至出现一拖数年的情况。这些问题都是在当前"项目制"治理中,干部群体内部对风险属性评估差异化的实际表现。

由上所述,我们所考察的 S 市"项目制"治理中提到的项目,并不是一般意义上的、仅仅以经济导向为特征的重大工程,也不是针对农村和欠发达起区的专项项目——这一类项目往往是以经济考量为主导——而是在城市地区以治理为基本属性、包含多种因素来推进的综合性项目工程。因为只有在这样的项目中,才能比较清晰地展现项目执行主体、干部群体的心态反应和行动选择,为研究城市基层干部心态反应新特征以及探讨如何激励基层干部提供一定的经验借鉴。

我们的研究议题是借助对一类综合性"治理项目"运作的考察,分析在其执行发展的过程中,作为参与主体的干部群体的心态变化特征及其行动选择策略。考察并研究城市专项项目运行中,激励机制设计的目标、操作和评估流程,探讨如何在现代城市基层治理中凝聚心态共识并提升干部群体能力。

在当前中国的制度体系中,财政自主、政治晋升和基层动员成为中央政府(上级政府)对地方政府(下级政府)实行激励的核心方式。从这个基本命题出发,不论中央政府采取何种治理模式来管理地方政府,其实都是根据任务性质而在上述三种核心激励方式间进行选择和组合的;而每一种激励性的治理模式同其他竞争性治理模式相比,都具有其自身比较优势和成本代价。

对于比较发达的东部沿海城市来说,中央项目的下拨尽管仍然是把经济属性放在第一位,但其实际利益回报率却在不断下降。另一方面,由于发达城市具备一定的财政实力,中央也倾向于更多地让地方财政来负担重大项目工程。对于像 S 市这样的城市,很多项目计划实际上是由中央制订,财政转移支付部分内容,相当大的比重由地方财政予以支撑。所以,对于很多内陆城市有吸引力的"财政自主"，对于经济发达城市来说，却带有一定的被动性质。中央财政支持是有的，但是经济发达城市的地方财政配套却也同样不少，而且比重日益提高。由此带来一个新变化，即以"财政自主"为主要吸引的"项目"，在 S 市这样的发达城市，吸引力在不断下降。中央对发达城市建设发展要求并没有放松，因而非经济项目的要求比重在不断地增加。发达城市对中央项目的承接方面，关于文化、社会、政治等"标准"要求日渐增多，这其中很多并不是地方政府想要主动去承接的。同时，这些项目的基本动员和运作方式和其他地区的经济主导的"项目"基本是一致的。

这就带来了第二个问题，"政治晋升"与"基层动员"的激励效果成为中央政府，包括发达城市地方政府主要的、或者说不得已的手段。这其中同样包含了中央层面给予的政治要求（必须执行）以及适当鼓励（经济利益和政治利益回报），包含了地方政府对属地执行体系的管理效能，还有基层群众动员参与的效果。事实上，基层群众的参与效果，很大程度上与基层干部的工作方式和治理能力紧密相关，这在项目执行过程中表现无遗。

如何运转、执行、平衡和检验这些非经济激励的方式方法呢？基层干部群体的实际反应又是如何呢？这是一个核心议题。一般而言，为了保证项目的顺利实施，在非经济激励方面的方式和方法有很多，例如政治激励、动员性奖励、树立党内教育示范典型等系列方法。因此，在对发达城市项目型社会治理进行考察时，应该在思路和方法上进行转变和调整。不同于对欠发达地区和农村地区的"项目制"，大型发达城市的项目往往在经济层面的吸引性是较低的，更多地是要通过其他方式的配套激励来推动执行主体——即干部群体去完成项目,当然也包括强力的行政指令推动。

　　不同层级干部在项目运作中的权力分配不同,进而导致目标、心态、行动均存在差异性,共同性体现在中央"项目"和地方"项目"治理推进中的一般性特征;差异性则需要对不同级别干部的心态与行动进行考察,这种心态与行动所具有的关联往往具有较强的"隐匿性"与"动态性"。对于发达的大城市来说,一般意义上以经济属性为主导的"项目"可供研究分析的空间不是很广泛;而在非经济主导的一系列城市治理项目中,中央与地方、地方内部条块关系的协调、基层一线的具体执行过程存在很大的表现空间。同时,由于聚焦的重点是项目的执行操作群体——干部群体,因此,更有利于发现"项目"在大型城市治理推进中的一般逻辑,以及基层干部群体在执行过程中的心态反应。

(二) 作为"项目"的城市治理任务全过程

　　全国文明城市是目前中国城市的最高荣誉,是反映城市整体文明水平的综合性荣誉称号。一般每三年评选表彰一届,前两年进行年度测评,第三年进行综合测评,三年成绩按照一定比例相加得出总成绩,依据总成绩确定每一届全国文明城市名单。这项荣誉对于地方政府管理者来说,具有比较重要的意义。这种意义在国家建设不同发展时期,具体表现有所不同,但是具有共同的功能属性。

　　其一,这个项目一直以来是紧紧围绕政治属性展开的。一方面,建设文明城市,体现了社会主义以人民为中心、为人民服务的基本宗旨;另一方面,文明城市营造可以体现社会主义制度的优越性,即通过一系列治理方式,将社会环境迅速改变和提升。

其二,这个项目从 20 世纪 90 年代以后,就带有隐藏的经济属性。也就说,这个项目的竞争与评选,中央政府并不直接通过财政支付的方式予以支持,甚至地方政府财政要花费巨大来完成。但是,地方政府却对这个项目越发重视起来,由此可见其背后隐藏的经济属性之强。首先,在竞争文明城区过程中,中央政府的财政虽然没有直接支持,但是地方政府可以从省级财政申请部分资金支持,在发达地区,这种申请往往能获得比较可观的经济利益回报。其次,即使没有上级财政支撑,地方政府也可以在参与这个项目的过程中,获得更为优先和集中的行政权力,这方便在完成项目的过程中,涵盖地区发展的地方性考虑和执政者的个体考虑。毕竟,文明城区建设越来越注重"综合性"和"全面性",而不是早先单一地仅仅指卫生、环境等方面。再次,文明城市荣誉的获得可以带来巨大且快速的经济利益回报,特别是商业、旅游业以及由此带动的餐饮业、服务业的迅速发展,拉动地区就业的持续增长、推动地区经济提升,也吸引了大量投资和游客消费,形成良性循环发展。

其三,这个项目可以更完整地体现高层级管理政策的贯彻效果,并有利于借助"项目"来激励地方和基层干部群体。这在最近几年发达城市的竞争中,表现尤为明显。也就是说,对于中央和省级部门来说,这个项目有较强烈的推动意向,体现的是治理要求的"顶层设计";对于地区管理部门来说,直属领导的意愿成为项目进一步发展的重要"转折点",决定了一个城市或者一个地区是否"有效"承接了项目；而对于基层条块部门和一线干部来说，普遍对该项目存在差异化的"主观需求"，但是在具体执行方面却丝毫不能放松。这样的状态使得持续一年甚至数年之久的"项目"，成为可以有效观察基层干部群体心态特征和行动表现的重要窗口。

对于 S 市的 A 区和 B 区来说，在"文明城市"的项目评选上，有着相似的需求，也有着不一样的现实考虑，这恰恰体现了"项目"对地方治理的影响，也体现出不同层级干部对于"项目"的复杂心态。

按照文明城市项目的评选要求，首先要获得文明城市（对直辖市来讲是"区"，下文统一称"区"）的称号，然后完成三年考核，争取再次获评。"文明城市"评选作为中央推动的一项项目工程，考核与颁发权都在中央指导检查组。正如前述分析，对于财政收入相对不错的发达城市来说，中央"项目"已经不仅仅蕴含着经济利益，这背后蕴含着复杂的政治因素与地方治理调整等考量，而且经济效益是隐藏和逐步实现的，并不是完全没有。因此，从 S 市政府的角度来说，鼓励下辖区政府申请竞争"文明城区"项目，那么获得的荣誉称号越多，越体现出来地方社会治理成绩的突出，也表现出对中央政策的一种积极响应。同时，S 市政府并不额外划拨财政预算支持区级政府参与项目，而对区级政府在此项项目工程上的考核却占有评估指标，这也是推动地区治理的一种必要手段。

对于区级政府来讲，竞争评选"文明城区"既有共同需求属性，也有相互间差异的内部考量。A 区和 B 区以及 S 市其他三个区共同参加当年度的全国文明城区竞争申报,获评名额有一定比例限制。也即是说,在这一年度的全国文明城区考评中,S市一般只有一个名额获得,竞争相对比较激烈。

这五个区里边,A区和B区的竞争意愿更为强烈一些,这是基于以下几个原因造成的。第一,五个区当中,有一个区已经获得过文明城区称号,因此在这一轮申报中,并不十分积极;两个区基础较弱,希望不大;最有基础和实力申报的就只剩A区和B区。第二,A区和B区位置相近,共同处于S市城市区域发展规划战略中,尽管定位不同,但实际上从政府的管理绩效考核上,在大片区的区划内部,两区存在一定的竞争关系。第三,两区的区领导都具有较强的加速发展意愿,这种意愿除了从政治站位与工作职能考评上具有共同属性,同时还带有个人色彩。A区区委书记和区长的任期都即将结束,在下一轮换届中均不会再继续留任,那么一系列工作成绩(包括"创全",即创建全国文明城区)将是下一任岗位评定的重要参考;B区的区委书记则相对年轻,而且是刚刚上任,区长则暂时空缺(很快增补),区委书记有较强烈的"出成绩"意愿,希望能迅速改变B区相对落后的面貌,希望有效调整B区原来严重依赖招商引资发展而带来的负面影响,因此,"创全"也成为B区一个重要的衡量工作成效的指标。

两个区的干部在对待"创全"项目的心态上也存在一定差异。首先,在同样重视的情况下,B区比A区更为看重这项称号的获得,竞争压力虽然是大体相同的,但是各有难度。A区虽然是"中心城区",硬件基础较好,但是居民人口密度大,老龄化程度高,"创全"过程中可能出现的扣分点较多;B区是"近郊城区",存在一定范围的工厂企业,管理幅度较大,另外,外来人口导入多、集聚集中,不易有效管理。其次,两区领导层在"创全"问题上的重视程度差不多,但是中层及基层干部的重视程度有所不同,A区表现为中层干部并不积极,基层干部较为积极的特点;B区表现为中层干部和基层干部均较为积极的特点。再次,在区级委办局与基层街镇关系的协调上,B区和A区存在一个隐蔽的细节差异,B区的委办局和街镇关系相对融洽。A区因为区辖面积较大,原有镇级单位改制成为街道,独立性下降,但是管理范畴有增无减,因此在与委办局之间的工作协调上并不十分通畅。而这个差异在"创全"的阶段性过程中会产生比较关键的影响。

(三) 利益补偿机制与政治回馈方式的互动激励

A区和B区的"创全"整体流程大体相同,在一年的竞争评选过程中,经历"动员——部署——自检——阶段迎检——整改——督查——最终迎检"这样的过程。两区在进行"创全"过程中,均采取"区级政府主导——相关委办局推动——基层单元执行"的竞争评选机制。在这一机制运作过程中,一方面体现出S市社会治理体系的基本模式特征,另一方面也反映出不同区级政府对待具体治理问题的应对方法。而对作为执行主体的基层干部群体,他们的动员、调动与激励方式贯穿整个项目的竞争评选过程。

1. 基于考评机制的项目运作逻辑

对于S市的区级政府运作来说,经济发展与社会治理构成日常工作的两大核心支柱,并在此基础上形成更加具体细致的经济社会发展考核指标,这一考核指标体系是市级政府对区级政府工作成效进行年度评定的基本依据。结合市委、市政府的年度工作重心,形成一份既包含年度重点工程,同时也包含常规建设发展内容的政府层级考评管理体系清单,这在前文论述基层工作的特征时已经有所展现。

由此,尽管"创全"项目并不是区级政府常规性考评选项,但是也构成了区级政府年度"自选动作"以及发展建设创新亮点的重要可选项。更为关键的是,对区级政府来讲,针对条线委办局、特别是对基层治理单位的考评选项上,"创全"成为区级政府推行治理目标的强有力手段,这与S市社会治理创新以后取消基层街镇招商引资考核指标后的重大变化紧密相关。

2012年以前,经济考核指标是各级政府的主要考核指标,不仅对区级单位的全年排名具有重要意义,在一个区里,由委办局主导特别是基层街镇完成的年度招商引资成绩,是考评基层单位的重要依据,占有权重十分明显。而2012年以后,全市取消了基层街镇招商引资考核指标,目的是为基层减负,同时推动整体治理向民生改善方向发展。那么,对基层单位的考核就由原来的"单一最大权重"转变为各项具体细致的社会建设与治理指标。例如对于一个基层街镇来讲,2012年的考评指标,涵盖经济、社会、文化、安全等六个大项十五个具体指标,其中经济指标占权重的40%左右;而在2012年之后,大项指标基本取消,在"社会治理"范畴中具体地明确为"三公服务"(公共管理、公共卫生、公共安全),包含了三十二项具体考评指标。每一个项目尽管涉及面并不很大,但是涉及的基层治理职能却有一定的交叉。对于区级单位来讲,基层治理重心调整后,委办局的管理条线得以理清,工作内容有一定减少；而对于具体执行的街镇来讲，涉及的治理内容与各个委办局均存在交叉关系，执行任务其实是"增加"了的。

从某种意义上来说，基层街镇对由上级部门所推动的各个"项目"均存在一定的"抵触"情绪，这与基层治理单位并不能主动提出何种项目应该去执行、基层对上级部门的意见较难反馈有关。实际上，作为上级单位的区级政府也知道基层的"抱怨"与压力，但是层层设计的考核指标就摆在面前，区级政府尽管了解基层的难处，但是也只能继续将任务指标向下推进。而一个能举全区之力推动的项目，是将指标考核任务向基层持续施加压力的重要手段。一方面，区级政府的年度项目一般很难促使全区同时执行，即使是市级项目也很少能整体性地调动全区所有条线单位一同行动；另一方面，"创全"是一个整体性概念，文明城区包含了除明确经济指标之外的各项社会发展维度，是一个可以在一年当中持续不断动员条线单位、考核条线单位的重要行政管理手段。从这个意义上来讲，"创全"的目的是人民生活更美好，但是从政府管理的角度来讲，附加了非常重要的上级政府管理下级单位、特别是基层单位的隐性功能。

2. 基于利益补偿的项目推动路径

对于区级政府而言，仅仅依靠行政考评方式去推动项目执行，特别是一个贯穿全年工作的项目，是远远不够的。同时，由于S市地方财政的相对优势，地域文化重视回报率的特性，项目的持续推动以及效果的最大化，离不开利益补偿机制的辅助。前述已经论及，"创全"一类的项目，中央和省市级政府均不下拨资金支持，那么以区级政府为主推的项目运行必须由区级政府在年初预算调拨专项资金来进行推动。

例如,在 B 区年初的"创全"动员大会上,区委书记表示在今年全区创全工作中,不仅要组织专项资金予以保障,还要进行专项考评,同时对季度完成较好的街镇和相关委办局予以"奖励"(金钱奖励)。书记暗示,如果最终"创全"成功,将会"重奖"全区干部及工作人员。这对于 B 区初期的"创全"工作开展具有了重大的"鼓舞"作用,并在相当一段时间,促使全区创全工作迅速发展,也对同时申报竞争的其他区构成一定的"压力"。

同样是在 A 区的动员大会上,由区委书记和区长进一步强调"创全"工作的重要性,指出这是全区全年的头一项任务。但是在利益激励方面,并没有采取直接奖励的方法,而是让街镇"尽可能"地为创全参与人员提供多种激励方式。只是当半年的阶段性考评结束后,A 区排名落后,区级政府才采取了一种"悄无声息"的方式,通过"专项特殊补贴",给予各级干部以及一线工作人员激励。这项措施在很大程度上,逐步扭转了 A 区"创全"工作的"弱势"。

利益补偿在"创全"这样的项目中并不是直接选项,甚至在全面从严治党背景下,不应该成为激励手段。但是,在实际的地方政府运作过程中,这是必须要借用的手段之一。一方面,延续自20 世纪 90 年代以来的经济刺激与直接利益回报的方式,这一手段已经成为地方各级政府工作开展的基本路径依赖,要调整改变需要一定的时间和有效的替代手段;另一方面,在一些持续性较长、同时激励措施较为简单的项目中,直接的利益回报是最为有效的改变干部工作状态的方法。

3. 基于政治晋升的项目增强方法

政治晋升是另外一种在项目推动中重要的激励回馈方法，对调动干部群体的积极性有明显推动作用，这在以往的"项目制"研究中已经得到研究者的普遍共识。而在 S 市这样的城市中，对于基层干部来讲，在逐步剥离经济权力之后，以及在不断强化的全面从严治党规范性要求背景下，职级晋升成为职业发展的重要期望。目前在全市层面对干部职级晋升的考核要求，越来越看重三个指标，即政治素养、执行水平与处变能力。这三项指标在"创全"这样的整体调动项目中，会得到充分的检验和衡量。

在"创全"项目中的政治素养主要表现为干部对工作的重视程度。就一般意义而言，以目前中国科层体系管理特点来说，各级干部均不太可能在公开场合对重大项目进行质疑和批评。特别是像"创全"这种不涉及直接经济议题、以政治考量为第一位的项目，干部群体很少会表示反对。当然这不代表干部群体对该项活动没有异议，所以，遵照执行是常态。但是，在整体"遵照执行"的过程中，执行能力的具体表现往往反映出干部的真实心态。"创全"项目本身其实并不能直接检验出干部能力水平的高低，但是对于该项目的重视以及执行力度，则可以反映出干部对于上级布置工作的服从意愿和完成能力。因为考评指标是明确的，在区级层面上，下辖的委办局特别是街镇的排名是检验干部执行能力的一种方法，尽管这种方法其实并不一定能反映出干部的真实能力水平，但已经达到了检验干部政治意识和执行能力的目的。所以，在布置完任务以后，无论是 B 区还是 A 区，全区各级基层单位均会专门传达区政府的工作布置，并且在委办局的每周例会、街镇的主任办公会以及党工委联席会议中作为常态事项,周周进行通报和部署。K街镇也是根据区政府的统一部署,设计了详细的工作推进清单,以时间节点和清单操作方式,落实区级层面的工作安排。从这个角度来看,"创全"项目在表面上反映出干部群体的政治判断力和领悟力,也反映出基层的执行力。与此同时,"创全"过程中不断出现的"突发"情况,诸如临时暴露的扣分点、突然出现的检查组、多个考核任务的重复交叠,都是检验干部群体应变处置能力的机会。

因此,"创全"项目结束后,两区不少基层干部均会被不同程度的提升和调岗。"创全"项目开始的时候,其本身并不意味着干部职级的必然晋升,区级政府领导也没有明确表示"创全"的成败是干部晋升的标准。但是基于职业群体的政治素养、工作环境的多年浸染、项目本身的反复动员,几乎所有干部都能判断出,在"创全"中的表现将成为下一阶段职级晋升的重要依据。除却部分即将退休的干部,基层干部群体中普遍形成一种自觉意识,即将个人职业发展紧密联系到上级布置的任务中,特别是年度重大任务,这不仅是从事工作属性的要求,更包含了个人发展诉求。

(四) 政治动员对干部心态的双重影响

"创全"项目在A区和B区主要是通过持续性的政治动员展开的,围绕"项目"的竞争评选与称号获得,政治动员表现为三种方式的交替运用。

第一种,以党内教育带动群体动员。首先强调党员干部的带头示范作用,特别是书记的牵头作用;其次强调党员干部的勤干奉献精神;再次强调党员在群众中的核心引领作用,进而由党内向外部延伸,推动整个干部队伍以及公职人员群体全力投入项目。

第二种,以纪律规范整肃动员行为。两区领导在全区干部动员大会上都强调了"创全"的重要性,也指出如果在"创全"过程中出现"不服从、不配合、拖后腿、闹情绪"等现象,将予以严厉批评教育,并配有相应惩处机制,随后各个区级委办局及街镇书记主任分别向所在主管部门传达纪律规范要求,从而将这一项目运行的基本政治红线设定清楚。

第三种,以组织检查强化动员效果。通过区级层面的巡回指导检查、委办局与街镇内部的责任自查、各个街镇之间的监督互查等方式,将"创全"项目以组织化检查管理的方式在基层干部群体中动员开展起来。

这三种政治动员方式是基于区级政府内部"由上而下"的管理模式而形成的,动员背后也带有配套激励措施,这一动员体系也是与干部群体心态特征变化最为紧密相关。

1.政治动员对干部心理压力产生的持续作用

由上述三种政治动员的特点可以明显看出,基于项目竞争追求的动员主要是以"激励"和"下沉"的方式进行的。这一方面是由于项目本身的竞争性特点,另一方面也是权力由集中向分散的现代科层化体制调整所带来的普遍共性。同时也反映出一些独特特征,例如党员核心带动作用,党外舆论的监督能力等;S市基层干部队伍素质普遍较高,对规范纪律普遍较为遵守;地方财政的优势可以配套部分奖励措施,前提是不违反中央纪律规范等。

　　总体而言,"创全"项目对干部群体带来的心理压力还是巨大的,这主要基于以下几个方面因素:首先,对于基层治理来说,"创全"之外的常规化工作压力并没有减少,考核任务仍然十分艰巨,"创全"实际上是增加了工作量。其次,对于干部群体来说,这是一项政治任务,这意味着没有"讨价还价"的余地,必须执行,而且还要做好。再次,部分领域的治理工作存在非短时期内解决的问题,而"创全"要求必须符合相应的打分标准,因此在"维稳"和"化解矛盾"方面,需要基层干部在短时间内必须想尽一切办法应对检查。另外包括激励措施配套、一线工作人员调度、群众工作开展等各类问题,都将在"创全"的一年内,反复协调处置。种种因素对干部群体、特别是基层干部的心理压力产生了持续性影响。

　　Z 书记在街道党工委会议上讲得很明白:

　　　　"创全"是全区政治任务,也将放在今年街道所有工作首位,应该以"创全"工作带动街道工作的开展。但是,由此增加的工作量和工作考核指标,也是大家看得见的,没有办法,尽管很难,压力很大,必须得做好,而且不能出问题。

　　书记和主任是不能讲得再"公开"了,但是基层街道的一些科室长可以把压力说得更透明一些。

　　　　"创全"这个事吧,不是不好,是会改变一些问题,特别是一些环境上的问题,但是这个项目本身的考核还是有点照顾"面子",例如,一个街上怎么可能天天一个纸头、一个烟蒂都没有嘛，刮风下雨那天怎么办呢？派人 24 小时看着？还不就是为了应对检查组的到来嘛。听说 J 区为了没有落叶，把一些工业区的树都剪秃了，没办法啊。

在社区从事居民工作的社区党支书和居民区主任也在群众动员工作中感受到十足的心理压力。

"创全"应该是对老百姓有好处的吧，这个道理是这样的，但是它这个检查指标，老百姓管得着、说了算嘛，不晓得也不搭边嘛。那老百姓来配合你的工作，讲道理是为人民服务啊，可人民觉得你不要来麻烦我，我们要他们天天这个楼道摆放整齐、那个地方不准晾晒衣物、牵狗嘛也要求多，他们能开心吗，能支持吗？不好做的啊。

从实际情况来看，绝大多数区内市民是配合这项工作的，这与 S 市扎实的基层治理水平、较高的干部素质以及市民素质紧密相关。"创全"工作中出现的一系列问题远不止这些，归纳而言，项目催动的政治动员为干部群体的心理压力产生了持续性的影响，这种影响可以归结为以下几个直观性的表现：其一，紧张不断的自检和迎检，以细致化的"打分点"为考核标准的清单；其二，繁忙不断的专项工作群，发布通知、布置任务、整理意见，也包括通报"创全"的最新检查消息；其三，持续不断的协调与沟通，包括与区级政府沟通、与相关委办局沟通、与相邻街镇沟通、与分管科室沟通、与社区干部和志愿者沟通、与群众沟通。

2. 政治动员带来的干部心态"逆向化"与"剧场化"表现

在持续不断的心理压力影响下,干部群体心态开始出现"逆向化"与"剧场化"的表现特征,这两类表现特征不仅仅是某类专项项目的治理带来的影响,实际上也和最近几年干部群体的职业内卷和心态倦怠紧密相连。

一直以来,党内的学习教育主题都会强调党员干部的初心使命与责任担当,希望通过各种方式调动起当前党员干部勇于拼搏、乐于奉献的精神,这种精神可以说是共产党干部一直以来所具有的鲜明群体特征。当然这一问题的细致研究应该考虑时代性、历史性和现实性等一系列变化因素。就当前情况而言,从党的十八大以来的全面从严治党,在迅猛改变党内风气的同时,也不得不面对新问题——即在反复性、大规模的主题学习教育之后,党内的贪腐现象明显减少,党员干部的工作积极主动性也出现了一定下降。这两者之间是否存在必然联系,需要进行深入细致的学理分析和实证调研。

基层干部在项目治理中所谓的"逆向化"心态是指针对上级组织所提倡的一系列"主动性""积极性""高昂性"等精神而产生的相反态度。这种态度不意味着性质上的反对,实际上是以一种消极的、低调的方式来表达一种情绪倦怠。B区一位即将退休的委办局副局长讲得很清楚:

> 这几年专项项目工程连续搞,一轮接着一轮,抓政治是常态,效果呢? 要真正解决群众的利益诉求,是不是也真正解决了党员干部的利益诉求呢? 党员干部如果只讲牺牲奉

献，那也是"非人化"的，也是不对的，不从科学和规范的角度去解决干部、公职人员的职业问题，只讲政治宣传，是不能从根源上解决矛盾的。

A区的一位已经退休的街道副主任也表示：

> 党内政治学习是必要的，也是需要的，但是这些学习还是要强调以人民为中心的、为人民服务的。但是，有时候操作起来还是变成以政治为目的，为一些领导的政绩服务，这恐怕不是中央的意思吧。整顿党内风气，调动干部积极性，与为人民服务之间应该要能很好地联系起来。

类似的问题反响不少，不仅仅是基层干部有这种心态反应，普通党员同样抱有相同疑问。在政策执行中的"既要又要还要"、考核标准不断增加的情况下，心态的"逆向化"表现就是一种现实选择了，由此进一步发展就是"剧场化"的行为表现。

行为的"剧场化"反映的是这样一种情况：心理上并不十分情愿，但行动上却不得不支持，行动上的支持也不是很情愿，就被动一些地推进。总体而言是一种复杂矛盾心情的反应，同时包含了进退两难的选择。例如在会议上，上级领导的工作布置，在迎检上对检查组的考评，各级干部都需要做出一定的"配合"，并且这种配合也并不需要十分过硬的理由，是一种"水到渠成"的反应。

在A区和B区竞争"创全"的过程中，基层干部行为的"剧场化"表现贯穿始终。首先，这个活动与基层干部群体相关又不相关，"相关"在于他们参与其中，也受到结果的影响，政治因素与职业因素形成了他们行为表现的基本路径和框架；"不相关"在于这种影响对于大部分干部来讲，并不是决定性影响，并不能直接决定他们的职业生涯，政治激励方法虽然重要，但是也不是对所有干部都有效，物质激励有一定吸引力，但是受限太多，很多也并不能有效到位。

其次，基层干部参与这项活动又不参与这项活动。"参与"是指他们按照既定工作部署，将要求的每一项工作都基本做到位，也在履行相关的责任要求；"不参与"在于他们只做项目考核要求内的工作，超出范围的内容，大多数干部都不太会积极主动去做，更不用说按照上级领导所说的"举一反三""主动创新"地去做。

第三，项目执行过程中一些内容本身就是一场"演出"。演出的主角是区级以上主要负责的区级领导，配角是下辖基层各级干部，群众既当配角也是观众。演出的过程又十分地长，需要各种配角不断进行表演，同时还有指导小组来考核演出的规范性与水准性。最后演出结束，荣誉主要颁发给主角，配角也相应获得回报，观众是否满意往往已经不重要了。

A 区和 B 区在"创全"项目竞争中的运作过程，可以从一个侧面反映出在非经济项目运行过程中，当前干部群体、特别是基层干部群体职业心态的表现，也可以在一定程度上检验目前的常规化激励措施对干部群体的效度情况。

首先，非经济类"项目"尽管没有中央财政资金支持，但是仍然体现了中央对地方的一种治理。特别是对经济发达地区及城市，中央不仅需要在财政税收上形成集中，更要借助多种文化、社会专项项目来调动与整合这些地区和城市资源,同时也将中央的相关政策嵌进地方的治理中。

其次,从城市内部治理体系针对专项项目的运作过程来看,城市主要管理者同样需要借助"项目"方式来推动制度设计落地、检测相关政策效度、检验基层动员能力、考察干部队伍素质。在整个运作过程中,对基层单位的动员能力检验实际上是最为关键的考量因素,这其实也暗含着长久以来中国社会"动员性治理"的基本思路和路径依赖。

第三,当前基层干部在各类项目中的心态和行动存在差异性表现。从基层干部的主观心态上来说,各类由上至下的专项项目,由于大部分项目缺少直接利益回报,项目对于基层干部来说,多数意味着工作量的增加和考核任务的加重。但是在行动上,职业规范与身份的政治属性,使得基层干部、特别是党员干部仍要在行动上保持积极状态,这种积极在很大程度上是"被动式"的。

第四,现有的干部群体激励措施并不太适应实际情况。一方面,激励措施相对于惩罚措施原本就较为稀少,一系列详细的各项工作事务"负面清单",将惩罚处置办法标明得淋漓尽致,但是正向鼓励性的措施,往往空洞抽象,缺少实际支持。同时,常规激励方式——权力下放、政治晋升、利益回报、职级调整等,在当前背景下均受到较为严格的限制和审核,这在干部群体中已经形成了一种很大的误解,"工作就是工作,是职业,不是事业"。对干部群体最为关注的问题,缺少必要的调查和分析,而且出台的所谓激励政策往往效果适得其反,并不是干部群体最需要的,这反而更加不利于群体积极心态的形成。各类学习任务的布置,也大都呈现出形式化的特点,不仅不利于干部群体的实际工作,也同时影响党内学习教育的效果。

第五,未来干部队伍建设发展离不开有效激励措施的推动,从激励措施的角度来看,可以参考几个方向的推动。其一是对基层干部给予必要的权力。基层直接面对群众工作,很多问题不能按照常规性的行政化管理思路进行,需要给予基层干部一定的临机处置权。不应该总是担心基层干部权力缺乏监督,在目前监督监察机制如此发达的情况下,一方面体制内部有监管,另一方面,与条线部门不同,基层是直接和群众打交道的,群众同样也可以发挥强大的监督干部行为的能力。其二,要在职级调整与经济回报两个方面对年轻优秀的基层干部进行有力度的支持。基层不缺乏有心干事的干部和党员,尤以年轻人为多,应该在他们所关心的重大事项上给予充分的支持,解决他们的后顾之忧,使他们可以发挥本领、敢于创新,这也是未来基层队伍建设发展的一个着力点。其三,进一步培养基层干部的"典范代表",应该有步骤地推动基层干部"基层化",而不是简单地通过轮岗调动的方式,让各级干部都在基层走一遍、过一遍。基层需要的是培养一批能在基层长期扎根、熟悉基层情况、乐于在基层工作的干部能人、达人,基层干部可以来自自己的家乡,只要制度体系科学健全,基层干部更应该主动构建利于治理、为民服务的基层"人情"关系网,当然,这也是在党组织有效领导下的基层社会关系网络,主要目的还是维护基层的长期稳定以及推动基层的长期发展。

第四章　城市基层干部日常
工作中的情感表达

　　城市基层社会所呈现出的复杂多变的社会现实,决定了基层干部的日常工作内容,他们对于这项工作的理解包含着丰富的个体情感要素,这些情感要素通过他们日常工作的具体行为展现了他们对于自我以及工作的理解。对于现代社会个体而言,任何一种职业或者工作的选择都蕴含了个人感情,特别是从事时间比较长、投入精力巨大的工作。尽管人们对于工作的这种情感因为每个人经历的不同会表现出较大的差异性,并且这种情感有时候也体现出主观表达与客观表现的不同,但是情感本身往往是真实的,是源自个体在实际社会生活体验中所形成的一种自我感受。

　　从一般意义上而言,现代社会所涉及的诸多工作本身不存在"高低"之分,但是却有着"专业"的区分,这个"专业"的定义及其所要求的规范性就成为一种区分人们工作的标准,这个标准隐含着社会身份的差异性。对于改革开放以来快速发展的中国社会来说,所有工作都是为社会主义建设事业而服务的,人们所从事

的具体工作没有高低之分、只有分工不同。但是职业化和专业性
要求也使得社会现实中的工作存在明显的回报率不同的现象,当
然,这也是适应经济社会快速发展的一种表现。在这一背景下,
城市基层工作内容在不断变化,基层干部群体所从事的具体工作
也随着时代的变化而变化,他们对于工作的情感是通过日常具体
工作行为以及自我叙述的方式展现出来的。

第一节　职业选择与工作中的自我理解

S市基层干部的主体是本地区出生并成长起来的人员,由于
城市发展的历史传统以及区位优势,S市在吸纳大量外来人口的
同时,也培育了很多出生在外地后来在S市基层工作的干部。一
方面是城市本身发展的复杂多样性特点决定了工作和生活在其
中的人们的差异,另一方面也正是因为这种复杂多样性决定了S
市基层管理需要更多来源广泛、能力出众的基层干部。

作为一座经济社会发展快速的城市,特别是作为中国重要的
经济中心,S市的城市规模与发展速度非常显著。这也是在这座
城市中会涌入大量来自全国各地人群的重要原因,因为这里为人
们提供了更多的就业与收入的路径选择。所以,在S市,能赚钱
的职业和工作很多,人们的选择也大多是基于经济利益角度作出
的。K街道的Z书记并不是S市土生土长的人,老家在中国的西
部地区,与S市相比,发展相对缓慢。Z书记大学是在S市读的,
后来一直读到博士,在2000年前的中国社会,博士学位在就业市
场是十分有优势的,但是,Z书记并没有按照常规性的择业方式,
选择留校教书或者经商,而是最终选择了公务员职业。

我 2000 年工科博士毕业，当时，其实（职业）选择很多，不少同学都选择到公司去了，因为在当时的那个环境下，公司的收入是最高的。特别是后来入世以后，很多公司发展很快，有些人也自主创业去了。我的一些博士同学，有些现在在世界五百强企业做区域负责人，有些也是公司老总了，个别人都做到上市公司了。还有一些就是继续研究学问，在高校任教，现在也是教授博导了。也就是说，在当时那个情况下，选择走公务员这个道路的不是没有，只是很少而已。像我们这个学历在当时走公务员也不用考试的，有专门岗位就是要博士和硕士学历的，现在肯定都是统一考试的。

我那时候选择走这条路（公务员），也是我自己的想法，我总觉得学的东西应该用到社会中去才有意义，我还是愿意做一些与人打交道的事情。尽管现在真的和当初"偏离"得蛮远的，我学的是机械专业，现在做基层治理，想想还挺有意思的。但是，我觉得这些在底层逻辑上是相通的。机器和机械要保持良好的运行，得有合适的组成部件和系统，有合理的维护和操作，才能达到功效最大化；城市基层社会难道不是这样吗？不是一样得有体系化和规范化程序，得有合适和能干的人员吗？其实你看看，道理是一样的，这也是所有学科运用到社会现实中的共通逻辑，在这个层面上，其实是不分学科和专业的。

Z 书记并不觉得收入和财富是衡量一个职业的唯一标准，当然这也是人们选择职业十分重要的方面。Z 书记并反对人们出于经济利益而选择自己的职业和工作,但是,每个人的选择都是基于一个综合的考量,在这个考量过程中,衡量的尺度因人而异,这一点无可厚非,关键还是在于个人是否能把自己的选择做好并坚持下去。

　　选择这份工作,其实一开始也没有想到在基层工作这么久。一开始我是被安排在区里工作的,我当时也觉得也就在区里工作了。然后工作了三年才调到 K 街道,一工作就到现在了,十几年了,现在反而是更熟悉基层工作了。在基层工作也是一件十分锻炼人的事情。现在看来,我对当初的选择并没有什么后悔的,我了解自己的特点,对自己的职业选择也有考虑。当然,很多事情也只有去做了才能知道适不适合,这个是要去试的。从现在看来,在基层工作,是有难度和挑战的,但是也挺适合我的。

Z 书记对自己职业的选择有着清晰理解,他在过去十几年的基层工作中,不断将自己的专业所学和研究方法与基层现实和工作结合起来。他的教育经历以及学历塑造了他的思维方式和行为方式,在日常工作中表现为特别重视制度的精细化与规范化,同时也注重对人的复杂行为的理解。Z 书记常常跟我说的一句话就是,"研究基层不是要把基层的所有问题都解决掉,这是不现实的,关键在于了解和呈现基层社会以及基层工作的特殊性与复杂性,让更多的人明白基层治理的这种特殊性,因此才需要更多的力量参与进来。"这其实也是城市基层工作的一个显著特点,行政治理的规范和框架逐步科学化,实际上是提升了基层工作的效率与效果,在这个过程中,基层的实际情况决定了基层干部们的日常工作内容,基层干部们的工作特点也塑造了一个地方的基层工作风格。

K街道的W科长对此也有非常深刻的体会,她说书记的工作作风确实如此,一贯重视制度作用,在基层复杂的工作环境中,更强调制度的规范性与精准性。否则,光靠街道现有的工作人员,大家就是忙死累死也不能把所有事情都解决掉,必须要有机制。当然,在基层工作中,人也同样重要,这个重要不仅仅意味着工作是要人来做,关键还在于工作要用"人心"去做。

> 书记他们那个时候大都还是选调入职,我们大学毕业就都是考公务员了,我和我老公都是统一招考的,我们那个时候(06年)考试还是相对容易一些的,不像现在,"考公"还是蛮难的,报的人多了嘛。那个时候,选择公务员确实不是最主流吧,特别是我们都是本市人,在我们这里长久以来都是去经商和出国的。很长时间以来老一辈都觉得,在政府做嘛,收入不高、事情又多,不划算的嘛。90年代以来,开放以后市场环境也好,那时候我的同学还有亲戚啊大多都去企业了,出国的也蛮多的。我选择考公务员,是我自己决定的,这个嘛,也要看性格的。
> 我大学就做学生会工作,还是蛮喜欢做组织工作的,我报公务员时也直接选择街道了,当然,离家近也是一个因素。本市长辈也有传统的讲法,女孩子嘛,还是离家近的好一些。

做这个工作,现在也十年了,觉得还是蛮适合我的。我属于那种"无欲无求"的人,把事情做好是第一位的,做什么事情就要把它做好,负责好,其他的都是次要的。这个事情不做到我满意,我是不能接受的。这还是这几年心态放平了一些,要是以前,我更是要求高,也有点强迫症吧。

　　都有这一段经历嘛,也和每个人性格有关。你说基层工作辛不辛苦,比起条线部门,肯定要复杂一些,也不能说条线部门工作不辛苦,但是基层工作确实是要你更花时间精力的,有时候,效果还不明显。所以我觉得吧,急功近利的想法和性格急躁的人,做基层工作还是蛮吃亏的。因为做这个工作还是要有耐心和动脑筋的,事情的处理要动脑筋的,因此就得有真的愿意把基层事情做好的人去做这个事情,在这一点上,可能也是基层比较留不住人的一个原因吧。

W科长对基层工作的选择也是出于自己的主观考虑,当然也包含了客观现实因素,她在从事基层工作的过程中,在不断地认识这份工作的同时也在不断地认识自己。这应该是所有城市基层干部对工作的一个基本情感,那就是这个工作是有特殊意义的。这个特殊意义应该包含两层含义,其一从工作内容上来看,基层工作的复杂性与特殊性决定了这个工作不同于其他工作的一般性特征,这也是为大家所能看到的;其二从工作对于从事者的影响来说,基层干部们在工作中投入的精力越多就越能感受到工作对于个人的意义所在。这也是为什么W科长会说,基层工作也不是适合所有人的原因。

　　我理解把一项工作做好的意义真的不在于说这个工作是不是能获得更多人的赞赏和满意,当然这是十分重要的标准。我认为最关键的还是是否用心,这个其实是任何工作和职业都要面对的问题。我们都有这样的体会,一件事情或者一件东西,你用心去做了,尽管结果有时候并不都是让人满意的,但是你回想这个过程,以及在这个过程中你所体会到的各种感受,你会觉得这个事情你认真做了,你就很舒心,没有太大的遗憾了。如果你做的这个事情又恰好能得到大家的赞赏,能让很多人满意,那你就更开心了;然后这个事情又能给你经济回报,你可以以此来谋生来生活,那不就是很好的事情了嘛。能称之为"事业"的工作,我想不过如此吧?

　　只不过,现在很多人只看重结果,只看重经济回报,那么他自然就会患得患失,就会焦虑和不满,其实真的是忘了一开始的"初心"在哪里。习近平总书记讲共产党员的初心不要忘记,其实,哪一个行业都有最开始从事的初心对吧,关键是看个人怎么看待这个问题了。当然,有时候也不完全是个人的因素,也有社会现实的影响。但是,人还是可以作出一些选择的,也应该有一些坚持。这可能是做好一个工作最基本的要素吧,有初心,并且"久久为功"。

　　W科长对于工作的这种理解应该反映出了相当一部分城市基层干部的想法,特别是从事这项工作几年甚至十几年之久的人。每一位基层工作人员首先考虑的确实是职业选择,因为职业选择决定了一个人在社会中的基本生存条件;其次就是专业性选

择,这是影响到一个人是否能把工作做好的最基础的条件,也决
定了一个人能否长久做好这项工作;再次就是在工作中如何理解
自己的选择,这包含了对工作本身的一种职业情感,这是最终决
定个体能从事这项工作多长时间并始终保持情感、做好工作的最
重要的影响因素了。

　　而对于在居民区工作的 C 主任来说,职业选择更多地是体现
在具体的工作过程中,正是在大量基层日常工作事务中,才真正
建立起 C 主任对这份工作的理解。

　　　我最早以前也不是在居民区工作的,我是本地人,最早
　　在工厂里工作。后来 2000 年以后,工厂逐步关停合并,也就
　　不需要那么多工人了,我就到亲戚家的店铺去帮忙。选择到
　　居民区工作也是很偶然的机会吧,因为亲戚家的店铺就在 K
　　街道,平常和街道里边的工作人员接触比较多,我也比较热
　　心一点,有些事情都会尽量去帮忙和配合。有一次居民区共
　　建互动,街道里边的领导就跟我聊天说,愿不愿意去居委会
　　帮忙啊? 那时候,居委会工作大多是志愿性工作,政府和街
　　道会有一点补贴,就是劳务费,跟工资差不多,做的事情也比
　　较杂,没有特别清楚地区分。我说我想一想,回家后,我也思
　　考了这个事情,我平常本来也是在居民区里边经常做些帮忙
　　活动的,大家都是街坊邻居的,习惯了。店铺那边其实我也
　　只是一个临时性的帮衬,毕竟我不会在那里一直做,想想自
　　己也是可以在居民区这边做点事情的,而且街道也支持,也
　　有收入。

所以后来我跟（前任）书记讲，那我就试试看。那时候，居民区这边主要还是以居民自发组成的管理组织为主，再加上退休的老党员，大家主要的任务就是做好居民区的安全工作，帮着政府把一些通知传达到每一户居民那里。有重大活动和节日的时候，做好居民区维持秩序的工作。再有就是些邻里间家长里短的事情，一些矛盾调解工作，真的是非常的繁杂，也很注重细节。我当时不到三十岁，已经是整个街道所有居委会当中最年轻的了。大家都还蛮吃惊我这么年轻的一个小姑娘，做这个工作，能做得下去吧？能服众吗？还是有很大怀疑的。现在，我也从当时人家叫的"小姑娘"变成"老大姐"了，一晃就是十几年的工夫。

C 主任也坦率地表示，当初选择这个工作也确实有些客观因素，因为自己的学历和经历，因此，不是什么工作都可以按照自己的意愿去选择的。一开始选择在居民区工作，也是有试试看再说的心理，也没想到会干很久，因为这个工作毕竟在当时还不算是一个"正规职业"。如果说 Z 书记和 W 科长的选择毕竟还是在公务员这个职业范畴中，那么在基层居委会以及居民区工作中，像 C 主任这样聘用身份的工作人员，他们对于自身工作的理解一开始就充满着很多不确定性。

其实，像我们一开始这样身份的、在基层居民区工作的人，能坚持做下来的确实是不多的，特别是年轻一点的。所以十几年前，在居民区做工作的，一般没有三十岁以下的，四十岁以下的都很少。因为首先没有固定编制,既不是公务员也不是事业编制,是聘用制的;再就是收入待遇各个区和各个街道差异很大,以前基层有自主的经济管理功能,所以在聘用人员方面,地方性差异很大,经济条件好一点的区,居民区工作人员待遇就好一点,拿的工资多一点,差一些的就少一些;还有就是,坦率地讲,在居民区工作的人,除了年纪大以外,就是整体受教育程度不是很高,人员素质也参差不齐。这毕竟也是客观现实,因为没有那么好的待遇条件嘛,吸引不来人。而且基层这些事情,特别是居民区的事情很多都是琐碎的日常事情,你要和各种各样的人去打交道,本身这个街区这个小区里边就住着各式各样的人,什么素质的都有,什么事情都有,这也是导致很多人不能长期做下去的重要原因。

C主任说,这份工作这些年做下来,最大的感受就是,每个人都是不一样的,每个人也都有自己的难处。在基层工作,一方面要讲究方式方法,要有能力、有耐心,另一方面还要有一种意志力,这种意志力是能在各种困难面前保持自己信心的一种能力和体现。而这种意志力不是短时间内能培养出来的,也必须在工作与生活中的一件件事情经历中培养起来。

这些年,其实不乏很多对基层工作和居民区事务感兴趣的人参与进来的,现在能留下来的人也越来越多了。一方面是上面对基层工作的重视程度大大提高了,待遇上去了,保障条件也更好了,我们做的工作也有了规范化的标准以及考核标准。这其实都是将基层工作特别是居民区工作逐步向职业化方向去努力的,这是好事,和十几年前相比,真的有了很大的改变。

另一方面,我也感觉到,对居民区的工作,越来越需要耐心了。一方面是社会发展的影响,各个人群甚至每一个人对自己生活环境以及生活品质的要求都越来越多,那么他们居住在这个城市里,他必然就要和城市里的其他人以及整个社会发生各种联系,会有各种事情和诉求出现。我们要让大家满意,就真的不只是仅仅依靠流程化标准,以及职业本身的要求,还要付出很多在这个工作之外的努力去把事情做好,这应该是对现在社区和居民区里边工作的人来讲,最为重要的,也是最难的。

因为基层工作的同志们也有自己的情绪,也有自己家长里短的事情,在达到职业工作要求的同时,有时候往往还不能让群众都满意。我们不能说这个下班时间到了,我们就不管了,别的行业也许可以这样,我们不行的。很多事情,居民不是在工作时间找你,事情也不一定就是在工作时间发生的,但是这些事情和矛盾的解决,必须我们来,群众也第一时间会想到我们。所以,越是重视基层工作,就越是应该注重基层工作人员的培养。这个培养不是简单的职业培养,应该是一个全方位的培养,是作为一种事业的培养。如果培养出来了,那么效果也会是非常明显的。

C 主任的感受包含了十几年在基层一线工作经历的个人体会,其中很值得思考的地方在于,基层工作,特别是城市基层工作,不仅仅需要制度支撑,还需要人的支撑。两者之间一直以来其实并不矛盾,只不过一段时间以来,人们从心理认知上普遍的一种感觉是,新中国成立以后,社会建设主要是靠干部群体的"人"管理,改革开放以后越来越重视"制度"的管理,两者之间似乎是一种非此即彼的关系。

实际上,在 S 市基层治理创新中,两者居于同样重要的地位,一方面要通过制度的规范化与精细化为基层干部工作的开展提供有力支撑,另一方面也是借助干部群体本身的培养与塑造为制度的有效发挥提供主动力。当然,这在现实工作的实际操作中,要面对的挑战和困难不是短时间内能完全解决的。从 K 街道三位不同层级的基层干部的职业选择上,其实可以看到当前 S 市城市基层治理的演变轨迹。结合当下社会现实比较来看,其中最为明显的特征就是基层工作的规范性与科学性有了明显提升,基层工作人员的积极性也出现了更为主动的转变,基层工作职业化特性已经基本形成。

K 街道几位基层干部对工作的情感是包含在对自我经历的理解当中,这个理解同时也镶嵌在整个城市与社会时代的发展背景中。它不仅是一种自我品质的呈现,同时也受到社会历史变迁的影响,这种影响是通过两种方式相互作用的,一种是实际工作内容的不断变化影响干部们对职业和身份的认知,更加注重个人情感的内在塑造;一种是借助社会认同的加深和理解来呈现干部群体的整体形象,这种方式进而影响到干部的个人具体行为与实际表现。

第二节　时空变迁中的形象与身份记忆

城市基层干部对于工作的情感表达离不开时空变迁中的时代影响,这其实更多地表现出一种群体人物形象的历史延续,干部的群体形象一直存在,而时代在发生变化。时代的历史变迁在时空两方面影响着当代人们对事物的理解,也影响着人们在现实生活中的具体行动表现。特别是在中国社会经历了快速发展的经济社会结构调整之后,新的发展背景下带来的情况是,对同一种事物或者现象的认识理解,不同的人群表现出极大的差异性。

这种差异性有时候甚至很难进行有效的沟通与协调,因为新的信息技术手段叠加大量个体化的遭遇更加固化了人们的认知思维,这也是时代发展的一种客观表现;同时,有些事物或者现象并不是伴随着新时代而出现的,过去也一直存在,也一直在发挥作用,但是时空变迁却赋予了它新的内涵,这些新的内涵也同时改变着这个事物或者现象的特征。

中国共产党的干部群体形象就是这种变化的一个典型例证。新中国成立以来,党的干部群体就在人民群众中树立了一种形象,这种形象的基本性质是始终不变的,那就是"为人民服务"。但是这种形象所承担的工作内容却随着时代的发展不断更新与变化,这种变化是适应时代发展必然要求的,同时也会出现很多新的挑战和矛盾。这就需要很好地处理两方面的关系,其一是干部群体自身为人民服务工作的不断推进,其二是人民群众对干部群体形象认知理解的与时俱进。这两方面关系的协调实际上都离不开干部群体如何将工作做好这一基本问题上。

正如我们在前言所述,社会关系本质实际上是人际关系的复杂化与放大化,中国社会更加注重人的关系的协调与延续,因此才会如此注重宗族和传统仪式的继承与发展。

中国共产党立足于中国社会的发展,实际上也在不断吸收和借鉴这种传统文化的有益因素。也正是由此,我们可以清晰地看到,同样都是被称呼为"党的干部""人民的干部",但是在不同的历史时空下,承担的具体工作有很大不同,群众对这种人物形象的理解也存在着不同。我们在当代所看到的干部群体,特别是基层干部群体,不仅有过去各个历史时期干部群体的特征印记,同时也体现着当代社会的新变化,这其实也包含了当代基层干部对自身的情感认同与理解;另一方面,群众的认知与理解在另一个维度上也在影响着基层干部对自身形象的认识与感受。

（一）革命战争年代的激情

新中国成立之前的革命战争年代,概括来说,中国共产党成立之后,党的干部最重要的工作是发动群众、领导群众进行革命斗争,在这个过程中,服务群众的内容成为贯穿始终的基本要求,也蕴含在革命战争的具体进程中。以土地改革为主要内容的农村革命和建设,成为当时干部群体的主要工作,一系列后期形成的优秀文艺作品都以此为题材进行创作,例如《暴风骤雨》《小二黑结婚》《太阳照在桑干河上》《艳阳天》等。这些文艺作品虽然不是主要描述党的干部群体的,但是在对历史背景的叙述过程中,党员干部的形象却非常鲜明地被塑造出来了。特别是党的干部群体,通过对主人公和典型人物的描述,通过对具体事件情节中个体人物形象的刻画,进而构成了鲜活的群体形象。

在这一时期,党员干部与人民群众的关系体现出鲜明的"革命"特色,这一特色包含以下几个特征:第一,存在具体的、共同的革命对象。这一对象是一个层层嵌套的形象综合体,体现了从抽象到具体的过程。即首先是全体人民的共同敌人——帝国主义和封建主义,其次是他们的代理人——国民党反动政权,再次是具体人物,蒋介石和四大家族以及各级政府首脑,最后是基层——农村地区的地主劣绅。这样一个层层递进的人物形象谱系,将近代以来中国社会复杂的阶级矛盾具体化为人民群众所熟悉的对象,有利于调动人民群众的革命参与热情,也凝聚起了基层社会最广大的力量和最广泛的共识。

第二,党员干部和群众是全方位紧密联系的整体。在这一时期,绝大多数党员干部来自贫苦农民,和广大人民群众有着天然的联系,二者是十分紧密的利益共同体。干部和群众在革命对象、革命目的以及革命过程中的遭遇具有相互共情的因素,这从当时在解放区广为流传并深受好评的戏剧《白毛女》中可以得到充分的证明,很多解放军战士是眼含热泪观看完这部舞台剧的,并很快将个体的这种情感带进随后的战争行动中。

第三,党员干部和群众之间的差异度很低。党员干部在受教育程度上并不比普通群众高很多,或者说这种差异性是十分微小的。因为革命经历不同,才有了干部和群众的差异。同时,也正因为党组织的培养,干部成为一种代表,不仅代表着党组织、代表着中国革命事业前进的方向,也代表着为人民服务的表率,代表着一种牺牲和奉献精神,是在困难和危险面前无不冲锋在前的表率。

　　第四,党员干部要更加具备一种素质和品质。在革命战争年代,即使条件艰苦,困难重重,中国共产党也十分注重对干部的培养。因为党组织知道,党员干部是革命事业的宝贵财富,也是革命事业得以进行下去和最终获得胜利的关键所在。所以党员干部一定要在政治素养和专业素质上有所进步,要具有一种更高尚的人格品质,才能更好地服务群众、引领群众,更好地推动党的革命事业的发展并成为骨干核心力量。所以,尽管在革命战争年代,基层干部的说法并不普遍,但是,党员干部几乎都来自基层,并且在进一步接受党的教育和培养后,成为行动和精神上凝聚信仰的革命代表。因为革命年代的环境因素,绝大多数干部在组织学习后,必须要再回到基层工作,在基层一线去实践知识并锻炼本领,这种反复的磨练过程也是党员干部成长的必由之路。

　　这四种特征实际上构成了之后不同时期党员干部群体的本质特征。也就是说,在革命战争年代之后的时代里,党员干部都具备这四种特征,但是四种特征在具体的时代背景下所展现出的形式以及面对的挑战却在不断变化着。纵观整个革命战争年代,党的干部群体始终保持着一种"激情澎湃"的工作情感,这一方面是由于当时中华民族处于生死存亡之际,每个人都自然要担当起动荡时代民族救亡的责任;另一方面也是受到党的事业发展的影响,是中国共产党在肩负起历史使命之后,领导中国革命不断斗争并走向胜利的过程影响着党的每一名干部。为革命事业"抛头颅、洒热血"不仅是检验党员干部的一条标准,更是一种追求。

　　对于党员干部来说,身在革命战争年代,责任和使命、光荣和梦想无时无刻不深切地影响着人们的心理和情感。还有一个重要方面在于以广大工农群众为代表的群众支持和参与,使得党员干部群体感受到工作的巨大意义,同时也倍受鼓舞,对工作更加充满热情。

(二)国家建设岁月的深情

新中国成立后,革命战争胜利后面对的主要任务就是建设国家,在经济社会文化等各个方面都需要进行大量的重建工作,党员干部在社会中继续发挥着重要的推动作用和引领作用。在这一时期,党员干部群体对工作最突出的情感就是"深情",这种深情是源自对工作、对人民的深深热爱。在这种深情推动下,绝大多数党员干部将工作摆在了日常生活的第一位,全身心投入这种工作之中,通过实际行动去践行为人民服务的宗旨。这一时期最为突出的人物代表就是焦裕禄,通过他一生经历的展现,借助优秀影视作品的传播,使得党员干部形象具有了鲜明的特性,并且为广大人民群众所深刻认识。

焦裕禄作为这一时期党员干部的典型代表,也呈现出干部群体在时代的变迁下的群体变化,包括了工作内容、身份认知以及使命责任等要素。在社会主义建设时期,随着国家经济和社会的稳定与发展,党员干部和群众之间的差异开始显现,党员干部队伍里的腐败分子也开始出现,干部脱离群众的现象也开始出现。正是在这种情况下,党对干部的管理提出了更高的要求,这是为了要坚决遏制党员干部脱离群众的危险苗头。从整体角度来说,这一时期,绝大多数党员干部对工作和身份的认识是基本一致的,党面临的主要任务是实现从新民主主义到社会主义的转变,进行社会主义革命,推进社会主义建设。到了 60 年代,党员干部所承担的社会主义建设工作可以用一句话来概括,那就是"实现四个现代化",这也成为几代中国人的历史记忆。也正是在这样的时代背景下,焦裕禄有责任、也有义务、更有勇气去承担起他所要做的工作,就是将一个自然条件恶劣又长期贫穷的地区进行彻底的改变,让当地群众过上吃饱穿暖的好日子。

　　为了实现这个目标,焦裕禄要动员群众参与,要凝聚干部队伍的共识,要争取更多的发展资源,更要以身作则、带头行动。在这个过程中,他始终坚持一个基本信念,那就是一切为人民,一切也得到了人民群众的支持。正因如此,所有的困难都可以克服,所有的困难最终都会得到解决。这是一种革命乐观主义精神,实际上也反映出他作为党员干部对国家建设的信心以及对自身责任的认识,更体现出他对这片土地的热爱,对这片土地上世世代代生活着的勤劳朴实人民的情感。对焦裕禄来说,为了让人民群众过上更好的生活,也为了实现党对人民群众的承诺与责任,党员干部应该责无旁贷地肩负起这个使命和任务,这不仅是为了人民,也是为了这个新生的社会主义国家能发展得更好、更强大。焦裕禄的这种精神信念和情感追求成为那个时代党员干部精神面貌和工作作风的一个缩影,绝大多数党员干部正是饱含着这种深情,投身在各个工作领域中,并且以身作则、精益求精。这种对工作的情感成为一种时代精神的写照,也不仅仅表现在党员干部群体身上,也体现在当时每一个中国人身上。

　　在时代精神的感召下,对于以焦裕禄为代表的党员干部来说,工作没有高级和低级的区分,只有大家所从事工作具体内容的不同,所有人都是为了一个目标而工作,就是实现国富民强;所有工作只有一个宗旨,就是为人民服务。干部到基层一线工作是常态,也只有在基层一线才能真正体会到为人民服务的满足和喜悦。在具体的工作中,干部们的普遍共识是,时间是宝贵的,要抓紧所有时间把工作做好,尽早实现社会主义事业的胜利;资源是宝贵的,要利用好一切可以利用的资源,把生活条件提升上去,毕竟条件不允许浪费和奢侈;人是宝贵的,没有人什么工作都无法开展,所有工作都失去了意义,而且人多力量大、"人定胜天"。正是在这样的情感诉求的基础上,时空变化、历史事件都不会影响到当时干部群体对工作的深情和对事业的热爱。因为,日常生活的所有一切都在一种热烈"情感"的氛围中进行,人们的目标是基本一致的,生活状态也是趋同的,干部群体和群众的心理状态具有同质性特征。

(三) 改革开放时期的热情

改革开放是对中国社会结构的又一次巨大重组,特别是 90 年代确立社会主义市场经济体制以后,中国社会整个面貌发生了巨大转变。在这个过程中,党员干部群体对工作的情感从之前的激情和深情转变为"热情",这种"热情"不是一般意义上的行为和情绪的主动,而是经历两个阶段之后所形成的一种主观认同与情感。这两个阶段可以区分为 20 世纪 80 年代至 90 年代中期的第一阶段,以及 90 年代末期到新世纪的第一个十年。在这两个阶段中,党员干部对工作以及自身职业的情感是两种"热情"的表现。

第一阶段的"热情"是一种重新开始的情感。改革开放初期,所有社会事物开始逐步恢复正常。特别是伴随着国门的开放，人们开始逐步学习和接触到国外的一些新鲜知识和事物，各种社会思潮涌动，在极大地刺激人们神经的同时，也带来很多新现象和新矛盾。在这一阶段开始时期，党员干部的工作内容和工作重心与以往相比并没有明显变化，推动社会主义经济文化发展仍然是工作的主要内容。对于基层干部来说，工作内容仍然是服务群众的日常生活，所有的体制、机制以及管理政策都沿用以往的方式。绝大多数干部仍然在各自岗位上，按照既定的要求和部署去完成自己的工作，也保持着对自己工作的热爱和尽职尽责。

　　而社会变化带来的主要挑战在于，人民群众的思想意识开始出现新的变化。以往的时代，党员干部都是引领群众的先锋，而在 80 年代，改革开放激活了新的发展，部分群众在思想观念和行为方式上走得更快、更远，逐步带动了整个社会风气的变化。这种变化有着深刻的时代发展背景，也在一定阶段内推动了社会的进步。对于干部群体来说，很多人的思维方式和管理方式还停留在原有的框架内，在新的社会结构变革中出现了很多不适应的表现。

　　当时，一些脍炙人口的文艺作品其实就反映出了这种矛盾现象，例如相声小品《宇宙牌香烟》《小偷公司》《领导冒号》等，虽然没有直接针对干部群体，作品中的现象在当时社会中的各个领域都有出现，但是确实在干部群体中，这些现象的表现较为突出，人们也在实际的生活中，感受到干部群体与时代大潮不相符的保守性。大多数干部也认识到这些问题，也希望通过调整管理方式以及提高自身素质来应对挑战。实际上，在这一时期，尽管会出现一些文艺作品来讽刺和调侃干部群体中出现的一些问题,但是干群之间的关系是基本和谐的,干部们也从心底赞同群众提出问题并监督整个群体。

面对新的时代挑战,党和国家在干部培养中提出了"专业化"和"年轻化"的要求,其实就是为了适应时代的发展,在思想观念上改变干部群体原有的思维方式,在实际工作中提升干部群体的业务能力。这个思路是正确的,过程是需要时间的。90年代社会主义市场经济快速发展,带动人民群众生活水平大幅度提升,一些群体的生活条件有了更为迅速和明显的变化。社会当中围绕群体发展不平衡的问题出现了很多争论。

在这个过程中,干部群体的工作内容也在逐步复杂化,事项开始增多,但是待遇水平并没有明显的提升。特别是对干部队伍素质以及纪律有了更加严格的要求之后,部分干部开始对现有工作强度以及待遇问题有了不同的看法,他们觉得自己作为受过比较好教育又同时承担大量经济社会发展任务的群体,现有的待遇不能和当前社会发展水平相匹配。由此也出现了在一个时期内,不少干部、包括高级干部转而投入商海经商的情况,俗称"干部下海"。

从当时的实际情况来看,社会发展的确出现了第一次明显的"不平衡不充分"情况,一些群体抓住机会迅速实现了个人和家庭财富的大幅度积累,一些快速致富行业也在市场化的浪潮下迅速出现,带来了社会财富分配的新矛盾。一些传统职业,例如工人、农民、干部,在改革开放之前,收入差别并不大,同时社会声望也比较高。但是在市场化机制引入以后,这些传统行业不仅财富增加较为缓慢,待遇提升不明显,社会声望也在受到冲击,这其实也是引入市场机制后带来的必然性矛盾。

在这种情况下,干部群体对于自身工作的"热情"仍然存在,只是这种热情转变成如何能利用工作职权和身份尽快提升个体和家庭财富,由此也出现了一系列违规违法情况。这引发了2000年以来中国共产党关于从严治党的重要举措,党员干部首当其冲,必须要在社会上做出明确表率。另一方面,提升并保障干部群体的待遇问题也成为当时干部队伍建设的重点内容,毕竟,伴随着经济社会的快速发展,干部群体也需要有更好的待遇条件去适应新的社会发展情况。

第二阶段的"热情"引发了对自我身份的新认识。新世纪以来,中国社会的发展更上了一个台阶,在突飞猛进的经济带动下,城市化成为新世纪第一个十年最为显著的发展标志。以往人们普遍认为中国社会就是农村社会的想法开始慢慢改变,中国城市规模日渐扩大,农村地区的城市化进程也在不断加快,城市成为中国社会迈向现代化的主要载体以及鲜明标志。城市管理工作开始成为干部日常工作的重心,即便是在农村地区,工作内容也是围绕城市化管理进行新的部署和调整。

其中,经济是否发展成为最为重要的标准,既是基层工作的重心,也是考核基层的条件,这是当时每一个干部都十分清楚的事情。在这个过程中,新的"热情"由此被点燃,干部感受到在这个标准要求下的一种个体动力。这种个体动力由两个方面构成,其一是以经济发展为纽带带动地方发展,特别是带动家乡地区民众致富;其二是以经济发展为契机,扩大管理范畴,进一步增强工作的自主权限。这两者相互联系,为干部群体工作起到极大的促进作用,也使得党员干部群体的社会声望开始逐步提升,成为人们为之注目的职业。这实际上是继承了从新中国成立以来以焦裕禄为代表的党的干部的传统,也在某种程度上实现了焦裕禄的心愿,即地方的发展、人民群众的致富,这一切是党员干部带头干出来的,也是党员干部和人民群众一起努力创造出来的。

只不过,新的矛盾也开始出现。在城市化快速发展的同时,在这个阶段,对干部群体的职业性和专业化要求越发地明显,对于干部群体来说,工作成为一种以目标为导向、以效果为衡量(特别看重经济效果)、以稳定为基础的流程化操作。这本身是符合时代发展趋势的,在这个操作过程中,干部群体最为重要的是工作能力,其次才是对工作的理解。但是中国共产党的干部不能简单等同于职业化群体,党员的政治身份以及与之相匹配的要求是一直贯穿自革命年代与新中国成立以来的岁月之中的。

而在市场化大潮的冲击下,党员身份出现逐渐弱化的情况,这并不是党和国家所希望的。也正是这种变化的不断累积,干群之间的问题和矛盾开始更多地出现。一些干部认为群众不支持地方发展,是阻碍社会进步的落后力量,"不明真相的群众"成为一些干部经常提及的话语;一些群众认为有些地方干部主要是在工作中利用工作职权获取个人好处,并且不为群众服务和办事。这种认识上的分歧与误解一度影响到对整个干部群体的评价,借助于新兴互联网的信息传播,对干部群体的"污名化"以及少数干部对群众的不当称呼成为干群矛盾的主要刺激点,也深刻影响了干部群体的群众工作以及对自身身份的理解。党和国家也开始重新思考新时代干部的身份定位与工作内容,传承与创新是需要在一个框架范围内并根据实际效果开展的;在干部群体内部也出现了新的反思,反思在做好工作的同时怎样才能更好地服务群众。

(四) 制度现代化的理性感情

进入新时代以后,干部队伍的建设紧紧围绕两个中心开展,其一是在初心使命的号召下加强对党员身份的认同感,其二是在新形势下更好地服务人民群众。从时代发展形势来看,新的"不平衡不充分"挑战正在出现,特别是当代中国进入全面小康社会以后,人民群众对美好生活的诉求体现在更加多样化和个体化的要求方面,这对政府的社会治理和民生保障工作提出了更高标准。在服务人民群众的工作中,人民群众的幸福感、安全感和获得感成为衡量工作的最基本尺度,在此基础上形成了对党员干部工作的一系列具体内容要求。

同时,从党组织层面来说,干部队伍建设更加强调专业性,以职业化要求来应对快速城市化带来的诸多管理新内容;更加强调组织纪律性,不断通过党内学习教育和组织生活,强化对身份和纪律的认识,规范党员干部的行为方式;更加强调担当与奉献,以传统的党员干部优良作风来塑造和引领新时代干部队伍的价值观信仰。

实际上,在不断推动国家治理体系与治理能力现代化和制度化的新时代进程中,干部群体的情感表达与心态培育更加注重一种"理性情感",这种理性情感是基于现实实践而形成的,并且正在成为整个党组织以及国家建设的核心力量。"理性"不是一般意义上的理解,是对当代中国国情的现实分析。

正如前边所述,新的经济社会发展阶段决定了当前人民群众对现实生活的理解充满强烈的主观性,社会基本共识是每个人都应该过上幸福的生活,每个人也都可以过上幸福的生活。但是"幸福"的定义在每个人和每个群体中差异较大。从横向性比较而言,中国民众对社会发展的共识高于其他发展中国家,甚至发达国家,但是因为人口基数较大,发展速度较快,短时间内所形成的社会矛盾也同样以非常清晰的方式展现在每一个个体面前。特别是在大多数人物质生活得到基本满足的时代,精神层面的诉求在现实中的挫折以及受阻,会以更加深刻的个体感受影响到每一个人。

这也就决定了对于当代中国社会的建设和发展来说,特别是城市社会,以往时代通过激情和热情来调动社会参与的方式已经不能带来明显的效果了。这是时代变迁的结果,人们对于自身生活的理解更多呈现出"个体化"的选择,这也是当代中国社会每个群体都无法避免的客观现实。因此,提高个体的幸福感是实现城市社会和谐发展的基础。而从国家体系来解决或者应对新的社会矛盾,首先必须有清醒和清晰的理性认识,这是建立在科学分析与实践基础上的制度设计。这也是过去十年,党和国家如此强调制度现代化的重要因素,因为制度现代化的目的是让更多的人"现代化",而人的"现代化"是制度现代化的重要支撑因素。

在这个过程中,这个"人"的现代化,首当其冲就是党员干部的"现代化"。职业化、专业化都是按照这个现代化要求来实践的。在过去三十几年时间里,干部队伍建设已经取得了比较不错的成绩,当然也存在一定的矛盾性问题。在新时代发展过程中,为了制度的规范性和有效性能迅速展现,在一个阶段里确实有必要更为强调人对制度的服从和遵循。但是这种做法是有特定背景的,并不是始终要求如此。

十年前,面对党内复杂严峻的腐败形势,不仅人民群众对党员干部有意见和不满;在党的内部,干部群体也对未来的发展充满困惑。特别是广大基层干部在情感感受上的负面性更为明显,既承担了大量工作,但同时又不被群众理解,这种矛盾情况如果得不到有效解决,势必影响到党的建设和国家稳定。所以强调制度规范性并强化党的组织纪律性成为过去十年党管干部的必要手段与必然要求。经过这一阶段的发展,党的组织纪律得到贯彻、党的优良传统得到发扬。党员干部的风气和工作作风有了明显改观,干群之间的矛盾得到缓解,党员干部对自身的认识以及工作的理解有了更为清晰的把握。现阶段就是在这样的基础上,更加注重对干部群体心态的塑造和培育,从更长远来看,这是推动党员干部队伍发展的关键一环。

这种理性情感的培育,不仅需要在制度层面上和党组织层面上通过必要的方式推动,更需要在充分了解党员干部实际心理状态的基础上,特别是对基层干部的心态了解与把握的基础上有进一步的提高。

一直以来,无论是城市还是农村的基层干部,在工作中都充满着一种情感,这种情感不仅源自对这份工作的热爱,更是源自对这个国家和人民的深情。没有这种情感,绝大多数基层干部是

不会从事这项工作的,这已经在过去几十年间得到了充分的证
实。而伴随新的发展时代的到来,时空变迁中这种情感是否能具
有穿透力和继承性,这是需要实践来检验的,是需要人民群众来
评价的。

对于广大基层干部来说,榜样的力量始终具有时代的穿透
力,信仰的精神力量也始终流淌在血液中,现实的工作需要这种
情感作为支撑动力,但是也更需要合理的渠道来规范和引导这种
情感的有效释放。正如 Z 书记所言:

> 作为党的干部,工作在基层一线,苦点累点不算什么,和
> 以往时代党的那些优秀干部相比,他们所遭受和忍受的困难
> 比今天要大多了。我们现在的条件毕竟好了很多。作为
> 榜样,他们给我们的不仅仅是一种精神动力,更是一种情感
> 联结,告诉今天的我们,我们的党员干部,我们曾经是怎样做
> 的,我们是如何获得群众支持的,尽管时代变化了,但是我们
> 的品质是不变的,我们的精神是相通的,这是跨越历史时
> 空的。
>
> 没有这种精神上的连通,我们是不会理解今天所做这些
> 工作的意义的。我们其实更应该看到的是,在不同历史时
> 期,那些优秀代表和干部,他们首先是人,具有人的情感,是
> 和普通群众一样的人。然后他们能做出那样的事迹,做出一
> 种表率,能吃常人所不能吃的苦、走常人所不敢走的路,并且
> 没有很强的个人私心,真心地为老百姓谋幸福,这是党员的
> 真实写照,也是党员干部能感动群众、获得群众支持的原因。

今天，人们更加关注自己的事情，更加注重自己生活的方方面面，但是这不意味着人们相互之间就真的变得互不关心。越是在这个时候，越是需要党员干部行动起来。这也不是说让党员干部都去调动大家的热情、去鼓动群众的激情，实际上党员干部只要做好自己的工作，在此基础上每一名党员都多向前走一步，多拿出一些耐心和细心，群众是看得到也感受得到的。慢慢地，群众也自然会参与进我们的工作中来，这也就是为什么讲党员干部要做好表率的意义。在当前时代发展背景下，尤其需要我们去认真思考这个问题。

第三节　情感内化的认知性表达

S市的基层干部对于自身身份的情感认知既包含了不同历史时期的干部形象，也包含了新时代背景下对干部的新要求。对干部来说，这种认知是一种情感表达，这个表达必须通过一定的渠道得以释放，才能形成内心的平衡。

从时空变迁的历史发展过程来说，干部的身份具有特殊性，这种特殊性体现在一方面他们是党员中的代表，是先进中的先进，始终要坚持为人民服务，在任何时候都应该站在队伍的前列，处在最具挑战性的一线；另一方面，他们承担责任，要把赋予的工作做好，越是情况复杂越是要将各种任务处理好协调好，并且接受组织和群众的监督检查。我们也可以看到，干部本身也是生活在社会中的人，是具有和普通群众一样情感和情绪的"现实人"。

这也就意味着干部群体的情感诉求同样存在，只是因为身份与所处位置和环境的约束，他们不会也不应该显性化地表达而已。

因此，基层干部对工作以及生活的情感逐步内化为自己内心的一种认知，这种认知是通过各种现实生活要素相互影响而不断塑造和变化的，这也是对自我身份理解的一种表现。Z书记曾经讲到过一件事情：

> 有一次我们到外地考察，我们街道的行政级别相当于地方的县一级，有的县级市，行政区划范围可能更大一些。同样都是正处级别，我们这边是街道党工委书记，地方就是县委书记，你会看见，这个差异性还是蛮明显的。毕竟一个县，财权是独立的，并且具有司法权和治安权，特殊情况下，县委书记是可以向武警请求协助的。这个我们在S市是绝不可能的，虽然级别是一样的，但是权力差别很大。这也是城市基层和地方基层最大的不同，因为你工作重心不一样，自然配属的权力就不一样。
>
> 城市基层主要是服务和保障民生，维护社会秩序安全与稳定，做好基础民生各项保障工作。街道的主要功能定位是如此，所以街道只能调动街道的行政化资源，其他管理权限都在区里。消防、公安、税务、司法这些部门会配合你工作，但是不会听从你的指挥调度。而县不一样，它是一个相对独立的行政区划，本身承载的工作内容也多，要发展经济、涉及农村农业以及民生保障、社会治安等各项工作，还要做好生态保护、地方文化等一系列工作。

　　因此从传统治理方式上来说,县长和县委书记所能独立
支配的权限一直就比较大。虽然这是一个客观现实,但是当
你亲身体会的时候,还是会感觉到,级别虽然相同,但是感受
是不一样的。这就是权力带给人的一种诱惑啊。人家在很
多事情上可以说一不二,我们就不行。但是我们干的活也不
见得比地方少,承担的责任是一样的,这在城市街道管理中
最为明显了。这也是我们很多街镇书记内心有些不平衡的
原因。

　　更有意思的是,这也是我们这儿的街镇党委书记会比一
些地方的县委书记看起来更加"平和"的原因。一些地方的
县长和县委书记,你看,气场明显很强,脾气也很大;我们这
边很多书记和主任,级别是一样的,但是就平易近人得多,性
格有因素,但是主要还是管理的权限不一样。

Z书记只是描述了一种主观感受,而这个现象反映的是城市
基层干部对自身身份的一种情绪。这个情绪的触发点并不在于
同样级别的干部,行使权力不同,而是在于同样级别的干部,工作
内容大体相当,承担的责任基本一致,但是能把事情做好做到位
的权限却并不一致。

　　这是一个很现实的矛盾性问题,一方面,城市基层干部的工
作内容和考核要求是高标准的,另一方面,因为基层情况的复杂
性,需要多种力量共同参与,基层干部可以综合调度的力量是分
隔开的,这就为工作的开展带来一定的挑战。在城市基层,不只
是街镇,其他条线部门落在基层一线的工作,都是以各自权责要

求为第一位的,例如税务、司法、消防、公安等部门。在一线工作的干部都是"基层干部",但是他们的权责范畴也仅仅是在各自配属的工作之中。所有这些基层一线的职业,只有城市街道是涉及事项最多的责任主体,方方面面的民生工作都需要街道来牵头组织协调,但是权力确实碎片化,责任却是第一位的。

同时,还有人民群众对基层干部的一种认知和态度,这也是影响基层干部内心情感的一个重要因素。Z书记说:

> 在基层工作,为老百姓服务,这是一个很有成就感的工作,也就是说你得把工作做好,你看到居民高兴满意的时候,其实你也是高兴的,你才能理解为什么党是群众支持的,党和群众是血肉联系的。这其实反过来说也是一个压力,那就是群众对你的工作是有期盼的,这种期盼又有很大的差异性。很多群众不理解,我们的一项工作不是只有我们街道说了算的,这里边有很复杂的分工协作以及权限问题。同时,大多数群众日常打交道的是我们街道干部,他们自然想当然地认为,你书记是最说了算的,所有事情都是书记说了算,其实往往不是这样。

> 你看看,G居民区动拆迁,整个地块涉及上百亿资金,这个规划是全市统一安排的,是市政重大工程的一个组成部分。隔着一条马路的H居民区,情况和G区差不多,楼房年代也是先后的,时间更早,居民就有意见了,为什么他们(G区)拆迁了,我们就不能拆迁?就隔着一条马路嘛。现在房价比较高,又是中心城区,所以老百姓有这个想法,也是正常

的,谁不希望自己能借助动迁安置有更好的生活条件呢? 但是,这个事情是我街道书记能决定的吗? 肯定不行啊,区委书记都不能决定。但是老百姓他首先想到的是街道,这个安抚工作也主要是我们街道去做,所以有人就会来反映意见,来闹啊,我们只能作解释啊。解释不通的,也就没办法了,毕竟情况是这样的。

这就是基层工作复杂特殊的地方,老百姓对你是有期望的。平常工作中,我们又经常和群众打交道,但是有些事情不是街道能决定的,但是说服解释的工作得是街道来做,或者说主要是街道来做。一些国家重大政策调整带来的问题,部分群众生活受到影响,他们也是首先找到街道来咨询和讨要说法。可以说,街道是和群众接触最紧密的地方,街道干部如果做不了群众工作,那是很难在基层工作好的。当然,有些工作的确不好做,因为这不是街道干部能解决的,所以你就得在心里进行自我安慰,这个也是没有办法的。能做街镇书记的人,内心得有一定的支撑力,心态要稳,否则是做不好的。

Z 书记也讲到,群众当中也有一些"无理取闹"的人,但是这些其实是很少很少的一部分,大多数群众还是支持和相信党和政府的。只是,工作一定要更加细致和耐心,要有更多的"人情味",这是每一个基层干部都要思考的问题。诚然,不是每一个人都天生细心热情以及善于并喜欢做群众工作。最近几年,很多新入职的街道工作人员、包括居民区社工其实更想把份内的工作做完,他们是把这个工作当作一份职业来做。

其实这本无可厚非，但是基层工作的特殊性就在于此，如果只是把基层工作当作一份职业来做，没有问题，但是一定不会让群众十分满意。这是因为基层工作中涉及群众的日常生活，包含各种各样的诉求以及受主客观因素影响。仅仅是按照规范程序来执行，很多事情只是表面上暂时性地解决了，内在的深层次矛盾并没有得到化解，长此下去，矛盾还会再出现，群众也会对党和政府的工作能力提出意见。另一方面，群众对党和政府还有更深一层的情感依赖，这是长久以来党做群众工作的历史传统，如果只是以现代职业标准来衡量基层工作，那么群众工作其实可以不用再提了。这不是中国共产党的特性，也不是中国特色社会主义制度的特性。

Z书记非常理解现在很多基层年轻的党员和工作人员对群众工作的不解，确实，群众工作在当今时代面临更为复杂的现实情况，很多矛盾不是党员干部工作能力的问题，是社会发展变化带来的一系列新挑战。但是，作为党员干部，首先还是要把自己的工作做好，要把自己的身份摆正。

> 如果我们都和群众一样，都说这个难啊，那个难啊，我们不应该管，也不归我们管，那我们的党员身份怎么体现呢？遇到困难退后得比群众还快，我们这个党员身份也就没有意义了，还叫什么共产党员呢？事情确实有困难，很多问题也不是我们能在短时间内解决的，但是首先得有个态度。
>
> 特别是老百姓最为关心的一些事情，基层干部尽管做不

了主,但是首先得有个态度,这个态度是告诉群众我们想把这个事情办好,而不是冷冰冰地或者生硬地拒绝或者回复"不知道""不清楚"。

老百姓最讨厌的是这种态度。其实很多时候,基层干部和基层同志也很难,也有情绪,每天工作那么累,自己家里事情也不少,还要在工作中对每一个人都笑脸相迎,很多问题也不是我们权责范围里边的,是挺难的,所以才要有心理建设和疏导啊。尽管如此,既然是做这个基层服务群众工作,其实也不仅是基层了,所有与群众相关的窗口型工作,都首先要有一个态度,一个诚恳的态度,这个态度很重要。

这种情况其实在现代社会各个行业中都有所表现,这涉及的是人们的情感劳动带来的一种情感消耗问题。例如医生的职业,医生的天职是"救死扶伤",看病救人其实本身已经超越了一般性的职业伦理要求,提升到了职业道德层面。医生也需要在看病救人的过程中养家糊口,得到谋生条件的保障,这也是为大多数人所接受的。

现代医疗条件的提升,一方面提高了医生救治病人的成功率,但是也提高了人们对自身医疗的认知门槛。特别是医疗费用的不断提升,也使得医生和病人之间的矛盾逐步以刚性化的方式表现出来。医生"救死扶伤"的职业道德情感,越来越被绩效考核以及大量病人的各种无效问询所冲淡;而病人原有的感谢与感激也因为医疗费用的高昂以及医生的冷漠而不断衰减,从而形成医患纠纷矛盾。在这个过程中,医生群体觉得很委屈,病患群体也觉得很气愤,这就是一种很现实的社会发展矛盾。医生群体在接诊大量病人的同时,越来越冷漠,这种迅速而又冷漠的回复是一种情感"态度"的表达。一方面,医生职业的高付出与低回报率影响着医生的工作积极性,各种病人的各式各样的问询有时候也很难用专业的方式解释;另一方面,医疗系统考核指标也不断地给与医生压力。这两方面都在影响着医生的"态度",这是一个结构性矛盾,而不是单纯的个人因素。

在基层工作更是如此,Z书记所讲的这个"态度"对于基层干部来讲是很关键的,这个"态度"其实包含三个层面的情感认知。首先,这个"态度"是职业要求,任何服务型行业,对待顾客的态度都是统一要求的,必须要有礼貌且耐心,这是基本职业伦理要求。其次,这个"态度"是党组织对党员的更进一步要求,是党的群众路线的传统,无论对群众提出什么样的要求,党员干部都需要先做到倾听和接受,然后再进行判断协商以及处理,即便很多是无理要求;当然,现在规范化的法律条文也进一步保障了党员干部的合法权益。再次,这个"态度"还取决于党员干部个人内心的一种承受力和耐受力;也就是说,从个人的角度,情感劳动、情绪付出同样是一种身心消耗,无论是普通的工作人员还是党员干部,都要面对这种精神和心理上的考验,在这一层面,个人的理解程度以及调节方式有非常重要的作用。

　　我跟他们(W科长等)也讲过,我个人是不太建议家在外地的年轻人在S市做基层公务员的,这不是能力的问题,我自己就是家在外地,然后在S市上学最后做公务员的。主要是这个职业收入待遇不是很高，工作又忙又辛苦，房价又高，从外地来的年轻人，大多数家里条件一般，通过个人非常辛苦的努力在这里留下来，如果收入不是很高，房子没法解决，这个对他个人以及心理影响是很大的。所以，不是说外地的年轻人不好，相反，外地年轻人很多是十分优秀的，能留在 S 市就是证明，只不过，在选择从事基层公务员这个职业的时候，真是要好好想想，能不能吃得了这个苦，能不能把这个工作做好。

Z 书记说的也的确是一个现实情况。在城市基层工作，工作内容的繁忙很多时候并不是由工作人员的能力决定的，"忙"对于基层来说是一种常态，如果说现代社会很多职业从业者都认为工作很忙的话，城市基层工作还有一个显著的"忙"的特点，不仅是职业性的日常工作忙，还有心理情感上的"忙"。这种"忙"表现在工作之中要考虑各种事情的具体处理，以及涉及的各种关系的协调处置。工作之外，也要随时应对各种突发情况，要承担八小时工作之外的很多工作，还有就是要面对来自社会的各种舆论和意见。这些都是对城市基层干部工作与自我情感认知上的挑战。在基层工作，不仅要从身体上应对好各项工作的紧张节奏，还要在情绪上始终保持一种平稳和积极的状态，特别是在与群众接触沟通的时候，这种情感上的表现尤为重要。

现在网络很发达，老百姓通过网络可以看到各种新闻，一些干部的作风问题以及工作表现被老百姓看得清清楚楚。

出现问题了,往往很多个人的行为和处置方式都被在网络上放大,大家看着这些事情,难免心理上会有情绪,会认为所有的干部是不是都是这样?其实情况要更为复杂。

我们在基层工作,每一件事只要是为群众服务,其实就可以问心无愧了。但是现在社会发展了,群众也不是以前那样"铁板一块"了。以前是因为穷和落后嘛,大家的主要目标就是一起致富。现在富裕起来了,温饱解决了,但是富裕程度有差异了,群众之间的利益诉求也不一样,还有心理上的落差。

一个小区里边,围绕一个事情,就可以形成各种不同意见的群众集体,那我们到底是为哪部分群众服务呢?例如垃圾分类、加装电梯、停车位划分等等,甚至养猫养狗的宠物处理问题,群众之间的分歧一直存在,而且越来越多。这也是我们的工作内容,也是最难的地方。一个环节处理不好,一部分群众满意了,另一部分群众就会有意见,就会有情绪,怎么做呢?进行协商和沟通是唯一的办法。但是你也得看到,尽管大多数群众都能接受的事情,也总会有一部分群众始终不能接受,毕竟,现在大家权利意识都很强。

这就需要规则,而且光有规则也不行,还要有"人情",基层工作没有"人情"是没有办法稳固持久的。对于我们来说,要讲理,还要讲情,我们干部自己首先就要在心理上把"情"和"理"处理好。

基层社会的复杂性往往使得群众对于基层干部工作的理解

存在一定的滞后性,很多工作在开始推进的时候,并不总能得到群众的支持和理解。然而事情过去之后,大多数群众也明白了这个工作的意义。但是在这个过程中,基层干部所要进行的工作也就不仅仅是身体上的努力了,在心理上也要不断地进行自我情绪疏导。

Z书记曾经讲到,一些市级层面和区级层面的工作,其实街镇也明白,在群众那里会有不同的声音,一些群众的利益会暂时受损。但是这些"项目"是从全市发展角度来考虑的,从长远来看,是造福绝大多数群众,所以必须得做,而且街镇的工作属性也要求必须执行。

事实的确如此,对于大型城市的建设发展来说,群众的思考视角往往是有局限性的,而且一些工程项目也不能完全保证得到预想的最大化收益。特别是在现代社会建设中,一项社会性项目或者政策其实是很难得到所有人的支持和满意的。但是城市发展的最终目的是让所有人都能有美好的生活,在阶段性发展过程中,也要考虑符合大多数人利益的选择,这也是重大政策和工程项目要广泛吸收意见并慎重执行的原因。但是,一旦经过评估认定后的项目和政策,执行起来也必须要坚决果断。所以,城市基层干部在执行市级层面和区级层面项目时,首先要统一思想认识,才能进一步推动工作的开展。

　　我们能做到的就是首先自己在内心先把这个事情给过一遍,想想看,会有什么问题,通过区里会议反馈上去,供上级领导参考。上级决定要做这个事情了,一般而言,是肯定要做的，就是在细节上再考虑周全一些，征询一下各方意见。在这种情况下，执行肯定是第一位的，作为街道的党工委书记，对这个事情在执行过程中的困难以及可能出现的风险，必须心中要有盘算，要有准备的。

　　然后就是要在全街道把这个事情传达下去，每一名党员、每一名干部，每一个基层工作人员，都要对这个事情有所了解。大家可以保留对这个事情的看法，但是，工作是必须要做的，这个是要考核的，是要严格执行的。我们能做到的就是，让我们的基层干部和基层同志，明白这个事情的"大道理"，也明白这个事情的"小情绪"。有任何想法和困难可以先讲出来，推进过程中遇到了，大家也可以想办法解决，不要一边不情愿地干工作，一边又四处抱怨，这样是不行的。

　　Z书记明白，基层干部们对于很多从上级下派到基层执行的项目内心有自己的想法，因为很多项目实际上是在现有工作基础上增加了新的内容，而且要求高、时间紧，完成标准也是具有非常强的区位特性。这应该也是过去十几年来基层工作的常态。

　　原有的以"锦标赛"性质为特征的地方和基层治理方式，曾经极大地调动了基层和地方的工作积极性，如今也面临着一些新的挑战和困境，最大的挑战在于逐渐剥离经济属性的动员型治理方式，越来越难以激起基层的参与热情，同时也要面对基层"疲态"应对的困境。因此，在基层开展工作，最为重要的其实是基层干部在自我情感上对这件事情的认知和理解。

　　在现代城市社会中，职业化要求体现在基层工作中的执行效果上，不仅是按照流程化方式推进——这当然也是基层干部们的职责所在——还要充分考虑执行主体的情感认知与投入问题，这一要素越来越影响着事项的最终结果。

但是干部们对于事项的自我理解是一个非常个人化的问题，这里边还有复杂的政治因素影响，很多人在具体工作中并不会直接表达情绪出来，只有在私底下或者工作压力极度增大的时候，才会有所流露。而且对于很多处于关键环节的基层干部来说，一旦主观情绪上处于不满状态，就势必会影响工作的开展。这是 Z 书记最担心的问题，也就是不怕大家有情绪和想法，就怕大家有了不说，还要带到具体工作中去，这是最麻烦的。

　　所有的工作首先是自己心理上要有一个清楚的认知，能不能做到以及行与不行，这是其次的考虑。首先要想着完成这个任务，然后再来考虑怎么做的问题，这已经是基层工作的一种常态了。因为基层，之所以叫"基层"，就是最一线的地方，是顶层设计和各种政策实际体现的地方。因此，一项工程或者项目，到达基层干部这里，已经经过层层考虑和讨论了，很多时候，基层主要是一个执行的问题。当然，也要看效果，没有效果意味着执行不到位，也意味着政策或者项目并不符合基层情况，但是这是后话。首先要的是执行。所以，对于我们基层干部来说，心理上的关卡更重要，无论个人怎么想，指令传达了，就得执行，有意见和情绪很多时候是要自己来克服的。

Z书记也提到，很多市里传达的重要任务或者重大工程，在基层的实际运行中是要时间来体现效果的，人民群众的观念转变也是一个过程。这一点上级领导也充分认识到了，例如全市烟花防控，市里领导就表示过，先做三年看看，三年总结，给基层和人民群众一个观念转变的缓冲时间。事实证明，确实如此，第一年是最具挑战性的，方方面面都需要协调和磨合；第二年就好很多，群众的自觉性也增强了，基层工作的方式也理顺了，效率更高了；第三年的时候就明显有了改观，群众也越发认可这个做法，基层干部工作起来也越来越顺手。

最近几年在做的垃圾分类工作也是如此，群众的观念不是一下子就能转变的，几十年习惯的生活方式，不是说变就变的，这个比烟花防控还要考验基层工作。烟花防控毕竟还有一个节假日的时间限制，而且有相当多的群众本身就反对烟花燃放，或者也不会去做这个事情，因此做起来还是有一定抓手的。垃圾分类则很难，这是涉及每一个城市居民日常生活习惯的事情，背后不仅有个人素养问题，还有家庭的生活方式、地域文化习俗以及城市不同群体生活现实处境等问题，更不用说还涉及垃圾分类后如何有效处置的问题了。

对于基层街镇来说，这个工作责任最重，因为所有居民区关于垃圾分类的宣传、引导、监管甚至部分处置工作都要街镇来执行；还有很多辖区内公共空间的垃圾处理，包括企业以及园区等空间的工作协调，这些都是要花费巨大精力来做的事情。所以，市里对这个事情的规划是先做五年，总结经验，一直坚持。Z书记非常理解现代城市进行垃圾分类的必要，他也讲道：

绝大多数市民是理解这个事情的,发达国家的经验很多人也知道,年轻人对这个事情支持率比较高,也比较能自觉做到。难就难在很多老居民区的居民,以及外来流动人口,他们的生活习惯以及生活方式比较固定化了,对这个事情不是反对,而是不在意,觉得没必要这么麻烦的,很多时候做起来也就比较随意了。

所以我们做这些人的工作更要花耐心和精力的,因为你不去反复地强调这个事情,他们就没有办法重视这个事情。老年人因为年纪大了,短时间内改变几十年的倒垃圾习惯,还是要花点时间的,这个还是可以理解的,慢慢地他们也接受并改变了;外来流动人口比较难一点,因为他们有些只是今年在这里,或者这几个月在这里,后边工作换了,人也就不在这了,他们比较难以形成习惯。

有时候因为这些"小事情",居民会经常和我们工作人员发生争执。我们的干部有时候也会觉得,宣传已经很到位了,说也说了,做也做了,该劝导的也都劝导过了,甚至处罚的也处罚了,但是还是有人不这样去做,那又有什么办法呢?我们尽力了,难不成还要每天 24 小时看着他们吗?干部和社工也会有心理情绪的。这个时候就很需要在思想认识和情感疏导上去做工作,既要做我们干部的心理工作,更要做群众的心理工作。

基层干部也需要适度的心理放松和行为放松,Z 书记理解,时刻紧绷的工作环境只会带来两种结果,一种是干部们身心俱

疲,放弃工作;另外一种就是麻木僵化,失去积极主动性。这两种
情况其实在过去十几年的基层工作中,出现的已然不少。特别是
随着社会发展变化,伴随社会心态"躺平"的出现与流传,基层干
部群体也出现了类似情况。这在 Z 书记看起来,是干部群体对工
作的一种情感失调,这种失调不是简单地因为工作内容的繁忙,
而是一种在情感上"筋疲力尽"的表现。

　　基层工作虽然忙,其实还是有规律的,你问问工作五年
以上的同志,大家都对自己的业务领域做到了很熟悉的程
度,更不用说很多人已工作十年以上了。实际上,为什么现
在有些干部会有"躺平"心理呢,不仅仅是基层干部,各级干
部都有,这个情况应该不是基层或者某个领域的情况。
　　一方面是整体社会发展的问题,这个是看得到的,很多
人特别是年轻人都有这个心理,当然这个要具体问题具体分
析。另一方面,是不是真的"躺平",这个很关键,就是很多说
着"躺平"的人其实是在偷偷努力的也有不少的,对吧?
　　对于干部来说,特别是基层干部,我认为真正想要"躺
平"的是很少的一部分人,这样的人其实在哪个时期都存在。
大多数人其实并没有要躺的这个意思,即使有,也只是心理
层面的,在行动上是很难的,基层工作的特性也决定了你想
躺也不可能完全躺下去的。很多同志是需要一个心理情感
上的疏导,借用社会流行话语,自己也可以有一个情绪上的
宣泄。更为关键的是,基层干部在实际工作中是否有一定的
权限去把事情做好,是主动地去做还是被动地去执行,这是

我们去看"躺平"这个讲法的关键。很多事情，既然我不能去管，管了又不能推进，推进又要担责任，担了责任又要受到处分。那这样，还不如就按照流程去做吧，这实际上也是一种"躺平"，这种"躺平"更具普遍性和危害性。

也即是说，基层干部在对自身工作的情感上会遭遇到现实矛盾的影响，既热爱这份工作也想把事情做好，但是有时候经常受到上级指派任务的压力，也受到来自群众诉求多样化的压力。在这种情况下，做好一件事情，所要涉及的就不单单是身体上的奔波劳累，在精神和情感上也需要很多投入和消耗，有时候结果却还不能让各方满意，这其实也是基层工作长期以来存在的一种深层次矛盾。

特别是在现代社会，人们之间的沟通联系明显要弱于传统社会，互联网带来的生活便利化，也割裂了人们的物理联系，更为重要的是割裂了人们的情感联系。"共情"成为一种奢侈品。其实"共情"这种品质在原来的基层社会中是一个普遍性特征，现在却只能存在于有限的个体心理中。而且个体化的"共情"带来的更多是对自己经历的关注，是对个人利益的一种情感起伏。在越发相互隔离开的社会生活中，人们更容易对自己的遭遇给予更多的情感投入，这就很容易忽视他人的情感付出，进而形成只关注自我利益而忽视他人和公共利益的局面，这在很多社会事件和社会现象中已经屡见不鲜。

基层干部在工作中也很容易受到这种自我共情的影响，因为毕竟他们接触到的社会现实与群体更加广泛化，同时承担的责任也更多、压力也更大。在以往的时代,干部们更容易通过经济回报以及群众赞扬的精神回报来平衡日常工作对自我情感的消耗。但是在当前城市基层工作中,这两方面的正向影响性均在下降,因为一方面职级待遇已经规范化与体系化了,干部们的待遇条件处于社会的中间层面,整体而言可以保障城市的生活条件,但是并不属于高收入群体;另一方面,群众在对干部的支持和赞扬方面也有了更高的要求,对干部群体的权力与行为有了更多的主观理解,同时受制于整个时代发展的影响,群众自然也更关切自身利益问题。这就使得干部群体,特别是基层干部,在每天实际从事大量群众工作以及行政事务的同时,还要尽力保持对工作的热情与热爱,这实际上是一个巨大的情感消耗过程,带来的结果是基层干部只能通过不断内化情感认知来寻求一种自我解释和疏导,这也是最近几年在干部队伍中也会出现诸如"躺平""倦怠""摆烂""佛系"等这些话语的深层次原因。

第四节　情感外化的伦理性表达

城市基层干部对工作的情感通过自我认知得到一种行动上的展现,这是对具体工作内容以及日常生活的一种真实反映。尽管这种主观认知上的理解以及行为具有一定的个体差异性,但是对于这样一个同质性较强的群体来说,这种差异性在整个群体特征上的表现是十分明显的,这实际上也符合大多数人对干部群体的一般性认识。

人们对于干部群体的主观认同存在于两个方面,其一是一种典型人物形象,这种形象往往在人们的心中塑造了一种干部群体的典型,这种形象具有较为明显的历史时代跨越性,也就是说人们认为,干部就应该是"这个样子"。"这个样子"可以是焦裕禄、可以是雷锋、可以是孔繁森、可以是任长霞等等,但应该不是"现在的样子"。"现在的样子"往往是现实中的某些贪污腐败和冷漠无情的样子。因此,这个在想象中的干部群体是一个"历史映象"的集合,这个历史映象集结了所有党的干部的优秀分子及其特征。其二是一种现实形象,人们日常生活中接触到的干部群体,具有较为普遍的群体人物形象,包括衣着打扮、言谈举止、职业习惯,甚至发型眼镜身材都存在一种共同特征。这在现实生活中已经成为人们一种认识上的基本判断,什么样的人可能是干部,人们通过一些外在特征就可以作出一个基本判断,而且这个判断基本上是准确的。在如今互联网时代,甚至出现了模仿干部群体风格的穿衣方式,被网络称为"干部风""厅局风";更有利用干部群体这种共性特征进行模仿和诈骗的情况。

人们在主观心理上和现实社会生活中对干部群体的认知其实正如一面镜子,也反射出这个群体的职业特性与日常工作特征。如果说干部们在工作情感上的自我认知没有意识到公众认知的客观影响,那么他们在对职业伦理的理解和情感表达上反映出了这种社会认同对于他们自我认同的影响。

这种基于工作情感的伦理性表达实际上包含了两个层面的自我叙述,其一是对自身工作的一种比较性认知理解,其二是对自身工作的一种情感价值的理解。这两种理解贯穿在基层干部的日常工作中。只是很多时候,这些理解方式是借助日常化的生活情景展现的,既不是干部们在主观上会明显意识到的问题,也不是公众关心的话题,但实际上这是一个人生活在现代社会中之所以构成"人"的最重要的情感要素。正如我们前边所讲到的,基层干部群体首先是"人"的群体,既然如此,这个群体的情感塑造以及情感表达不仅仅是一个政治和文化的构造过程,更是一个"社会"构造过程,这个"社会"是人们生活环境中的所有社会关系以及社会行为的综合表现。

(一) 职业价值的自我判断

K街道的W科长对于从事的职业有着自己的判断,这种判断是建立在长时间从事这份职业以及在工作中形成的经验积累,用她的话来说更是一种"情感"吧。并不是每一名基层干部都和W科长有一样的想法,但是对于整个K街道的基层干部,或者说对于整个S市的基层干部来说,每个个体不同的想法与判断,汇合起来仍然具有非常鲜明的群体特征。尽管职业分工是不同的,但是这种职业"情感"在源头上是相通的,这本身也具有地域性和城市性的影响因素。

　　现在,其实大家都会有一种情绪上的压力,这种压力是要释放的,是要排解的,各个行业都一样,这个是普遍性的。我们做公务员工作,难免也要经常听到各种意见和情绪,在基层工作更是屡见不鲜、见怪不怪了。其实是这样的,平常在朋友聚会、家庭聚会以及一些非正式场合中,你总能听到大家讲来讲去就会讲到哪个哪个工作不好做了,哪个哪个行业也不景气了,经济怎么样、社会怎么样、国际环境怎么样,等等。最后大家都会觉得生活很累，压力很大，然后也会说你们公务员、政府工作还是稳定还是好，等等。我都听到很多了，其实这也是一种认知上的误区。

每一个行业都有自己的特性，你会发现大家很少讲自己行业好的地方，一般都会讲自己行业不好的地方；然后总讲自己行业好的，除了销售就是骗子，这似乎是一种普遍现象了。而且，最后大家都倾向于认为政府部门工作更好，又有多少人知道实际情况呢？即使知道实际情况，你跟他解释，他还是认为你们工作好，轻松又有钱赚，还有权力，很大的权力，这个确实是没有办法说得通的。更有意思的是，很多人说，既然你说公务员辛苦，怎么你不辞职呢？怎么那么多人要考公务员呢？怎么解释？这其实根本就是一个逻辑认识的误区。

职业的好坏不一定通过从事人员的多少来判断吧？而且职业选择里，有主动谋生和被动性谋生的选择，其实相差很大好吧？这个其实是很难解释通的，大多数人也确实不关心这些问题。我们中国人可能与文化也有关系，很多时候大家更喜欢谈自己的困难以及遭遇的辛苦，很少人会讲其中得到的好处和好的地方。就像你会听到大多数生过孩子的人，都会说如果能再选择，肯定是不生了，但她们也不会跟你讲养育孩子过程中那些有趣和开心的时刻。如果一件事情只有不好，没有一点好处，那你认为它会存在吗？这个其实是一个很简单的逻辑。

我选择做公务员，当然首先是要生活了，这个是肯定的，这是一份职业,这也是最基本的一个东西,所有职业首先不就是保障人的生存嘛。其次,这个职业要求的专业性以及规范性,能不能做到,这就是很个人的事情了。有些职业收入高,地位高,是不是适合你还是一个问题呢。所以,能把这个职业做好,也是证明你是否适合这个工作的重要方面啊。

公务员也是一个职业,也有非常细致化规范化的要求,基层工作更是要求你得开动脑筋,不仅要完成职责要求的事情,还要更好地完成服务群众的工作,还有一系列的考评标准。这本身就是一个要求多并且严格的工作,没有这个认识以及工作能力,是做不好这个工作的。很多人觉得公务员就是完成例行化事务工作,有什么技术含量呢?嗯,是,例行化要求与工作是不少。但是除此之外,检验工作的标准还有很多,基层工作群众满不满意就摆在你面前,这不是你一句我做好例行性工作就可以结束的了,这和很多职业到点上下班是很不一样的。

我当然非常理解,很多时候大家都是一种抱怨和情绪发泄,这个也是正常的,我们也有情绪,也有压力大和不满意的时候。但是,更多时候就是要告诉自己,既然选择了这个职业,那么就应该把这个职业做好。首先你是要靠这个工作来谋生的,要生活,既然拿着一份工资,就要对得起这个工资,达到职业基本要求是必须的事情;其次,这个职业你喜欢,并且在从事的过程中不断积累经验,不断熟悉并越做越好,那么你就会有一种喜悦感和成就感,你也擅长并想要把这个工作做得更好。还有,就是这个工作,特别是基层工作,是服务人的工作，是和人经常打交道的工作，你把这个事情做好，让大家满意，让群众高兴，你自己就会有一种很高的成就感。这个感受不是金钱能简单衡量的，是一种真正发自内心的满足。

我是觉得，越是在当今社会，人们生活条件越便利，其实人们越需要和人去沟通，去打交道。也只有服务社会和服务人的工作，能让大家真的感觉到价值感和意义感，当然这个也是一种尺度的把握。很多年轻人为什么那么喜欢去做志愿服务，又没钱喽，其实是一种内心感受的追求。就是说我可以过我自己很个人的生活，我也有我的自主生活方式，可能不结婚也不生孩子。但是人是不会完全脱离社会的。完全脱离社会必然导致内心孤独和失调，时间久了，会出现问题的，这也是我们在具体工作中不断发现的。

像园区里边很多白领，平常工作很忙，教育程度又高，看起来似乎每个人都过得很不错，但其实很多人很想去做一些能帮助他人并服务社会的事情，只是他们在时间和精力的选择上有所侧重而已。所以，我们做工作就是要搭建平台，通过合适的时间和渠道，借助一些公益性活动去让他们参与进来，效果很好的。

我们在做工作的过程中，也是这样去认识自己职业的，这也是基层工作的一个优势，和人打交道多，苦和累是多一点，但是满足感也更强啊。这其实就好像是两个极端，一个极端是，管着很多人、有很大的权力是一种很满足的感受，有人喜欢并追求这个。但是能服务很多人，并且让很多人比较满意,也是一种很满足的感受,我们基层工作的人,可能更多地追求这个吧。基层工作的人也有自己想法的,也有干部追求的是另外的一种满足。其实每个行业或者职业不都是这样嘛,不是所有人都是一个想法的,我们的目标不就是通过一系列方式方法,让从事这个工作的人都向着一个目标努力吗?

在这个过程中,每个人都有自己一种情感上的东西,是对这个职业的一种情感。特别是从事几年或者十几年工作的,你说你就是为了混口饭吃,为了谋生,我是不太相信的,如果是这样,我想很多人也不可能一直"混"这么久啊?当然,什么样的人都存在,但不好好做的毕竟是少数。在过去的十年里,也有很多人到了街道、到了我这里,干了一段时间就不干了,辞职的也有,多数是要求转岗的;也有领导到街道来,十分郁闷,不满意,干了不久也走了的。这些都看得到的,其实也是个人有个人的想法。但是更应该看到的是,我们这里大多数人是留在这里工作的,是一直在努力做事情的。是大家没有能力、没有机会调走吗?其实并不是,很多人都有能力或者有机会调到条线部门去的,不用在基层做这些相对辛苦的工作。为什么没有这样去做,当然是有个人的想法,但是你说没有感情,我是不信的。

书记说其实外地留在这里的年轻人最好不要考公,是书记瞧不上外地年轻人吗?怎么会呢,他自己就曾是外地来的年轻人,现在做到中年人了。是我们不缺人吗?我们这么忙,恨不得再增加一倍的编制呢。还不是知道基层工作辛苦,从心里希望年轻人可以有更好的机会,这其实是心里话,也是他从事基层工作十几年的感受。从事基层工作的人,在情感上是相通的,对这个职业有着不一样的认识和理解,这点和任何职业其实都是一样的道理,没有情感,是做不好的。

W科长对职业的自我认知实际上不仅是对自身工作的一种情感性理解,也回应了当前社会对基层干部的一种主观认知。从群体的社会情感来说,人们在日常生活中的情绪宣泄往往是一种非理性表现,这其中还存在比较有意思的性别差异。在一般理解中,女性在情绪宣泄的非理性方面似乎更强于男性,但实际上这只是在针对的问题上存在的差异,男性在情绪宣泄上的非理性方面并不落后于女性。大多数女性更倾向于在日常生活的具体事件中表达一种情绪,这是一种微观层面的表现;而男性则是在社会性事件以及国际政治性事件中表现出更多的情绪宣泄,在宏观和中观层面上表现得更为明显。在情感表达的目的层面上,其实男女之间的差异并不是很大,只不过是表达的方式不同而已。

一个有意思的现象就是,在中国各个城市的公园或者绿地空间中,总会积聚大量退休的老年人群体,他们大多在清晨、上午以及下午进行锻炼,公园场所也是他们退休后重要的社交空间。我们会发现,大多数的女性老年人群体主要以健身活动为主,聊天谈话的主题也是家长里短的日常琐碎事务;而大多数男性老年人群体除了锻炼以及下棋打牌之外,总会聊到政治话题以及国际话题,对社会中的不同群体也多有评价,也对各种社会现象进行评论,这些评价多数都是偏向于主观负面评价。

如果仔细作一点区分的话，这些男性老年人群体很多还是生活条件不错的离退休人员。从职业上来看，很多人曾经都是社会的中坚力量，具备专业技术，其中还包括不少干部人员。这当中自然也有生活条件比较一般的人，但是能在一个时空中参与共同活动的退休老年人，在整体生活条件上的差异往往并不显著。

实际上从他们所谈论的话题中就可以感受到，很多人并不是真的反对某项国家政策或者某个社会群体，很多时候他们激烈的言辞是针对现今存在的一些不良社会现象以及他们所不能理解的社会现象的，很多谈论都包含了强烈的情绪上的宣泄，是一种对现实情况的直观情感表达。一方面，我们可以从他们谈论的事情中感受到他们中多数人对国家和民族充满了感情。多数人对现有生活条件的改善是基本认同的，他们更加怀念的是自己年轻的时代，那时候社会情况并不是很好，生活条件大不如现在，但是那时候人们的精神状态很好，信念感很强，社会风气在老年人看来，也比现在更"好"。因此，很多老年人，包括女性，他们对一些现实问题和现象的不满，其实是一种情感表达，这个情感包含了对自己曾经从事职业的自豪感、对当时时代的理想感，以及对一种"精神面貌"的追忆。

这也反映出人们对于自我的理解离不开时代的背景，也离不开对工作的情感。这种工作情感在不同时代的人们身上是以不同方式得以展现的。在当今快速变化的时代，人们既存有对过去职业的怀念，又要面对新形势下对现今工作的新要求，还要构造一个对未来发展有利的工作条件；而职业似乎看起来还是原来的同一种职业，那就自然需要人们在对职业和工作的自我认知和理

解中注入更多的情感要素。这些要素在基层干部的日常工作中
就需要通过对职业伦理的情感性外化,构建一个框架机制,其中
包含了对本职工作的基本认识,对职业道德的深层次感受,对身
份的内心诉求唤起,以及对社会认同的行动表达,这实际上构成
了基层干部情感表达的全部内容。

（二）工作价值的自我认同

K 街道的基层干部对工作的理解是一个实践过程,在这个过
程中,从事这项工作所要面对的问题、问题的原因以及自我思索
构成了一个清晰的逻辑思考过程,基层干部对工作的情感表达实
际上体现在工作开展的过程之中。正如人们往往对一件事情充
满感情,并不是仅仅通过言语的表达体现出来,很多时候,面对这
个事情中的实际行动才是真的体现一个人情感深浅的重要方面。

在街道居委会 C 主任眼中,从事多年的居民区工作究竟怎样
开展,面临哪些挑战,对这个问题的思考就是一个情感表达过程。

> 在我们这里,整个队伍的工作状态是积极的,大家积极
性也是比较高的,是想把这个工作做好的,与同区相邻街道
相比,我们这里人员的工作主动性是明显的。其实有时候问
题也是比较复杂的,我感觉整个市的基层工作人员素质其实
都是可以的,不同区不同街道面临的问题不一样,所以大家
工作的态度和精神会有差异。
>
> 你看,有的街道一把手书记频繁更换,其实对基层工作
开展是有不小影响的。虽然工作的模式是固定的,毕竟不同

书记来了，了解情况是需要时间的，而且具体工作思路与上一任领导也有所不同。很多时候，书记或者主任换了，街道工作重心就会有一定的变换，具体到工作内容的调整以及人事安排使用都会有一个调整。不是说这个调整是不对的，但是调整太频繁，对我们的工作开展还是有影响的。我们刚刚跟新书记讲了面临的挑战，然后这个书记半年或者不到一年就调走了，这其实对我们在一线工作的人来说，在心理上也还是有影响的。这就是有的街道居民区工作就比较乱的原因。我们这里就稳定很多。

在市里基层治理创新以后，街镇的职能进行了新的调整，我们都理解这种变化的目的是强化基层力量，提升基层治理能力。但是还是前边说的，新的整合调整、特别是部门的调整合并，许多职能是新领域，是需要时间来磨合的。我们在居民区工作中的一些新要求，也需要我们自身不断总结经验。这个总结经验的过程是不是要多将基层的实际困难反映出来，并且经过一定汇总呢？这个渠道应该有合适的机制。

市里创新基层治理以后，基层的工作重心转移了，服务群众以及保障民生是唯一的工作内容了，但是现实工作中还是存在基层"权力有限而责任无限"的情况。特别是在我们居民区这边，各项工作的最终落脚点就在这里，所以责任也十分重大。我们居委会以及社工是属地化管理，社工招聘规范化以后，确实比以前有了明显的进步。但是优秀人才愿意从事我们这个工作的，还是相对少的，因为在待遇上还是有差异的。年轻人是比以前多了,但是年轻人是不是真的喜欢热爱这个工作,是需要时间来培养感情的。因此,对年轻社工以及基层的年轻干部,应该有一定的特殊对待,要让他们真正能留在基层、扎根基层。这也是为什么从现在整个居民区目前工作情况来看,多数岗位不存在缺编情况,但是活儿却一直做不完。一定程度上也是大家、特别是年轻人工作积极性的下降导致的。这不是短时间内能解决的事情,但是我们是不是可以先思考讨论起来呢?

这也是我经常去想的问题,怎样理解我这份工作的意义。基层工作需要一定的耐心,从我们这个街道目前内部特定的工作要求以及职级晋升体系来看,其实基层已经形成了特定的"生态体系"。这当然是有现实意义的,哪个行业其实也都是这种情况,位置决定了人员的责任,对未来的预期判断也决定了人员的工作态度。如果大家仅仅是把这个工作当作一个纯粹的"职业"来看待的话,不是不可以,但是基层工作一定不是党和国家希望做成的样子,而且如果是这样,那么其实也没有必要提党组织的意义了。

一方面原因自然是职业待遇的问题,从近几年的大环境来说,基层公务员队伍的吸引力在上升,这是一个机会。特别对基层来说,当前加强基层建设的责任和压力逐步增大,这就更需要特定人员从事相关工作,并不仅仅是一个待遇问题,还有一个责任心的问题,但是责任心离不开待遇的保障以及时间的积累,这是我个人的感受,所以,也并不是每个人都适合从事基层治理的工作,因此就要有"能进能出"的机制。针对基层社工队伍的管理确实应该更加系统化与严格化,特别是在社工队伍职业化的情况下,考入与流出的机制应该通畅,考核也应该更加规范化与科学化。

同时,不同年龄段工作人员的时代差异性在显现,这是客观因素。年龄大的有经验的不一定有专业背景,年轻的有专业技术,熟悉新技术新媒体,但是没有经验。其实不是强求每个人什么都会,人们在生活方式、价值观念上的变化与差异是不可避免的,所以对同样的工作要求,不同年龄段的人表现不同,需要适应不同的客观情况。

例如临时性的项目任务下达下来,要在短时间内完成,年纪大的同志已经能适应这个节奏了,年轻的同志就不一定理解,会觉得这不是我该做的;很多外来的年轻人在居民区居住中遇到的问题,很多都具有年轻人的特点,他们不一定对邻居熟悉,但是对于宠物却非常在意,有一点问题都会非常重视,宠物也是家人嘛。这个年纪大的一些同志就觉得不能理解,猫狗这些怎么比得了人重要呢?但是我们年轻的同志就会更好沟通一些,更不用说很多互联网上的问题转化到现实当中,都是有影响的,这个我们的年轻同志都会上手更快一些。这就是不同年龄段的人有各自的工作特长,是需要发挥不同作用的,如果不去很好地协调这个队伍的搭配和沟通,那么很多问题别说解决和化解了,没等群众满意,我们自己的基层队伍就先矛盾重重了。

基层治理的情况确实是比较复杂的。中央八项规定、全面从严治党要求以来,效果是明显的,但是留给基层治理的手段和空间是有限的,特别是群众改变观念和以往的习惯也是需要时间的。以前我们让居民参加一些活动,还是可以有一些物质激励的,尽管也不是什么贵重的东西,但是毕竟群众也付出时间成本了,也帮忙了,表示一点点也是应该的。现在是坚决不允许了。但是群众不知道规定的这种变化,有时候就会有误解,我们要作解释,但是观念的改变是有个时间过程的。

而且,我觉得,从另一个方面来说,基层工作确实不同于别的领域,我们党做群众工作是有传统的,也是有智慧的,引导和调动群众的参与积极性是对的。但是今天,时代变化了,我们的方式方法也应该有与时俱进的调整,基层工作应当更具灵活性与可操作性,仅仅靠基层干部和工作人员的热情是不够的,还是要有一些适应群众群体特点的方式。这个是应该要充分考虑的。

基层的工作就是这样,问题其实一直都在不断地出现,毕竟社会在发展。问题的原因有时候其实也比较清晰,从基层的角度来说,我们可以做到的就是在居民区内部的管理上加强规范化建设,特别是在群众工作的创新基础上,厘清居民区内部各个群体之间的"利益边界",理顺相应的关系。从而让社工形成分工明确、工作有序的局面。那么在条线部门那里是不是也应该更加明晰与基层之间的权责关系呢?作为最基层的居委会主任,我想我没有权力去要求上级部门应该做什么或者不应该做什么,我能做到的就是把自己的本职工作做好的同时,也尽力完成上级部门部署的任务。当然,我也希望上级部门可以更好地了解基层的实际情况,能调动更多资源帮助基层做好群众工作。

对于我们基层工作以及工作队伍,我自己的感受是,除了物质条件的改善之外,还有就是应该多加强文化建设,特别是在现在新的环境下,大家都很关注自我的事情,我们这个服务基层的队伍,其实更应该有一定的凝聚力,这个凝聚力是离不开一定文化氛围的。我们基层干部年纪大一点的,都很有体会,过去虽然工作苦、生活苦,但是大家精神上是富裕的,对待工作有一种干劲儿,有一种钻研的精神,虽然不是人人如此,但是对于社会主流的东西大家都是一致的。

现在呢,每个人的生活条件明显改善了,但是对于工作、自己的生活,总感觉有那么一种无力感。如果说其他行业有其他行业的特点,我们不了解也不好说什么,但是我们基层工作是要服务群众的,要和群众打交道的,如果我们也觉得没有什么意思、没有什么干劲儿,那我们的工作就真的很难做了,因为我们的工作涉及很多人的现实生活,更涉及我们党在群众中的威信和组织性。所以,我们基层干部队伍以及基层工作环境中的文化建设是否有针对性、是否能有效以及持续地坚持做到凝心聚力,这个还是很关键的。这还是需要干部首先起到带头作用,这个更关键。

基层工作涉及群众日常生活的许多方面,不仅需要手段的灵活性与政策的可操作性,更需要有制度与规章的依据,还需要真正能用心用情地去思考问题,能感同身受地理解群众的诉求。这最后一个方面,做起来更加考验人,没有长时间基层工作的经历以及情感投入，是很难做到的。从更长远的发展来看，情感问题——对群众工作的情感，这是提升基层队伍工作效率和工作水平的重要条件。没有人是天然地对某个事情或者某个工作有充沛感情的，这是一个过程，这个过程也涉及一个人对于自己存在意义的一种思考。

在基层工作中，面对的事情多，其实也是一种经历。这种经历看起来是一种工作，我觉得更多地也是一种对人生的理解。我还记得我刚参加基层居民区工作的时候，老书记跟我说的话：做这个工作，要有点精神上的东西，你得信点什么，没有这个信仰，工作是很难坚持下去的。这个信的东西，其实对于我们这个身份来说，再清楚不过了，也是我们能把工作一直做下去的最根本动力，就是群众啊。如果最终目标不是为了群众，没有群众支持，没有群众理解，我们的工作还怎么开展呢？我们的工作又是为了什么呢？其实，我们的努力也是为了我们自己，我们毕竟生活在同一个社区、同一个城市，这也是我对这个工作一直充满感情的原因。

街道居民区工作的干部对工作的情感表达虽然具有个体性，但是也具有一种普遍性，这种普遍性体现在三个层面上。其一，这种情感表达的基础源自共同的基层工作体验，尽管每名基层干部在具体工作中遇到的问题不一样，但是从城市治理、街道管理以及每一个居民区所要完成的工作指标来看，工作架构和性质是一致的；其二，基层干部在工作中所遇到的问题及其产生的矛盾具有普遍性，人民群众日益增长的在各个方面的对现实生活的美好愿望与诉求,使得城市基层干部更加感受到应对这个问题的能力局限性,这个矛盾在城市基层社会具有普遍性;其三,基层干部在对工作的自我认知上具有共同情感,这种情感不仅取决于工作时间的长短,更重要的在于工作过程中对自我身份的认知与理解。这种认知与理解的过程是一种情感的投入,通过自身的行为表达出这种情感,这也是为什么基层工作如此辛苦,仍然有相当多的基层干部坚持在这里,因为这个工作已经成为他们体现自我情感与价值的重要所在。

第五章　城市基层干部日常
工作中的心态培育

　　在新时代发展背景下,城市基层干部对于工作和职业的责任意识在不断增强,这主要受到两方面因素影响,一方面是来自国家制度体系现代化的要求。源自于职业取向的专业化要求不断推动基层干部提升自身的工作能力,对基层治理的规范化与法治化也在不断促进干部群体在工作中更加注重权责问题,他们自身行为也在发生变化,更多地依托法治的方式进行工作。另一方面,党组织对党员干部不断加强组织纪律要求,通过主题教育常态化以及党组织规章纪律的反复强调,在全面从严治党的基本要求下,对党员干部群体的工作行为进行监督巡查,以"事业"的精神追求来塑造党员干部对工作以及身份的认知,更加注重个体和群体在工作方面的作风建设。

　　理解城市基层干部的日常工作以及贯穿于其中的情感表达,必须从干部群体本身经历上来看待与分析,所有增强基层治理与提升基层干部工作能力的举措都需要立足于干部群体的自身叙述上。在此基础上,我们所能做到的是通过来自基层干部方方面面的经验资料,发现问题的基本线索。这个线索不仅是研究基层干部日常工作与心态的一个关键要素,同时也是理解当代中国城市基层发展及其治理效果的重要线索。

城市基层干部的"责任"和"使命"问题不应该是单纯的文字表达,这是通过基层干部在实际工作过程中的经历和情感叙述得以展现并表达的。通过基层干部群体的自我叙述,我们需要理解这种叙事是在什么样的背景下呈现出来的。也即是说,干部群体的主体叙述以及这个叙述的现实背景构成了一个可以理解的框架,这个框架不仅包含了为基层干部所共同理解与遵循的日常工作,也因为其工作细节以及情感性的表达,同时也能被生活在城市中的其他人所理解。这应该是群体之间的沟通纽带,这个纽带不在于哪一个群体天然性地就应该处于一种固定位置,而是在共同目标下,群体之间理解和沟通的联系应该被进一步地扩大。

在中国当代城市社会建设中,根本目标在于"城市让生活更加美好",其背后所体现的价值追求是人们共同性的对美好生活的向往。党员干部群体为人民服务,意味着所有人是平等且相互联系的,城市基层治理最根本的目的是如何最大程度地凝聚人们的同理心和共情力。这应该是我们探讨城市基层干部责任担当与使命履行中的意义。同时,在基层工作中所涉及的具体问题,也需要在充分呈现的基础上经过讨论和分析得到合理的阐释。

因此,我们在探讨城市基层干部的责任和使命时,还是要从干部群体自身的叙述视角来进行分析,在对这些细节表达的梳理中,我们可以发现其中所蕴含的城市基层社会的特殊性。这种特殊性往往不是一个标准答案可以给予解答的,其中涉及的问题也不是简单的对错区分,更多展现的是人和群体的复杂性。特别是在互联网信息时代,这种复杂的特殊性越发地成为隔离开各个群体的主要因素,这其实很大程度上是技术发展带来的负面效应造成的。人们积极能动地去应对这种"区隔感"的尝试和努力,往往被理解成为一种情绪化的个体行为,似乎是一种不成熟和不健康的表现,不能呈现在正常社会秩序中。

其实,在城市基层干部的工作叙述中,人的主动性,或者说群体的主动性——一种可以克服现代性发展不利因素的主动性——对工作的执着和事业的使命感展现的是一种力量,一种隐含在叙述过程中的人的力量。这个力量展现的表层是理解如何在新时代和新发展形势下,推动基层干部群体在工作中充分履行责任的重要条件,也是理解党员干部是如何从"事业"角度来看待所从事工作的。更深层次的内涵是,在时代发展过程中,在诸多要素影响的时空背景下,基层干部所表达的情感如何体现出现代社会人们借助工作能实现的一种主体性,这个主体性也是支撑当前中国社会的重要支柱,是中国人精神品质的一种反映。

第一节　工作类型的精准化区分

对城市基层干部来说,日常工作最大的挑战还在于工作内容的多样化与复杂化,很多工作在制度政策层面上是清晰的,但是在基层实际环境中,就会出现意想不到的新情况。这是因为基层社会是一个涉及各个群体复杂利益关系的地方,基层干部在其中必须要更加慎重和仔细地斟酌各方面情况,协调处理来自方方面面的诉求和任务。在这种情况下,如果不能对工作类型进行精准化区分,所有事情都放在基层干部身上是没有办法得到一个好的解决的;同时,基层工作的压力也会让基层干部的精力在各种事务中消耗殆尽。

K街道Z书记对基层工作在内容与类型划分方面的情况是这样叙述的:

> 在街道工作这些年,个人最大的感受就是,街镇工作压力很大,要求也很高,这是常态。现在在新的要求下,市对街道方面的要求又提升了一步,工作上的压力更大了。我们在街道基层的工作人员,人数还是比较偏少的。工作的新内容其实是增加了不少,但是现在的情况就是普遍人数不足,我们街道编制现有人员,目前缺编还是蛮严重的。这就带来几个工作上的影响,第一个就是人员没有到位,人不够,那么就意味着精力不够,很多事情应付不过来,缺人手啊。另外一个就是基层工作大环境,我们基层工作的同志还是很有干劲的,但是条线上的、区里的人不大愿意到街道来,市里基层治理创新之后,按道理来说,各个区里面也配置了相关的人员编制,应该很多人要下沉到街道,但是经过一轮两轮几轮(选拔)之后,还是较少人愿意来街道。包括基层很专业的部门,像网格化中心啊、应急管理啊等等。我们也向区里反映过这些问题,区里面专业条线也会布置下来一部分人,但是待的时间都不长。总体感觉区里面的人是不太愿意下来的。
>
> 这其实就是工作类型划分不明确带来的流动机制问题。

这样的后果就是我们基层干部和同志大家都很努力地工作，但是一直是在一线承担大量的工作，各种任务和考核也让大家一直在忙。我自己还是了解情况的，区里边事情也不少，但是基层的干部和同志可能不一定了解得那么多，他们就会觉得吧，一直都是区里和市里下达各种任务，考核也是上边的，而干活的却是我们，这个会影响到基层工作的积极性，大家心理上也会有不太舒服的感觉。

这个问题不在于基层的同志和区里的同志谁干得多干得少的问题，还是一个制度层面上的问题，是工作类型区分的问题。也就是说，这个基层和条线的工作是要有一个比较清晰的划分归属的，至少在工作权限以及内容上有一个"对等"的展现。同时，应该有一个比较畅通的流动机制。在这个类型划分的基础上，再将各自的工作内容以及待遇保障问题展现出来，讲清楚，这样大家都会有一个认识。

Z书记讲的这个情况，在基层干部中间还是有一定普遍性的，很多干部虽然没有直接表达出来，但是想法还是差不多的。A区有一位退休的科长也跟我们讲过这个事情，他说，在基层工作其实也是大家自己的选择，虽然这是你自己可以有的一个选择，很多苦和累的活我们也愿意去做，并且尽力做好，但是制度层面上应该要给予保障。比如对于基层的同志和干部，是不是可以更加凸显一些"特殊性"，这个特殊也不是完全的特殊，是根据基层工作现实情况所作出的适应性调整。要么工资比区里高，补贴上多一点，要么晋升空间比区里大，总要有一个可以选择的。应该能感受到的是,这个科长说的也是真心话,也对基层工作有感情,否则退休了就不会再关心工作的事情了。

基层工作确实辛苦,这个党和国家都是了解的,所以过去也一直重视对基层的资源倾斜以及对基层干部的重视。这种情况在不同历史发展时期有不同的做法,以往也有先例,也符合党的传统。现在城市基层治理中的突出问题是,工作类型划分不明确,导致基层干部的实际工作往往与具体文件要求匹配度不够,这也正是基层工作复杂特殊性的体现。Z书记接着说道:

> 我举个例子,从收入来说,区里面跟街道基本上没有太大区别,有一个口径上是说,街道要比区里一年多一部分补贴的钱,这也是一个名义上的说法。因为工作压力也好,面对基层群众也好,考核也好,各方面都是不一样的,这些都需要有精准的区分。
>
> 市区层面对街道是有补贴的,但是关于这个差额补贴,市里到区里的口径也是不太一样的,究竟发在什么地方,有一定模糊性。以前是因为街道要24小时值班,我们就是按照值班标准来操作,有这样一个值班费。现在已经没有值班费这个说法了,虽然我们值班还是要值班的。然后我们需要区里面给个标准性说法,区里面的口径是这个补贴就是给你们平常值班的(补贴)了。当时的说法是基层比区里面辛苦,现在又换了口径。这个补贴费以年终考核来发放,这块是全区定了的,其实也没有多少钱,就是一年才几千块钱。但是,这个对基层同志们的激励性还是有的。

我这边街道是做值班费发的,有的街道人家不是的,那么这个钱因为后边口径又变化了,我还得让大家先退出来,再重新去做。同志们是可以理解的,但是这个事情不仅仅是增加了实际工作内容,其实我觉得对基层干部和工作人员心理上还是有影响的,毕竟处理得不太顺畅嘛。

Z书记认为,很多基层干部都觉得,在街道待的时间长一些也没有太大关系,也不是说大家都要到区里面去,毕竟工作性质也不一样。但是在制度和政策上应该对长期在基层工作的干部有一定的区别对待。特别是在现在新的发展形势下,基层街道的重视程度提高了,紧跟着工作量也增加了,街道要招人要发展,希望更多优秀的人进来,特别是年轻人,那就更要有一定的政策和待遇保障。同时基层更应该有合适的流动渠道,是在对基层工作类型精准划分的基础上设计流动晋升渠道。

当然,基层工作的复杂性和特殊性也是在这里,很多情况确实没有办法有一个非常清晰的类型划分,告诉基层干部哪些可以做,哪些不可以做。而且从区里到街道现在行政指令的执行条线还是比较长的,考核权、布置任务也是在上级单位那里,所以现在街道就是条线任务要完成,基层工作也要做,压力和责任集于一身。

全面从严治党和中央八项规定之后,基层工作中的很多事情规范了,但是一些涉及群众工作的处理,上级的要求也比较模糊。基本态度就是,基层街道看着情况办,要符合中央八项规定精神,符合干部和工作人员的津贴发放要求,但是不能违规。这样看起来是给街道权限了,但是效果是不一样的。因为基层的情况复杂,有些事情要求基层来办,但是考核也是对基层考核,一个看起来其实简单的事情,一到基层就有点做不下去了。

所以,就是要明确工作类型与工作内容的划分,必须要有一个这样的清单,只有这样,在内容基础上的权责关系才能有清晰的区分。也就是说,基层干部们需要的是,工作让我们做可以,但是让我们做政策要讲清楚,不能是干部们可以做并且做了,但事后发现这个不符合制度,或者说基层干部工作不到位,但是制度上没有详细说明哪些能做哪些又不能做,这样工作就不好做了。

　　例如,按照中央八项规定要求,服务居民工作我们(街道工作人员)是一分钱不可以拿的。但是我们街道和居民区居委会要买月饼去敬老院看望孤老,这个不行,上级财务就说不能买的,违反中央八项规定。这个现在就有新的问题了,按照现在的标准,我们知道买月饼是不能买的,但是政策的执行是应该有个时效性的,以前刚开始,上级单位也是不太清楚这个政策在基层的尺度问题,因此有模糊性。所以2016年之前都是让我们自己来把握,总费用控制一下就好。

　　然后现在2017年以后明确不行了,说2016年以前是违规,那么用现在的规定来套以前的工作,这个是不合理的。再比如,现在大家知道端午节不能买粽子,但是居民区要搞活动啊,那居民区说我们有邻里活动,自己包粽子可以不?买点粽叶、买点材料自己包粽子,行不?这个我们负责的干部也拿不准,先向其他部门咨询。问财务、问审计,他们就说,感觉上应该可以,应该是不违反规定的。但是大家都要强调一下,这不是文件口径,因为没有明确的文件具体来说这个事情啊。然后分管的科长来问我,我同意了。

其实按照流程标准来说,我说了也不算数的。但是我不能再去向上请示或者一直这样拖着了,毕竟,这个活动也是为老百姓做的。在目前的情况下,谁能给一个明确的答复呢?要么就不做了?也不行啊。

从工作上来说,我们绝大多数同志都十分小心谨慎,对制度规章是这样;对服务群众,我们觉得是不是可以更放开一点,豁达一点?这个是居民区搞活动,是为老百姓的,钱也不是进我们干部和同志自己的口袋,有那么点小小的"违规",应该也是可以理解的。而且后来是我来掏钱的,其实也用不了多少钱。

但是,这样的事情在基层很多,我们总不能所有事情都是由干部们自己掏腰包来买单吧,这个也不合理。如果这样还会被批评为违规的话,那么大家心里就会有点憋屈,以后也不知道该怎么处理类似的事情了。同志们像平常加加班也好,这个也是无所谓的,但是碰到类似的涉及如何处置财务的问题时,往往就不知道该怎么做了。

很多这些情况就是因为工作类型划分的模糊,我们跟居民区的居民也只能解释,群众们是按照以往的方式来做这个事情的,我只能把我问到的情况跟他们说,你们先办着。毕竟都办了十几年了,对老百姓来说,也是一个传统了,有感情的。但是万一真的查出来,有什么问题还是要街道来承担。

在居民区很多都是很具体的事,有些居民也会说中央八项规定是针对你们公务员自身的,不是针对我们居民的,不能损坏我们居民的利益。这个我也是询问过上级财务的。财务说,老百姓的这个想法是有偏差的,这个财政是由政府出的,无论是花在公务员身上,还是花在居民身上,都是一样的。

即使问到区里,也不好解决,一方面这个事情太小了;另一方面,不同的区委书记也有这个问题,像老一点的书记这样做了,新的书记来了,说这个规定不能做,那我们街道就只能搞点其他性质的活动。但是人家居民又不干了,会觉得你现在这个街道书记一点能力没有,一点魄力没有。以前的老书记都搞的,你这个把我们原来很多的福利都搞没了,然后老百姓也要来反映诉求的,有时候我也是没办法的。

Z书记所叙述的情况在城市基层工作中具有一定的代表性,很多时候,工作类型的划分不仅仅是区级层面的事情,更是一个全市层面的考量。对于基层干部来说,需要的是一个比较清晰明确的"说法",这个"说法"可以是一个比较具体的文件,也可以是一个比较统一的清单。这个清单可以由基层汇总起来,把各项议题和事项进行梳理分析,尽量给予一个明确的依据,并赋予基层一定权限。这样,对于条线部门也好,对于基层干部也好,具体工作的开展就会更有效率,也更有方向,基层干部们也可以更加踏实地做好为人民服务的群众工作。

基层干部们其实很害怕上级部门"看着办"的说法,这个说法看起来是给基层工作以"自由操作"空间,实际上是导致基层干部不敢做的最主要因素。说法的模糊性,导致工作不好拿捏尺度;同时考核监管要求又摆在那里,而且还存在以现在的标准考核过去的做法,这就导致基层干部出现想做事而又不敢做事的情况,这其实也是工作类型划分不明晰的表现,这会极大地影响基层干部工作的积极性。基层工作不仅仅要依托动员的效果,更要有一个对工作类型与内容的精细化区分,要形成长效机制,要有规章可循,这样才能形成基层干部想做事、制度有保障、政策有支持、方法有程序的基本模式,让更多的基层干部可以全身心地投入日常工作中去。

第二节　工作过程的有效性管理

城市基层工作除了要在工作类型上进行科学化和精细化区分,要明确条线工作的各自属性和范围,还要充分考量在实际工作中对基层干部以及工作人员工作过程的有效性管理。这个有效性管理不仅仅是一个效率问题,更多的是一个人员安置问题。也就是说,应该在基层工作环境中,尽量让适合的人做适合的事情,并且有畅通的流动渠道和机制。对于 S 市的城市基层治理工作来说,基层工作的过程性把控是一个不断积累经验的过程,正是因为基层工作的复杂特殊性,很多基层工作机制和政策的形成是在不断总结以往经验基础上形成的。这其中也要处理并协调好基层干部工作能力和工作积极性匹配的问题。

K 街道的 W 科长对基层街道在工作过程的管理上有着切身体会,作为一个在基层工作时间比较久的干部,W 科长将基层工作过程中曾经出现的问题、应对的方法以及现在新的挑战都进行了思考。

　　我现在工作的这个部门叫党建办,对街道来说,这个职能还是蛮大的,从我们区实际情况来说,党建办与党群办是分开的。这个如果不在基层工作的人可能不了解,以为党建和党群是一样的,因为从市和区的层面来说,这个党群是没有分的,是归口在一起的,传统也是在一起的。

　　最近几年因为加强基层治理,从工作效能角度出发,让基层的工作更加规范化和科学化,这两个科室就分开了。从实际上来说,两个科室分开自然是好的,因为在各自职能上有了区分,每个部门的工作量变少了。但是我们要知道的是,这两个部门边界还是有的。从基层实际工作开展来说,在实践过程中,市里想的是党建办就是一个大的党建概念,虽然是把党群分开了,但是思路上是(两个部门功能)在一起的,分开也有它的好处,好处就是在工作中各自的职能边界更加清晰了。

　　市里现在的统一要求是党建引领基层治理,意图就是加强党在基层的工作力量,去应对这几年出现的新情况,最终的目的还是原来的基本要求,也就是党带着群众去做,党带动组织,党员干部发挥作用。

　　从实际工作过程来说,我现在带着党建科室,就不会再去想着以前党群方面的工作。那么,党群科室在做的时候,它可能也是这样,不知道我这边党建要求的东西,这就涉及一个工作衔接的问题。现在,我就觉得从工作衔接来看,市里的这种安排、也就是职能的分开也不是没有道理。这种分开调整其实整合了所有党建服务中心、党群服务中心等一些平台，那么大家做起来是可以统盘的，力量就更加集中了，效率也更高。有什么事情可以党做、群做，分开效率高，也可以一起做一项事情，我觉得这在力量整合上可能是要比以前好一点。

但是呢，也不是没有问题，问题就还是一个具体的协调问题，因为党建和党群分开以后，还是有工作上的区分，我觉得我这边这么做，他们那边那么做，还是有一定边界的。市里边现在讲"大党建"，这个概念提出来还是有利于基层工作开展的，因此并不是说有了党群办不好，但是毕竟是两个科室之间，为了避免工作上的重复以及一些误会，有些事情我们还是要去沟通的。这个过程和权力不是我能决定的，我也不可能所有事情都去问党群科室，你现在干吗，领导要求干吗，上级要求干吗，人家也不可能总是来问我这边党建有什么要求，上边有什么指示，他们只做自己这一块，这当中还是有一定的边界问题，毕竟大家都是平级。

这就是需要在我们科室之上有一个分管领导来协调这个沟通问题，这个应该是书记来负责，但是书记不会专职负责这个事情，应该有一个专职的副书记来做更好一点。因为如果是大党建的话，那就是从整合资源这方面，上面有这个领导，大家都是扁平化的，所有的工作大家都是渗透的，大家都是相互之间联系的。这样最好。

我们将这个问题反映出来，街道不能决定这个事情，再反映到区里、市里,后边市里就专门统筹协调这个问题了,后来就是按照我们提出的意见进行了职责上的调整,有了专职负责党建的副书记。现在,就是从职责上来说,"大党建"就更能体现基层党建引领和创新的思路和概念了。现在基层说党建,我们就会更清楚了,党建和党群是一个性质,只是职责功能不一样,一些事情还是要共同来做。有了协调机制,以及明确的过程化管理,我们的工作效率就提高了很多。

基层工作条理性是十分重要的,这体现在工作过程中的一个功能定位问题。比如说以前,我们党建党群在一起,党政也还要负责,所以社区党建另外还有一个是人事的职能,但是人事这块还是比较独立的,可能当时不同的街道领导有些想法是不一样的。有些领导把我们这块职能给分了,就是这一块社区党建你负责,人事这一块我负责。

但是让我来说,这其实就是一个工作过程的有效性问题,我跟以前领导说一个社区党建人事方面的问题,领导说人事不归我这边管,但是从原来的职能上说,我做党建要组织人事科,如果我只做事,不管人了,这个工作还是不太好去做的,怎么去做,我也很犯难。如果我去问领导,领导会不会认为我管多了,认为我不能管的我来问了,我也不好去问吧,这样就让大家在工作中很难把握分寸。

所以以前,我们这个工作难度更大,在我们科室体现得最为明显,这实际上就是工作过程中的一个有效性管理以及衔接的问题。工作中哪些是可以管理的,哪些是可以咨询的,哪些是不可以管理,在我们这个科长位置上,很多事情都要自己先想想，因为职能比较模糊嘛。比如说居委会人事调动，以前我都是后面才知道的，你说我能提什么意见呢？现在职能理顺了，工作就好很多了。

再从基层实际工作来看，在我这边，我现在要管理这个街道党建队伍，比较难管理，但是相对以前，还是更加清楚了，毕竟管理的权限明确了。以前来说的话，我自己都理不清楚，为什么我也理不清楚？因为以前我理的不代表领导的意图，有时候领导的思路可能跟我不一样。现在分工明确了，工作也就相对更加高效了。

但是也不是没有问题，越到基层情况就越复杂，比如说，党群服务中心的职能也分开一部分在党群那边，包括党群事务所，这个工作量也比较大。因为领导可能认为党群主要是精神文明等宣传，量比较大，党建工作当然也重要，我们这个也重要，放在一起就怕我们管不过来，就分开了。精神文明宣传这块就放在党群，我们还是管原来党建这块。从实际来看，宣传口径都是一个党建的口径，党群工作其实是搭边了一个"党建"，主要还是"群"的一个工作，像工青妇、统战都放在里面。党建服务中心里面包括党群事务所，党群事务所就是党建引领下带群建，但是我们街道操作，党群事务所涵盖社工，是由党群办管，党建服务中心就是由我们党建办来管。

还有人员分配问题，人是分到我这里了，但是人却不由我管，所以我也不太知道他们做什么，我也不能安排他们干吗。这些工作人员他们既可以干党的事，也可以干群的活。但是实际上我们分了两个科室，那他们就只能干党群的活，不是我们党建办的活。对上来说,我们就是把党群事务所实体化运作了,里面是有人的,不像其他地方,里面是空的,只是放了一些人的名单在里面,如果我要聘人,我要走党群事务所这个平台,不是实体化运作。

我们让社工在里面,做群团工作,这个编制是放在我们党建服务中心里面的,实际上干的活,是跟党群办有上下级关系,这个对我的工作开展来说也是一个不顺的地方。对外来说,这个人我是没有的,但是这个人就应该做比如说两新、工青妇、统战工作,全放在里面做。至于说人员配置,或者说社工配置,这是按照地区的小企业数给你划分的社工,实际上这个人员的划分以及归属也是我们管不到的,干的工作是有交错的,这个是基层工作的一个复杂表现吧。

W 科长的叙述呈现了城市基层工作在实际开展过程中有效管理的推进过程,这个过程涉及几个方面因素的相互作用,其一是从上级到基层的一个条线理顺的问题,在 S 市推进城市基层治理创新的过程中,厘清"条块"之间的关系是重中之重;其二在基层工作中,职能部门的划属问题,这个问题涉及基层工作的新变化与新形势;其三在基层工作中干部和工作人员的激励效果问题。这几个方面的因素在基层工作实践中对过程管理有着重要的影响效果。社发办的 J 科长也进一步谈到在新的制度框架下基层人员工作的实际情况,其中在人员考核以及激励问题方面,面临的挑战是最大的。

我们这个科室有公务员四个，一个主任（正科级）、一个副主任（副科级），两个科员。我是搞街道社区文化宣传工作这块的，带着一个科员，还有一个科员就是跟着主任做文化这块，两个两个这样分的，就是这样的一个体量。这也是基层工作的一个现实，就是很多事情我们虽然分工了，但是做起来还是要放在一起的。

所以吧，如果从绩效考核的角度来说，我们科室考核的是个人，但是做党建宣传这块的就是两个人，其他两个人是做文化这块的，这个就不好用简单的工作量来定量考核了。因为我们科室这个工作，好多量上的事情并不能通过定量的方式体现出来，比如像创新这个事情，就不能依靠量化的方式体现出来，当然有些是可以的。有些工作组织人员是可以的，像党建服务中心的考核，就看工作中一年办多少个人，进社保、属地进出啊这些都是可以量化考核的。像我们党务这个工作，我们说不了，量上体现不出来，要拿什么来说呢？

过去是看奖牌数，你拿到市级奖牌了，你能上一个档次，这个肯定是要有一个依据。这个依据我们也说了，我们是两年评一次，有些是三年评一次，这个要怎么讲啊？五年评一次，我前几年工作没有做，然后三年评一次，评上市先进，然后考核上，就优秀了。这个依据是不是符合实际情况呢？是不是有些不够客观呢？这个工作其实还是需要集思广益的，需要多听听基层同志的意见，做起来确实不好做，但是是可以优化方式的。

现在就大家的工作积极性来说，还是有的，但是工作压力确实也大，在情绪上有时候大家也会有点感觉委屈，这个其实也正常。我们这个街道呢，其实还是很有传统的，这个传统就是基层干部和基层同志事业心还是很强的，我们争先、获得荣誉感的概念是一直有的。像现在加班不加工资什么的，没有调休，大家都习惯了，基层的福利待遇也在不断规范化，其实并不是多好，大家在工作的同时，也会有疲倦的时候，也有人觉得就是干完活就好。

我只是觉得，现在很多年轻的新来的工作人员，想法就是按时上下班，就普遍积极性来说，现在比原来相对弱一点。从工作上来说，其实相对来说，这两年工资幅度加得还是蛮多的，但是实际效用来看，大家的个体情况也还是有差异的。现在年轻一点的同志在居民区做书记生活压力还是有的。前两天，我还在跟我们街道书记说，有一个1986年出生的男孩子，还没有结婚，做居委会工作，每个月就拿几千块，他现在就一个人。要买房买不起，他承担的压力还是蛮大的，买房子要付贷，也不是所有人都能靠爹靠妈，他就靠不到。

我也在想，现在事业编制的，就是一线工作的，是不是有什么考核可以让他们的工资上升一下？年轻人总归是要买房什么的，但是现在就是连基本线都是很困难的，他的工资与工作付出是不对称的。

现在我们居民区工作的事业编制跟房管啊、市容的事业编制还是有差异的，大家都是事业编，都是区里的事业编，但是感觉居民区的事业编就要低人一等。房办和市容都下沉了，所有的工资体系都是在我们这里做的，我是知道的，差异还是蛮大的。当然这也是因为它们是"拉条"管理，事业编制参照公务员，可能高一点。那我们这里是没有参照的，那就低一点，所以事业与事业还是有差异的。这个其实对于基层工作的同志，特别是社区工作的同志来说，还是有点不公平的，实际上，居民区的工作量还是挺大的。

再说说社工这一类，工资提高了，工作积极性却降低了，工作质量提高得有点慢。现在招聘进来的社工，不像我们原来招的那些人，原来拿的是很低的工资，但是真的是有想法，是真的想来做点事的。现在来说，就等于说是机关的第三支队伍，就觉得自己工作是稳定的，然后对待工作就没有那么用心了。

我们街道现在就是考核他们，但是不能给差，因为这个有市里和区里要求的，要保证社工数量，所以一般不可能给不称职。这里边有些人还认为自己就拿这点钱，更多的活也不愿意干。其实，他们可能不知道，他们这个待遇在基层已经是高的了。这是一个普遍情况，我们的社工工作还是认真的，但是没有以前那么高效了，以前可能做些事情我们事业做不过社工，现在不是这样了。我们现在说的是社区工作者，不像社会工作者，专业性那么强。本来社工是要来干活的，但也有不干活的，我们也是没有办法开除的。这个要改进的。

当然，也不是说他们不干活，他们也是干的啊，8小时上班制也是在的啊，但是让他们搞点创新他们就不肯了。现在有些人的心态，我感觉就是觉得工作稳定了，不用担心没有

工作了，其实这个是不对的。现在很多人都想考社工，想进
来，但是水平确实要有进一步提升，这就是一个管理的问题，
得是有进有出的。基层是缺人的，但是对社工的考核还是相
对比较低的；现在也不一定是属地的社工，看本人报考。如
果能进一步把社工能力提升上去，我们整个基层的工作状态
也会有更好地提升。

J科长所讲到的这种情况在当前 S 市的基层中是一个较为普
遍的情况，各个街镇按照标准招聘了很多社工，也确实需要很多
社工来参与基层治理工作。但是社工群体本身也存在一个发展
瓶颈的问题，这个问题让基层干部们比较头疼，就是由于专业能
力的欠缺、特别是对工作态度的新变化，很多社工也在每天上班，
但是让他们做一点创新性的或者主动性的工作，他们就能力不够
或者意愿不强了。整个基层队伍的体系是建立起来了，但是还不
够有效，这其实也是一个过程管理的问题。社工群体如果没有一
个流动机制的话，就会缺少进取心，甚至不如原来的居委会干部。
过去比较普遍的是，很多党员退休下来的居委会工作者，是真的
把居委会工作当成一份事业来做的，而且也没有工资报酬。很多
人非常积极地参与社区工作，不计时间成本，把这个事情不仅仅
当作一个工作，也当成一种"家事"，这种心态和精神是现在基层
所欠缺的，这当然也有时代发展以及城市化进程等客观因素的
影响。

K街道原本负责人事工作的党建服务中心 L科长认为，基层
人员的管理所能做到的就是在现有条件下，尽一切力量使基层人

员的工作首先责任到位,其次任务做好,再就是想办法提升精神状态。

　　我们这些基层招聘进来的人,第一个要做到人员归位,这是一个责任问题。就是你是哪里招聘来的,你就是干吗的,在归位的基础上,再发掘一些好的有潜质的人,再通过政策让他们能脱颖而出,作出引领和表率。现在很多社工应该落在居民区,但是有一些还没有,那我们也提出来工作要高效,配置的人可以少,但是要精。我说的问题是这些编制为什么给你招?上级要求在每一个居民区都给一个核定的人员数,比如说选出来的坐班干部和居委会干部,义务干部,按照这个比例就选多少人,再按照这个居民区实际居民人数进行分配。先归位,也便于管理,有的在居民区,有的在上面做项目,也有的在科室做事情。其实因为分工不同,培训也是不一样的,如果是居民区的,那我统一按照居民区来培训,那这样这些人就会有一个提高。居民区普遍反映人少,做不过来,我们现在招上来的人就是用的这个额度,就应该归位。

　　我们党建服务中心也是可以招社工的,在这些都安排完之后,我们中心也需要这些人,就是适合这个岗位就让他做,这样要比以前招进来的人都是统分的要好很多,针对性更强嘛。大家都在居民区,就能考核了。我们科室要的社工我就培训,网格中心要的社工就是由网格中心培训。希望通过这次换届选举把这些社工进一步归位,责任和工作内容也有清晰的划分。以前工作才累啊,就是领导让党建办招人,招进来不一定是给党建办的，拿着你的额度去招人，但不一定给你，哪里缺人就给哪里。那么招进来的这些人自己也不知道要干吗。

所以以前是先要满足第一层需求，就是目前基层工作最缺人手的先安排，再来按照功能满足我们几个职能中心的，这样慢慢地就会出现人员工作内容混杂不清的问题。这样的话，工作过程不好管控，考核也比较困难，因为要专业化去考，这是不可能的，人员也是一直在动的。今天在居委会，明天哪个领导让他去党建中心了，他也必须要去干，但是这个人不一定是党建中心要的，可能也不是他愿意做的。而且我要的人是看能不能干活，能不能干好，这是带队伍的一个比较复杂的事情。

其实就是在工作的过程中，要对准痛点来发力，比如招社区工作者，那就全到居民区工作，而且要愿意跟老妈妈们打交道，愿意为居民服务的，这个在招聘一开始就是要讲明的。也可以选在其他网格中心做过的人，这样他也有经验，就像我管党建中心这块，我肯定要招党员的，是要走楼宇的，可以进行培训，但是不能差距太大，否则带起来也累。科室还是要有一个人总抓，然后大家各司其职，这样比较好，大家互通有无。人不是我安排的，但是活让我干，因人设岗情况还是比较多吧。比如说对这个科室来说，还是要有一个总体了解，再分各科室。

从我个人来说，管得越少越好。从工作上来说，新的人我只能教我这一块，其他的我教不了，因为我也不了解。我们层级已经在理顺了,但是毕竟不是短时间能完成的事情,有些问题还是不太清楚。例如大家干活可以干,没问题,但是要怎么干好,以及效果怎么评估,这个有时候上级也是模糊的。现在基层治理创新进入新阶段,很多问题也才刚刚开始冒出来,只能是慢慢来,这要有一个磨合的过程。

从L科长的叙述中可以看到,当前城市基层工作的过程化管理不仅是基层治理创新的重要方面,也是基层矛盾的问题所在。这个问题不是一个简单的文件或者政策就能一劳永逸地解决的,这其中不仅需要科学规范的制度设计,还需要大量具有丰富基层工作经验、有基层工作热情的干部起到枢纽型的引导作用,这也是基层干部群体在当前基层治理中能发挥关键作用的重要方面。

第三节　工作职责的主体性发挥

K街道的日常工作可以作为S市基层环境以及治理创新的一个缩影,基层干部的工作不仅仅取决于制度和政策的框架设计,还需要发挥人的因素,这个"人"的因素离不开干部们在工作中对主体责任的理解。尽管工作分工不同,但是不同科室的科室长以及工作人员,在看待基层工作的主体责任方面有着比较一致的共识性,K街道党政办X科长是这样叙述的:

> 我是在(街道)办公室工作的,一开始是党建办,后面两个办公室分开了,职能也就分离了。我这个办公室人员身份还是比较多样的,有公务员、有事业编、有社工、有聘用的。

我感觉这四类人员，他们的晋升空间，以及他们的待遇都是不一样的，涉及对工作的积极性上面，也是不一样的。比如公务员，我们这边公务员年龄相对比较小，都是 80 后，算是中年吧，没有（年龄）特别大的老同志。

我这边有两名同志，之前都是在区里工作的，能力也很强，她们原本在他们的部门里（晋升机会）还是比较靠前的，培养上都是优先考虑的。之所以下来，是因为区里行政规划合并调整之后，原来的岗位没有了，因此只能说是向基层倾斜了，就到街道来了。按照我们中国人来讲，工作中还是讲一个论资排辈的，这个东西你不能一下子就说不好，年轻人肯定觉得这样不对，但是这个做法既然能在各个行业都一定程度地存在，说明它是有一定社会土壤的。我们不好去评价到底好不好，但是从一个基本方面来说，在工作时间的付出上，年资久的人也是做出贡献的。

现在的情况是，到我们这里的两位同志，其中有一个人连实职岗位都没有，从排名来说，她肯定是排在我们街道一些已经具备一定工作年限的人的后面的；但是从她个人年龄上来说，其实也不算年轻了，也是不小了，都四十几岁了，也都是女同志。从某种程度上来说，她们的上升空间就变得很狭窄，这个对她们的积极性有一定的打击，本身人家素质还是挺高的，职责范围内的工作还是能够承担的。而且即便是目前这个样子，人家也还是尽职尽责的。

就目前社会对公务员群体层面上的认识来说，也还是一个变化的过程，这个可能跟具体的人的观念也有关。比如说我是 2003 年入职的，那时候工资比较高，公务员招聘还能够找到复旦、交大的研究生，中间有一段就不一样了，可以说是光环渐退，公务员事业编都招不到人。然后现在相对来说，又是一个轮回吧，每年报考的人越来越多。从整体来说，人的质量是上升的。有些来的人很多是国外大学毕业的，剑桥的、牛津的硕士也有不少。最近几年进来的这批人综合素质高，学历也是能够说明一些问题的，这说明了公务员的吸引力又上来了。

但是对于年龄在中间的人，比如我刚才说的两位女同志，就有点尴尬了，因为正好处在"上下不接"的境地。论资历不能和前边的比，论专业和年龄也不能和后边的比，毕竟现在也要干部队伍年轻化嘛。另外，人的观念也跟着时代变了，80 后与 90 后的观念不一样，90 后和 95 后观念也不一样，00 后就更不用说了。但是有一个共同特征，那就是我感觉现在年轻人的主流就是不加班，希望更自由一点的工作时间。我也不能说谁对谁错。

我们这代人（70 后）就是认为加班是理所当然的，他们（90 后和 00 后）的思想就是比较自由一些，比较维护自己的权利。我认为我的业余生活也是一定"组织化"的，就是有固定的群体性活动或者固定的内容，但是现在的年轻人不一定，他们可能就喜欢休息时间在家里一个人玩。我跟我爱人也讨论过，他不是政府的，在企业，他也有这种感觉，这就是现在整体年轻人都有这个想法，而不是只有公务员队伍才有这个想法。我们现在的领导是 60 后，面对的是 90 后，但是我们下面一线的、刚进来的"兵"是 95 后或者 00 后的,这种情况下,领导们的观念也很需要转变一下,顺应时代的发展,要考虑到手下人的想法。其实我们在安排工作的时候,8 小时的量就只能安排 8 小时的量,不能无限制的。这个还是要符合客观规律,不能只是喊喊口号。

然后再说说事业编制干部,这个在组织体系上、特别是基层的干部组织体系上就更奇特了。现在我们基层的事业编制干部几乎是没有晋升通道的,这个还不像公务员。事业编制他进来了,他有一个很好的托底,但是没有给他们设立一个很好的上升通道,实际上你不能把他们开除掉,但是他干好了,工作干得优秀,你也不能给他钱。这样就会非常明显地出现一个矛盾,就是实际上他干好干坏,对他而言是没有差别的。绝大多数事业干部还是工作积极的,至少在我们这里是这样。但是人也是有主观判断的,我们也不能就只靠嘴上鼓励,让人家总是做出最好的状态,表现出最好的工作情况,毕竟人也是会比较的。

这种情况下,如果根源问题不能解决,再怎么进行精神鼓励,提出很好的要求,这都是不可能的。如果仅仅是一两个人对这个问题有想法,那可能是他个人能力的问题,但是其实大多数事业编制的干部都或多或少地表达过焦虑情绪,那这个就是整体性的问题了。我一直觉得,好的制度是把坏人变成好人,坏的制度把好人变成坏人,但是在现实中还是有一个更加广泛的中间地带,也就是大多数人都是"不好不坏"的,这个是人性的复杂表现,这就更需要有合适的制度去约束并且激励他。

　　对于社工,现在好像是成为第三种编制了,考上了签个合同,签了合同之后,也会像事业编制人员一样面临同样的问题。这个退出机制跟不上,那就只能通过制度上的充分激励来实现。但是现在在具体做的方面也有不到位的地方,特别是最近几年对基层工作重视了,但是因为经济环境问题,待遇不能跟当初承诺的每年都增长,这个就带来人员心理上的落差。还有就是经费的问题、晋升的问题,这些都需要我们做更多"人"的工作。

　　有人说社工工资待遇与前两年相比是不差的,其实吧,这个待遇不差实际上是跟单位体制上比,但是还需要一个横向比,一个社会上的横向比较。就是他要和他同一批工作的同学比,这个工资拿到社会上来比,还是不高的,工作也还是比较辛苦的。社工还有一个问题,就是有一批人是转制过来的,收入提高了,但是不代表他的能力就提高了,这个是必须经过培训的,让他们的能力得到提升。

　　我们也是朝着这个方向去做,就是提升他们的能力,但是也有流动机制,我给你一个机会,到新的岗位上去适应,如果你不能适应,那么就只能淘汰了。然而在实际聘用的时候,还是要回到刚才那个90后的老问题。年轻的同志其中不乏有金子,比如我们这里有一个小姑娘,虽然她是中专文化,但是挺不错的,她这个认真负责的态度真的是蛮好的。但是就是受限在学历上了,在基层有时候学历并不是第一位的,不是说学历不重要,就是确实还要看个人具体的工作态度。这个小姑娘学历不行,即使工作很勤奋但是晋升就还是会有一些影响,不如高学历的,但是高学历的有时候真的在态度上又有一些欠缺。

你看我们以前居委会工作的"老人",很多都还是退休返聘的,是50后,他们真的是把加班文化深入人心,认真负责的态度是发挥得淋漓尽致,真的是跟现在的90后形成了鲜明的对比。这个真的是要适应时代。现在就是一个自媒体时代,个性真的是越来越张扬了。不能用老一辈的思维来驾驭新一辈。我们的队伍建设是要面对这批人的,我们也不能再回到过去。

X科长非常清楚,一代人有一代人的价值观念,这个没有对错之分,基层干部队伍建设以及工作人员主观能动性的发挥,必须有一个顺应时代的过程,也要充分地考虑不同年龄段工作人员的特点。没有一个良好精神状态的队伍,基层工作是没法开展的;守着以往的观念不能与时俱进,不能了解新时代特点,也不能带好基层工作队伍;而一味地喊口号或者批评年轻人的生活方式和工作态度,更不利于基层队伍的稳定以及工作的开展,这里边还是有一个合适引导的问题。也就是说,要充分发挥基层工作队伍的主观能动性,使他们意识到自身工作的责任,不仅要了解他们的思想动态、工作难点,也要给予有力的引导和培养,要让基层的干部以及基层的工作人员在磨炼中成长起来。同时,组织关怀也必不可少。X科长认为,随着时间的推移,基层工作的经历也会不断地塑造基层年轻人员的性格,会逐步推动他们更深层次地去认知和理解自己的工作,当然这里边还是要有引导的。

　　我觉得价值观这个东西还是比较重要的,每个人稍有不同,但是对于从事同一种职业的人来说,应该不可能有大的差异。像古代人,会觉得没有皇帝很奇怪的。我们现在觉得有皇帝才怪呢。我觉得我们街道的干部总体来说还是不错的,可能街道的领导一直很重视制度的问题,一个领导在这里干十年与一个领导在这里干一年,其实都是不太好的,一些负面的效果是一样的,这是很考验制度和政策稳定性的东西,没有好的制度规范,就会形成自己的小圈子。一个领导干的时间长了,总有一些圈子,有一些人会被排挤在圈子外面,我觉得这也是基层有时候大家积极性不高的一个因素吧。我觉得现在制度还是比较合理的,打个比方,就好像是在一个企业里,你的老板不能决定你的升职,你老板的老板决定你的升职,但是你老板的老板看不到你的工作,只能通过你老板才知道。

　　有些街道现在还出现一年三换的趋势,更换得太快肯定是不好的,容易打乱工作节奏,动摇根基。我认为三年到五年一换比较好。说实话,街道党工委很不容易,因为这是一个系统的问题,有时候受到权限的影响,即使想把一个制度层面上略微的不足扭转过来也是很不容易的。

　　现在街道能够使的手段也是比较有限的,更多地是执行上级要求,有时候上级的要求比较高,还蛮复杂的。一旦是高标准的要求,往往在基层就会出现"管死"的情况,就是大家都明白这个事情是重要的，没有协商余地，一定要完成的。这种时候，大家因为是紧绷状态，生怕出错，工作效果就会不太理想，毕竟紧张嘛。

而且，同志们在各自岗位上的工作虽然不一样，但是责任是共同担当的，这个就会形成一个压力传导机制。所以，我们有时候在不能作出自主选择的时候，我们就试试轮岗，因为你在外部不能流通的情况下，就只能进行内部流通了。区里条线上下来的人不多，街镇内部一线人员压力也是很大的。所以，内部定期轮岗也是有一定益处的。

X科长提到的问题有时候也是基层街道在没有办法的情况下作出的选择，毕竟权限并不是由街道自主决定的。目前基层干部在保持工作状态的同时，也面临新的挑战，在基层持续推动干部队伍工作积极性方面还是存在手段乏力的情况。没有很好的物质奖励措施，人数的简单增加是不能解决问题的，人对于工作的基本认识和精神状态也是一个重要因素。考虑到现阶段的发展态势，党和国家对公务员职级晋升和薪资待遇都有了非常重大的改革，从目前的执行效果来看，还是比较积极的。

基层干部和基层工作人员一直关心的，要建立一个薪资合理的增长机制，这已经初步性地实现了。其实从基层干部所叙述的基层工作认知来看，基层的很多问题确实是"人"的问题，但如果把问题都放在人的素质方面，那其实问题是真的太简单化了。我们在基层实践中已经清晰地看到，个体素质是要由制度来决定的，并且这个制度的确定要有一个可以由下至上的反映诉求与意见的渠道,要能让更上层的领导看到并听到基层的真实情况,这一点对于基层干部工作的有效开展具有重要意义。

K街道发展办的F科长从工作过程中主体责任发挥的部门设置角度也叙述了自己的经验和理解,这还是一个涉及人员定位与发展的问题。

我所在的部门是街道发展办,2015年市里基层治理创新之后,全市体制改革每个区自定义两个职能科室,我们就是那两个之一。当时原来区里有一个发展办,后来根据实际情况作了一个统一,现在发展办就变大了。劳动与民政是在服务办,我们发展办主要是社区发展与规范,包括公共服务设施的规范,整个社区商业发展规范等各种规范。除了社会社区、教科文卫体育、社会组织培育、基金会运作,我们负责的工作还有节能减排,金融督检等等。发展办是八个部门中对应部门最多的,对应22个条块部门。

应该说,我们发展办的目标是根据实际情况以及市里和区里领导的眼界来自定义的。除了发展办是区里自定义的之外,每个街道的发展目标与途径也是自定义的。比如说我们要动迁,我们商业不发达,就要搞一些可以"自主"的职能,就是把商品房原拆原建再还给人家,这个就放在我这里,当然是阶段性的,项目建完就没有这个了。我们发展办从2015年开始,侧重点一直都在变化,为什么呢?一个原因是我们的区里领导一直关注我们这里的一个重大市级项目,因此重视程度不一样;另外就是区里的领导也存在一个变化的情况,特别是 2015—2018 年的领导变化蛮快的,都是两年一换,因此不同领导的目标定位与出发点也是不一样的。我们的职责除了全市全区方案规定的 22 个部门的职责之外,我们街道的侧重点曾经是养老社区和大数据,再就是老旧房屋租赁与装修,现在是调研与规划的第三阶段了。其实就是各项工作都在我这里了。

人员配置方面,我这个办公室主要是三个人,两个公务员身份,一个是事业编制。我一个,办公室副主任一个,还有一个军嫂,是刚来一年的事业编制。我们是有一个分工的,发展办刚刚成立的时候,是一个比较边缘的部门,职能比较单一,地位比较边缘,人员比较少,只有我一个人。我们发展办作过横向比较,我们和 R 街道人数是最少的,职能是比较多的。其他的街道有一些大数据构造的数字化社区等工作是在党政办。我这里的两个同事主要是从事教科文组织与基金会工作,所以数字化社区、规划与资产等工作就在我一个人身上。大家平均出生年月都在 1978—1983 年之间。工作内容还是非常多和杂的,比如说教科文卫体部门之间搞个"推文支教",其他职能科室觉得我们这里管理权限很大,下边居民区的很多组织资源可以调动,但是我们街道下面的文化与体育是有社团与组织的。

最重要的是社会组织本身是有一个志愿行为,有自治性的特点,对他们的管理其实很大程度上不如行政管理有效直接,而且他们的年龄都在 70 岁以上,社团作为我们力量的一个补充也很有限。再比如上周一,我们街道进行了一个领导分工的调整,严格按照区里规划的科室方案来制订我们每一个科室的职责,所以计生委也归到我们这里来了。我其实到这(街道)时间不长,但是我到了才知道,街道妇联是只管妇女与儿童权利保护的,计生这块不涉及,这个也蛮奇怪的,应该是一个传统习惯吧。所以我们科室大家的工作状态还是非常紧张的,很忙但是也还是要尽量把事情做好,因为归口到你这里的就是你的事情。

比如今天一个同事公休,一个去探亲了,现在科室就只剩下我一个人了。我们同事还是很有这个工作责任心与职业良知的,对于他们自己的工作都很好地去发挥主观能动性,尽力去完成各项工作。至于说创新,我们可能就没有这个精力去创新,这个也是因为客观条件的局限性。相对来说,我们这个街道干部接受力都不错,我们现在这个街道的办公室副主任分管我们的工作,也是从区里第一批主动报名下沉来基层的,所以他的能力与思路还是不错的,还是能够将交代给他的任务很好地承担起来。总体来说,工作比较繁重,人也比较少。大家还是能够接受这个现实的。

F科长的叙述具有所在街道的特殊性,但是也体现了所在区以及全市基层工作的普遍性问题,那就是基层干部工作任务比较重的同时,如何还能尽量高标准地做好各项工作。实际上,在城市基层工作中,干部和工作人员主要还是以组织活动来服务群众的,其实活动的组织还是很有意义的,这其实也是基层治理中一个好的平台,是党做群众工作的重要载体,多数居民是乐于参与的。

当然也不是没有问题，基层干部现在给人的感觉就是，很多活动能"与民同乐"的不多，大多是以完成任务为主。虽然工作服务对象以居民为主，除了居民活动之外基本上没有什么，但是这其实也反映出一个队伍建设的问题。这个现象的难点与症结有两个原因，一个是顶层设计有一定的不足，基层干部缺少持续不断工作的积极动力，因为很多事项是上级分派下来的，工作一段时间可以，但是项目持续久了，就容易疲倦，而且经常是几个项目同时推进；另一个就是基层的一些直接管理人员能力有限，不能带动群众。

这其实存在一个矛盾问题，从城市基层治理的顶层设计上来说，就是基层干部队伍要有一个淘汰机制，必须是一个明确的考核淘汰机制，不行就是不行，是要辞退的。但是现在我国《公务员法》中明确规定，公务员不得随意辞退，除非公务员在工作中严重失职，或者违反法律法规，甚至犯罪；事业单位也是如此，社工也是考试，但是考试后流出机制不行，那么考试之后要如何让那些原本就动力不足、只想来混个工作的人保持积极性呢？这个是要动脑筋的。从现实情况来看，简单地进行绩效考核能让个人的工作水平体现出来吗？不一定，因为在基层工作中，很多工作内容存在交叉情况，因此每一个干部包括工作人员所要考核的工作量都是不一样的。

例如，有一些人只是从社工考进事业单位时拼命努力，考进了就觉得进了一个安全的心理舒适区，觉得工作稳了。这样的情况继续发展下去，就会非常明显地影响其他努力工作的人员的积极性。这个问题的解决还是要从顶层设计思考,对于一些工作动力中等偏下,或者没有动力的干部,拉动他们积极性的方式应该更加多样化且规范化,在严格执行标准化考评的同时,兼顾具体情况差异,只有这样才能保证队伍的活力。F科长还着重探讨了实际工作中的薪资待遇问题:

> 在基层工作实际上很多时候就是依托一个待遇保障以及个人的情感投入。无论是从街道来说,还是从区里来说,我们基层的待遇提升只是一个方面,好比在一个公司中,员工工资每年提升1%、3%,这个对很多人来说并不会有很大的幸福感,但是至少还是有一个增长,这个也蛮重要的。但是如果十年不涨工资,大家心里肯定就会有一个抱怨,这里也有一个感受性的问题。政策是固定的,这个大家都知道,但是一年涨一次3%还是三年涨三次每次1%,这个还是不太一样的,至少在激励层面上是有差异的。
>
> 我们也知道,实际上S市从2006年到2015年(政府工作人员)没有怎么涨过工资,但是在这个情况下,大家离职的并不多,这说明大家还是认为这个薪资是比较高的,与全社会相比,是可以忍受的。但是我认为一个单位一定要有一个生态系统,肯定是有居于顶层、中层与下层的人。居于顶层的人肯定是要追求人生自我价值的实现,要得到认可,要评先进,这些人在基层工作,说实话,特别是在基层街道,他们是动力最强的,但是这些人一部分是领导,一部分是老一线了,情况是有一定特殊性的。

居于中间层次的人还是看待遇,养家糊口,我不当作一个事业,我当作一个工作来做,我拿一个报酬,心安理得地睡觉,也没有什么获得感,这样的人现在基层也开始多起来,你不能说他不对,但是确实是客观现实,工作也做好了。现在就是社工上升的空间比较大,但是他是建立在一个额度制基础上的,额度制又有一个问题,就像以前事业外编制一样,他有一个心态的问题。

居于下层的人就是求稳,这一类人,不要说激励了,有的人家里不差钱,他做这个工作其实就是一个工作而已,充分地吃透了制度和文件,有的产假能休个两年,你能把她怎么着?这样的人是少部分的,但是会存在,而且影响有时候还比较大。因为单位里其他人就会有一个想法,觉得他可以这样做,又不是很累,那我们累又是为什么呢?这个实际上还是顶层设计的一个问题。

对于基层一线干部来讲,能有效率地完成一个任务,让老百姓满意,就是水平的一种体现。这里边,基层干部的主动性就很重要,不是简单地完成任务,随便地应付群众,这样是做不好基层工作的。我们可以看到,在基层工作中,科室长通常分管的事情比较多。一般而言,任务来了要先做调研,先对情况有一个了解。如果是全新的工作,作为科室长,就要先了解一下流程,先做好准备工作。很多领域的新事情,都要干部自己先去探索,这一时期对于很多基层干部来说,都是自己主动去做的,实际上这样工作起来会快一点,自己心里也有一个底,这其实就是责任感的体现。

否则,永远都是等着上边的指令来行动,自身没有时间沉淀与系统化是不行的。

　　在我们办公室也是这样的,像我们这个事业编制的同志,她主要是做好家里的后方工作,她的生活重心也不在这里,一方面她说她自己没有这个能量去做,二是她也没有这个动力去学习,反正就是心里很着急,但是工作起来使不上力。然后很多工作就只能我自己做,感觉就是很忙,我觉得这应该也是因为我个人管理水平的一个限制。除了顶层设计与一线领导的局限性,我们街道也有一个特性,也是一个转型吧,就是现在整个街道的发展目标是既要传承之前的能力与稳定,也要足够创新地去赢得本届区县领导的认可,这对于街道中层干部来说压力很大,至少工作压力很大。所以呢,这会带来一个不太有利的情况,就是前边说的上层的人和中间层面的人都难以看到新的渠道时,就会求稳发展,很容易去求稳。说实话,除非像两区合并这种,区县里面有人多出来,不然到街道来的人几率是不大的,就是这样的一个现状。

　　在 F 科长的叙述中,可以看到城市基层干部在日常工作中发挥主观能动性的努力以及面对的困境。从 S 市基层治理与创新的顶层设计来说,总体思路是希望形成一个科学规范的框架体系,让基层事务在一个清晰的文本范畴中既能有序开展又能有效监管,同时还可以减轻基层干部的压力。这个出发点是好的,而且也做出了比较大的尝试和努力,例如现有的基层街镇结构改革,是建立在对原有各部门的职责进行梳理的基础上进行的,之前一个街道可能有二十几个科室,很多功能是落后和重复的,现在改革后只有八个。

以 K 街道为例,原来的财务科长就变成自治办主任,因为财务工作并到了党政办,但是党政办主任的产生必然是从党政办与行政办两个部门之间产生,科室被合并后,原有的科室长的安排基本上是这样的。在改革工作的初始阶段,很多人员岗位的重新调整还是给予了一定的磨合期,比如 K 街道的财务科长变成自治办主任后,一开始还是兼财务工作,毕竟是熟悉的,后来按照区里的统一规定,同时也经过新老主任的工作对接过程,就正式成为新的自治办主任了。虽然老的财务科长从事这个工作已经 17 年了,但是基层工作的创新与改革的规定是规范化的,这也是全面从严治党与精准化行政的体现。K 街道大多数工作人员对新的部门调整是抱有期望的,也更加积极地参与新的岗位工作。

在 S 市通过"三定"方案之后,组织人事部门就已经对全市各个条块部门进行了编制岗位的核定工作,也确定了一个街镇以及街镇内部每一个部门具体有多少编制岗位,从而定岗、定编、定责,明确各个部门、各个单位的工作内容。相对于以往来说,基层工作中干部主观能动性的发挥一定程度会受到岗位的制约,例如科室部门的副职岗位往往就处在一个比较尴尬的位置,这也是因为街道工作是一个很扁平化的工作方式。

在很多情况下,书记和办事处主任在工作中会直接去找科长、科员或者社工了解工作,甚至直接安排人员去做这个工作,这样对于副主任和副书记来说,他们的工作就会多少受到一些影响,特别是工作主动性发挥方面。现在明确岗位编制以及岗位职责以后,这种情况就会得以调整,科室副主任以及街道党工委副书记的工作内容与责任有了明确的界定,工作开展就更加有效了。因为街道中的科室长处在很关键的行政层面,在机构改革和治理创新后,原来科室长不能参加的党政联席会议以及党工委会,现在也在事项安排中让相关的科室长旁听,这对于科室长开展工作是十分有利的。

原本很多科室长只是熟悉自己领域的工作,对于整个街道全面运行的工作并不是很了解,在这个情况下,工作的主动性发挥空间比较有限,主要依托于上级领导的工作安排。现在可以从整体层面去了解街道的工作布局以及街道的发展思路,通过街道每周的党政联席会议和党工委会议,科室长们也可以充分了解街道整个工作动向,这样不仅更有利于他们本职工作的开展,同时在工作开展之前、特别是重大工程实施之前,也可以和分管相关工作的副主任或者副书记进行必要的沟通与商量,这其实也是一个民主协商的过程,也为基层干部主观能动性的发挥提供了空间。

第四节　工作权利的法制化保障

城市基层干部在工作实践中最为看重的就是权责问题,这个问题涉及两个层面的因素,其一是基层工作的权力行使,其二是基层工作的责任清单。而这两方面的因素又同时受到日常工作实践中各种具体问题的制约,特别在实际工作中,如何既要按照规则来工作,同时还要让基层干部和基层工作人员保持对工作的热情,这在很大程度上需要通过工作权责的法制性界定予以保障。

在 S 市的基层街道行政架构中,不同科室设置对应不同的工作内容,这其中又要充分考虑到每一个科室工作人员的权责问题。从以往来看,由于基层工作内容涉及的复杂性与多样性,基层行政单位及其内部的架构设置主要是以完成具体任务为最主要目的。S 市的基层治理创新,其中一个重要目的就是希望在充分考量基层新形势、新挑战的情况下,充分梳理基层工作的权责内容,在明确权责界定上推动基层工作有效开展,同时也希望进一步地提升基层干部的工作积极性。从具体实践过程来看,基层治理的改革与创新是有效果的,基层干部在改革与创新中最为关心的也是权责界定与法制保障问题。K 街道 H 科长从自身科室的情况以及自我感受来叙述现在的工作情况:

> 我们(平安办公室)这一块就是负责综治、信访与维稳、消防、安全生产四块,其中维护社会稳定是最大的要求,也是基层街道最重要的工作吧,我们这一块做得还是比较可以的。办公室里公务员是四个人,按照编制的要求,我们缺人缺得比较厉害,例如说安全生产这块,在居民区工作的社工先不说,司法这块编制应该是 14 个,而现在的实际情况是,就只有一个司法所所长,还有一个公务员,只有两个人。我们信访工作这块,按照正常来说应该是有一个专职干部的,现在是从其他科室借调来的一位女同志,也算搭配合作。借

过来之前她在原来科室里是负责房办这块工作的,现在是一兼双职。

我们这里(街道)反正就是一直在招人,但是我这里没有补充。招进来的人去哪里了我也不知道,这个是由领导安排的。我现在听到的一个好消息就是,我们安全生产这边要再配一个公务员。

对口居民区社工这里,一共有四个人,其中还有一个是信访接待专门做窗口工作的,也就是固定岗位,上班时间就是在那里,动不了的。所以,社区这一块我也是相对缺人的。原来有一些老的工作人员,是很讲究工作方法的。现在很多新进来的年轻人,工作上有想法,也有能力,也想把事情做好,但是方法上比较急,有时候居民工作做不通了,就会有脾气,毕竟涉及安全和信访这块,很多事情是蛮复杂的,不是短时间内能解决的。

这也反映出,一方面年轻人相对来说,经验还是比较欠缺的。另一方面,在工作的权责界定上还是有点模糊的。哪些该做,哪些该宣传,哪些该具体行动,这个也很难有一个明确的清单。并且原来退休返聘的人员现在都不能用了,这也是蛮遗憾的。现在我们科室的窗口工作主要是两个人,一个是借用的,一个是社工。综治办这里还有一个社工,还有一个社工是搞平安这块,另外一个社工是专门搞调解的。调解(居民矛盾)是我们原来有的一个项目,做的时间还是比较久的,请了第三方来做的。

　　按照 K 街道应该有的公务员和事业编制，H 科长认为目前他分管科室的工作，人手还是比较缺的，比如说，原来基层矛盾化解可能流程是比较快的，主要是看结果，基层工作人员个体能力要求比较突出，能解决就行；现在机构人员规范化了，但是办事流程相对变长了，这是按照统一的制度要求的。那么这就带来一个现实问题，从总体上来看，在 H 科长这块，街道的人员配置应该更倾斜一些。

　　当然，可能是因为有更重要的岗位要配备人员，这个也有街道阶段性工作重心安排的客观因素，所以人员一直没有给 H 科长配足，这么多年来，他们的工作也是比较辛苦的。确实有很多的事情、特别是基层中关于群众矛盾的化解，不是社工都能够解决的，还是需要街镇这边的专职信访干部来做，而且老百姓也希望街道这边有人出面，因为觉得是代表政府来管这个事情，最好是公务员出面，这也是化解基层矛盾的一个现实因素。

　　H 科长说，就目前来看，整体工作在安全稳定这块还是比较好的，街道原来的老书记退休之前已经将一些（街道居民区）难点都已经解决掉了，现在的问题主要是新冒出来的。

　　在实际工作中，我们在一线的人还是比较少的，比如消防这一块，因为老城厢的存在，我们区里和街道的两级领导都还是比较重视的，对我们工作的调研做得比较透，也很了解我们工作的运作机制，其实在资源倾斜和人员调配力度上，街道书记和主任已经尽其所能地帮助了。

　　就现在我们平安办的工作来讲，从我进平安办到现在，目前是制度最规范、上级最重视的时候。当然,这也意味着,现在的工作很重要。坦率地讲,现在街道承担的责任越来越重了,但是执法权没有,只能靠协调,现在就是有点发力发不出的感觉。有一些处罚必须要做的,但是我们没有执法权,区里面、市里面对我们是越来越严格,但是实际工作中,很多事情的具体操作上还是有一点问题的。即便有些工作我们人手不足,找第三方来做,但是第三方也是没有执法权的,工作开展也有一定难度。现在我们的工作也要充分面对群众的监督,有时候有些居民也是紧盯着你工作这块,为了找毛病而找毛病。其实有些居民区的事情也都是很小的事情,完全可以内部协商解决,但是居民有反映,打12345,按照流程我们要派人去,安排人去协调,这其实也消耗了大量的工作时间,也是我们最累的一块心病。

另外呢,就是现在的"维稳"工作。其实对于基层维稳来讲,很多事情真的就是一些琐碎的小矛盾,你费尽口舌讲道理,不如一点小东西(礼品)就解决了。也就是说,有很多事情本来给点小钱或者买点东西就没有(矛盾)了,但是我们现在财务操作上有很多规定的,不能做就是不能做。越来越规范了这是对的,但是在实际工作的开展中,还是要有一个过渡期的,就是群众的观念调整要时间的,因此我们真的就比较难做。财务也是认真负责,管得好严;而我们现在去做这个矛盾化解工作,上门肯定要买点水果,很多水果是没有发票的,就算是有发票也是不能报销的。很多事情我们就是别无选择,没有办法,有时候30到40块钱,我们自己就掏了,很多时候就是这样的。你不去做又不行，一些矛盾化解，按照规定是有条文的，是不必买东西的，但是有的老百姓不管你这个，你空手上门，工作就是难做，就是要花时间。不带礼物上门，那就是完全靠沟通，这个效果就不好说了。

再比如原来我们说的烟花爆竹管控，现在这个工作的重心就是安排到居委会去的，是要居委会发动的，那居委会干部、居委会书记肯定要参与的。现在规定，逢年过节，只要是管控项目工作的，平安服务志愿者就是 10 块钱一小时，不管钱多少，但是居委干部们做这个事情是没有钱的。这个工作也是占用他们节假日休息时间的，其实他们也是平安志愿者，怎么不能给他们发了？这个有点不太对。我们公务员就算了，初一值班到初四，还能轮休两天。但是像平安志愿者人家虽然是志愿的，也不能一点慰劳也没有吧？现在规定的出发点是好的，规范基层财务管理，但是有些事情应该具体区分的，"一刀切"全部都作死掉了，我们后面做工作的路就越堵越窄了。

其实这些慰劳物品价格已经很低了，比如做一些区里和市里的项目，居委干部和志愿者原来也就是一瓶水、两条毛巾，这没多少钱。现在就是一刀切死了，什么都没有，这个也不合人情嘛。如果真的是违规犯错了，那该怎么处理就怎么处理，但是一些该有的慰劳物品或者奖励，也是要的，这也是联络感情嘛。以前五六十年代搞社区大扫除，一说做活动，大家都把自己家里的扫把什么的拿出来了，但是现在老百姓觉悟都没有这么高了，要叫老百姓出来，发个水啊、毛巾啊，他们感觉也很好，连这个现在也不行了，我们的工作就感觉越做越窄了。

　　H科长所叙述的情况正是基层干部工作中面对的一个焦点问题，这也是一个难点问题。这个问题涉及的是怎样在保证服务群众工作有效开展的同时，既要考虑群众工作的现实变化，也要考虑基层干部的实际心态。这也正是城市社会在时代变化中的一个表现。基层干部对日常工作是有个体情感的，工作做好是第一位的。特别是群众工作，因为工作的复杂性，个人以及群体的情感反应就是一个比较重要的方面，在基层做工作，干部没有情感肯定是不行的。现在制度越来越规范了，但是有些事情毕竟不是制度都能给予说明的，甚至在一些特定事项中，制度也构成了一种约束力量。

　　基层干部们也明白制度的重要性，对于他们来说，工作职责是第一位的，很多事情也都是能够做多少就做多少，做到后面因为制度规定的要求，没有办法去做了，那也只能这样了。在城市社区居委会中，正如前述所说，很多社工主要还是以规定的时间进行工作，职业属性第一位，因此也不是 24 小时都工作的，要调动他们的工作热情与积极性，除了必要的思想引导和专业培训以外，还需要一些群体的活动以增加凝聚力，只是这些活动要更加规范。这个操作层面上的尺度其实还是比较复杂的，在全面从严治党的规定下，一方面干部队伍的风气有了明显的改善，另一方面，内部凝聚力也确实出现了一些新情况。特别是对基层工作来说，党员干部也只是其中的一部分，还有大量的非党员群体参与基层工作中,如何在职业要求之外让他们也能更加主动地参与到工作中,这不仅需要规范和精细的工作内容清单,也需要相应的法律法规来保障他们的权益,更需要有"人情味"的活动来凝聚人心和队伍。

H科长也表示,虽然说希望制度层面上对基层工作更加开放和宽容一些,但是明文规定的要求,不能做也确实是不能做的,难就难在尺度的把握上。

全市包括各个区也是要有一个规定,即针对基层工作,特别是群众工作的一些具体项目,每年规定一个费用支出范围,就是估算能有多少费用来用,不是用于吃饭,我说的是搞培训,现在有一些培训,我们想做又不敢做,就怕一做,我自己把握不准。培训的时候发点小东西,有些人说是纪念品,有些人说不算,这个是没有办法界定的,这个就是要规定一下,就是一年培训几次,怎么操作,这个还是必要的。

我们居民区有一个特殊对象,他这个矛盾是挺长时间的,不是街道能解决的,但是他总是来街道反映情况。按照我们信访条文上的规定,我们是按照流程办理的,其实我知道,有时候你给他买点水果他就回去了,但是我们现在又没有这个资金。像我们之前遇到的一个居民,他要来找他姐姐,跟他姐姐有点矛盾,他问我们要地址,当然我们也不能给他,而且说要杀他姐姐,我们所有人都在劝。到最后,他自己说他没有地方住了,就住在马路上,睡在花园里面,尽管居委会也给了他一些照顾,但是我们也没有办法一直照顾下去。

这两天就没有地方去了,我就给了200块钱让他自己去解决(住宿),这个是我私人垫付的。遇到这种紧急情况,是没有办法做财务统计的,按照报账规定来说,这种公务性支出,需要打到对方储蓄账户去的,他什么都没有,这个账是没有办法操作的。我现在也在跟我的领导说,碰到这种特殊情况,需要开一个小口子,不能完全按照规定做。我们努力去做,但是做不到也是没有办法的。

在某些特殊情况下,我觉得还是应该有一个灵活性的,现在工作中需要买点水果一类的,这点小的东西是不能报销的。但是一些特殊矛盾的化解,这个钱如果是打到对方卡里,走服务办的口子还是能够报销的。但是工作是我们做的,我们要去处理信访矛盾,我们也是要去联络感情的,不能总是去找服务办。我之前也在市里工作过,实际上市里的工作与基层的工作是完全不一样的,他们条线是很清楚的,跟基层打交道很少。但是居民区很多特殊情况都会出来,这个是没有预料性的。比如消防安全,你哪知道哪一天他家会着火。这个是需要预留一笔资金的,我也跟书记说,大一点的经费可以由街道出,小的经费老跟街道打报告也不能解决。街道只能去跟区里反映,像我们现在要做什么,一定要有项目。现在我们要搞预算,如果没有预算这个项目是不能做的。

像街道有时候让我们去做项目,你让我怎么去做?全部卡死了我就没有办法做,手续太烦了。有时候应付工作还来不及,还要去应付这个程序。像要买这个杯子,就需要一个一个程序地去走。有很多事情没有必要搞得那么复杂，很多工作想做，但是做起来又比较麻烦。工作做下来一查，又有很多是不在规定内的。现在队伍建设，领导肯定是抓得紧的，书记是第一责任人。像消防安全，领导只要下发任务给我，我肯定是要做的，所有问题，他不用去管你队伍怎样怎样。活给你，你去干，你这个队伍肯定是不会出问题的。你活都没有做完，不可能再去动其他脑筋的。

在城市基层工作中，干部们开展工作的制度条文在不断精细化与规范化，重要的目的就是增强基层工作的法制化，这个法制化不仅是针对整个以街道为主体的基层行政单位，还包括了更加一线的治理单元——居委会的法制化要求。当然，这个推进过程是循序渐进的，也充分考量了城市基层的实际情况，K街道的D科长是街道自治办的科长，主要负责的就是基层社区治理的具体工作，包括了居委会工作。在工作中，法制化保障对街道的工作开展以及居委会在居民区工作的推进还是十分必要的，当然，也面对很多新的挑战。

我们自治办的职责在全市三定方案（定岗、定编、定责）都是有的，我们自治办主要是居委会工作，还有一个业委会工作，我们是一个主任，一个副主任。副主任主要是负责居委会工作，我负责业委会工作，分工都是比较明确的，我们一共是三个人，都是公务员编制。从我们科室的工作分工来说，我们三个人的工作内容应该是差不多的，因为我们居委

会下面有居委会干部,多少个居委会,下面就有多少个居委
会干部,我们主要是指导他们的工作。

我们还有一个项目,我们现在很多的工作都是项目化
的,比如居委会的培训,都是通过项目化的形式操作的。我
们现在有四十几个业委会,但下面还有一个房办,下面还有
一个业委会工作站,所以业委会配置这块还是蛮全的。我们
工作站人员数量相对比较薄弱,一个退休的老党员,一个社
工,就两个人。我们之前还有一个业委会研究会,其实工作
站应该还要再配一个事业编制的人,我觉得这样工作起来就
会更有效率一些。

我们街道的特色之一就是"业委会研究会",因为业委会
人员是不坐班的,他们是自愿参加的。我们要把业委会凝聚
起来,就需要有这样一个平台,就搞了一个业委会研究会这
样一个平台。它在我们街道运转也很多年了。它也不一定
都是业委会的成员,也有物业的、居委会的,现在就是需要这
"三驾马车",有很多问题需要大家一起讨论,这个也是以项
目化的形式来运作的。特别是对于不坐班的人员,街道的行
政指令是没有用的,所以一定要有一个平台,把他们凝聚起
来。其实原来还有几个人的,后面慢慢地也走掉了几个人。
这个流动性还是挺大的,特别是年轻人,最近几年有点难
留住。

D科长认为,整个科室人员的工作状态还是比较好的,因为
街道自治办也是刚刚调整好,原来的老主任还兼着财务,D科长

还兼着计生，但是经过前段时间人事架构调整后，工作相对来说更规范了一点，理得也更顺了一些。以前街道是二十几个科室，后面机构调整后，可能一下子找不到合适的人，就让原主任先兼着，其实这也是目前基层街道工作的一个特点。之前 D 科长在科室也是兼比较多的工作，组织架构调整后，现在主要就是做居民区的治理工作，重心就是服务群众这块。

D 科长举例说，最近科室增加了一个楼组工作，楼组建设也是党建引领服务工作这一块的，目的主要是以"美丽楼组"为主题，通过宣传与活动提升居民们的自治能力，让更多的人去参与社区建设。以前是以居委会为主，现在为了能调动更多的居民参与，街道科室也投入进来了，力量就更集中了。

　　在日常工作中我们觉得居委会队伍年龄比较老化一点，这也是我们街道一个普遍特点了，可能到明后年会比较好一点，因为马上居委会要全部换届重选了，其他的倒也没有什么困难。业委会这块因为是不坐班的，比较特殊，我们管理起来还是有点困难，主要是在制度层面上，在法规上没有合适的依据。但是我们也做了努力和尝试，去年街道推动社区规范化建设，就是因为发现了一些问题，主要是在考核上发现的，我们也就出台了一些管理文件，还制作了一些台账，来规范业委会的工作。但是毕竟他们是不坐班的，都是义务性的，积极性不高，我们今年、明年想要再促进一下，所以目前也是看效果。我们街道对居委会这块要求还是挺高的，而且要力争走在全区前面。

现在我们的工作压力还是挺大的,特别是区里换届之后,新书记来了,如何保持我们街道走在前列,这个还是要大家一起来努力的,很多问题也不是一下子就能解决的。例如这次全市文明检查,我们区的排名也就在中间,我们也去参观学习了其他几个排在前边的区,人家有些确实做得比我们好。再看街道的情况,我们的情况也还是有短板的,当然具体因素肯定是非常个体化了,但是毕竟人家做得好的也是有特点的,也是努力干出来的。所以(街道)书记给我们的压力还是比较大的,如何走在前列这个问题,是需要所有干部一起来集思广益的,更需要在工作中做出来。

当然,在具体工作中,我也会有困惑的地方,我就是觉得蛮奇怪的,现在各个科室的人员也没有减少,有的还增加了,但是工作压力反而变大了。我就很奇怪,每个人管的事情相对以前还更多了,那么肯定有些人的工作变少了,因为街道的整体工作内容按照市里的新规定,应该是减少了。那么按道理来说,工作量应该是减少了,各条线还是各条线的工作,而且现在还增加了很多社会组织来承接基层工作。但是大家的实际感受是,工作似乎更加繁忙了,这个倒是很奇怪的。我们区里可能是领导变化太快了,这个可能有一定的关系。我们这边一年半两年不到又换了一个区领导,领导一换又有一个新思路。

比如说让你搞楼组建设、搞什么安全社区,可能换了一个领导他就不搞这一块了,他就搞另一块去了,但是前面的你又不能丢。工作落在各个街道层面,就会有一定的影响,

　　我们区里的书记和区长更换得比较快,下面街道的人变得比较慢。他们处理问题的方式都是不一样的,有的街道领导比较适应区里的人事变动,就会觉得影响不大,很多政策上的变化自己在街道这一层就解决了,但是有的街道领导不熟悉这个调整,就会把一些新政策放在整个街道工作面上来解决。其实,对于大多数街道层面的工作,我们是执行为主的,多数街道书记也是按照区里和市里的要求来做的,也就是上边领导换了,我们的工作其实还是要跟着有一些调整的,这个调整的程度不同街道其实差别也不是很大,带来的也就是工作内容上的增加。

　　D科长所叙述的感受其实也代表了基层干部的一种普遍困惑,也就是基层治理创新之后,基层工作的主题更加聚焦了——服务和保障民生;倾斜力量也更多了,增加了很多人力物力财力的投入;党组织要求的基层减负一直在推动,也不断巡查减负的效果。但是在实际工作中,基层干部却感觉到工作内容似乎变得更多了,工作压力似乎变得更大了,工作人员所要承担的责任也更重了。

　　这其实就是当前城市基层干部在工作中的一种心态困惑。伴随着中国城市社会发展水平的提升,人民群众对美好生活的追求日益高标准化与多样化,在这个过程中,基层工作如何在法制化保障下持续有效的推动,基层干部自身的情感和心态培育是一个非常重要的因素。如果只是单纯地强调规则的法制性与制度的体系化,那么干部群体主观能动性的发挥就会陷入一个越来封闭的圈子里,最终不利于基层工作的有效开展。因此,既要保障基层治理工作的有效性,同时也要保障群众利益与干部权益的正当行使,这是基层治理有效开展的一个极为重要的前提条件。

现代社会组织在职业群体的管理方面非常重视职业文化与组织文化建设,工作文化的形成与良好氛围是促进职业群体稳定高效工作的重要因素,这已经成为一种普遍性共识。基层干部所要面对和承担的是在日常工作中如何既要维护社会安全稳定,也要将国家和各级政府的治理政策有效应用在经济社会发展中,还要不断满足人民群众在日常生活中对各种问题的诉求。从城市治理中基层干部所担当的角色来看,这一群体应该是城市中经济社会发展最为重要的骨干力量。随着 S 市经济社会结构的深度定型,城市社会治理要求也越来越高。

在 S 市这样的特大型发达城市,基层街镇工作人员、包括干部群体,首先是国家公职人员,是一个职业化群体。因此,从职业特性来看,他们大多从事脑力劳动或以技术为基础的体力劳动,主要靠工资及薪金谋生,一般都受过良好的教育,具有专业知识和较强的职业能力及相应的家庭消费能力。他们有一定的闲暇,追求生活质量,大多具有良好的公民公德意识及修养,这是国家公职人员群体的基本面貌。

与此同时,基层的干部和工作人员中很多人是从事党建工作的,是为群众服务的;但是在政府组织体系中、包括党组织内,也要开展针对工作人员的党建服务工作。这个工作其实就是为了更好地振奋大家的精神状态、凝聚事业共识,通过组织文化建设,推动他们在工作理念、机制、方式等方面有所突破,从而适应新环境、解决新问题、实现新的发展。基层干部队伍建设不仅需要在体系制度上健全选拔、任用与考评机制,更要在组织内部文化建设上形成更有利于工作开展的文化氛围,甚至很多时候,一个单位组织内部的文化氛围更能影响到干部的工作状态。只有通过制度体系规范化和组织文化感染性的双重介入,才能增强基层干部这一职业群体对党组织和日常工作的认同感与归属感,从而有效实践党对干部的价值引领,进一步夯实党管干部的组织基础。

在 S 市的基层干部培养工作中,一直以来,组织部门借鉴职业群体的现代管理方式,将公职人员群体作为具有自身动能的主体,通过各种方式和渠道,从"增能"出发,激发这一群体"自下而上"地自我组织、自我发展、自我实现的意愿和能力。这一做法还是很好地推进了干部队伍的整体性建设与发展的,其根本目的是希望以平等、尊重的观念,将公职人员群体作为工作参与的主体,强调工作的事业性,同时也充分尊重职业群体的想法和意见,在保障待遇的同时强调责任感,激发公职人员在日常工作中的创造力和活力。

从当前基层工作以及基层干部面对的实际挑战来说,如何进一步构建群体情感的归属和认同、培育积极主动的工作心态将是未来工作的重点所在。现代社会中,日常工作对于个体充满多样化的意义,无论怎样,一个人选择一种工作,其基础是建立在个人情感认同之上的。情感认同是其开展各项工作并实现自我价值的首要条件。我们已经看到,对于大多数城市基层干部来说,日常工作除了满足自我的经济利益、实现生活需求之外,还有着强烈的"社会性"需求——即参与社会生活,服务群众以获得归属感、社会认同和尊重。对很多基层干部而言,这些需求,在工作所在地要比在居住地更有可能得到满足,这也可以成为我们在培育基层干部心态方面的一个重要切入口。

对于城市基层干部群体来说,工作的意义不仅仅停留在职业层面,更体现在积极的个体情感和群体心态上,这个意义感可以成为我们理解基层干部行为的一个窗口。而对这种意义感的理解和把握,更需要在实践层面上借助制度设计、政策实施、法制保障以及社会认同等,来改善和促进基层干部的工作环境并赋予他们保持工作信心与动力的力量。

结　语

　　城市基层干部对日常工作的自我叙述不仅仅表现为一种对所做事情的理解、对职业的理解，更是一种对自我身份以及自我价值的认知和追求。在当今中国社会，人们理解自己的身份以及感受所处的时代，是离不开对自己所从事工作的感受和认识的。尤其在现代城市社会，人们越发觉得工作似乎仅仅就是一种谋生的手段，工作的意义也被降低为一种纯粹的劳动的方式，即付出个体、付出劳动时间和精力，得到利益报酬来满足生活需要。这其中自然包含了现代职业体系构建中绩效和管理日益精细化的要求，但也似乎离人们内心所希冀的职业观和工作观越来越远。

　　在互联网时代，我们看到和听到的是人们对自己所从事工作的越来越多的不满和厌烦，很多人都表示自己所从事的工作不是自己的兴趣所在，不是最适合自己的，不是自己想要的等等。这一切对于工作的体会和情绪背后预设的话语是，自己从事的工作仅仅是一个谋生的手段而已。应该说，人们的这种感受是有一点客观因素的，社会分工的精细化使得每个人一定程度上是"被"匹配进工作岗位中的,工作的选择包含了越来越多的个体功利性,那么在这个过程中,人们产生不满意和烦躁的情绪也自然很正常了。更何况在现实社会中还充斥着无处不在的职业"排行榜"与工作"鄙视链",这更加剧了人们对工作的各种负面感受和情绪,也让人们丧失了对自身工作的真正体会。于是,这些年广泛流行的"内卷""躺平""佛系"等话语无不指向工作状态和工作模式,进而扩展成为一种所谓的生活方式和人生哲学。

实际上,人们对自身从事工作的理解是一个实践的过程,这个过程在于无论最开始从事这份工作的目的是什么,工作时间越久就越会形成一种"工作感",这个"工作感"即使表现为很多的负面情绪,也是人们情感的体现,只不过很多时候,人们只是更注意这种负面的感受吧。很简单的假设就是,如果一个人不工作,就一定真的快乐吗?这恐怕要作一定的区分。人们可能更讨厌的是为了谋生的工作,这种不是由个体决定的、被动性执行的工作;对于可以自己掌控并且剥离谋生需求的"工作",我想,人们是愿意去做的,毕竟,很少人真的喜欢每天就是"躺"的这种状态。

这里边就涉及两个很重要的因素,其一是"兴趣",其二是"主体性"。认真做一件事,或者说努力"工作"的前提如果不是纯粹出于谋生需要,如果是一种兴趣使然,那么人们对工作的判断与理解将大不一样。正如画家创作艺术品,数学家解出难题,园丁种植植物并欣赏到其开花结果,这些以兴趣为驱动力的工作就是一种幸福感的体现。因为,在这个过程中,人们会体会到一种自我价值的实现,工作应该可以被当作一种事业,工作本身可以成为一种增加人们幸福感的事情。在工作过程中也自然而然地体现出了人的"主体性",这个过程由自我认知与理解基础上形成对工作节奏的把控与调度,是一种可以由自我决定并将自我创造性的想法与行动贯彻进日常生活的过程。那么,从这种意义上来说,"工作"实际上也已经等同于一种生活方式了。

从上述意义来说,城市基层干部的工作就具有一种可能性,即在社会主义中国推进现代化建设过程中,人们对工作的理解和感受能否更具有积极意义呢?诚然,从我们对当前城市基层干部的工作研究来看,基层干部的工作同样受到一般职业群体所面临的各种因素的影响,同样充满着问题与挑战。正如在实地调研中,很多基层干部都十分委婉地表示,他们对我们所进行的研究很支持,但是并不抱特别大的期望。因为在过去几年中,类似的调研和相关问题反馈已然不少,很多基层工作中存在的问题,研究者们也进行了细致的整理与分析,形成的材料也以各种各样的方式反映了出来。从最终的效果来看,不能说对基层环境一点改变没有吧,但是,效果差强人意。这也可以说是基层工作复杂特殊性的一种体现,毕竟很多问题不是简单的工作方式的问题,还有包含了文化传统、地域差异以及制度设计和政策调适等各种因素的影响。这也构成了我们对基层干部群体研究反思的出发点,究竟我们的研究意义到底体现在哪里?

一直以来,作为学术研究,发现问题并解决问题是一个基本的逻辑思路,当然,很多现实问题不是一下子就能通过对策分析给予明确和清晰的解答。基层社会的情况更是如此。在研究过程中,我一直思考着 K 街道 Z 书记说过的话,对基层的研究和分析并不在于短时间内解决基层的问题,而在于呈现基层的复杂性,并呈现出基层工作人员的工作状态和努力。我觉得,这其实应该是我们研究基层以及基层干部和基层工作人员群体最大的意义所在吧。很多时候,基层干部并不期望一个研究或者一个文件能彻底改变基层工作所面对的问题,越是在基层工作久的人,就越能体会到这种感受,这也是为什么说基层一线的工作是锻炼人的地方。因为人们在实际工作中,切身体会到了基层社会的复杂所在。而在基层环境中工作久了,人们的情感也自然在发生着变化,这也是环境改变人的意义所在。最难能可贵的是,在基层长期工作并始终坚持把工作做好,仅仅这一点,就可以体现出人的基本品质和身心素质了。这也是为什么我们的研究,不仅仅是展现基层工作和基层问题,不仅仅是提出应对挑战的对策,我们更加着重于从基层干部的自我叙事中呈现出他们对工作的情感和心态,这个情感和心态自然是一个多层面的综合表现,表现的是基层干部对工作理解的背后,对一种自我事业的理解。

　　面对快速变化的社会现实,城市基层干部既要把职业工作的诸多内容做好,同时还要不断面对并适应这种变化对自身的影响,他们正是将自身对工作的情感反应通过叙述的方式呈现出来,这是基层干部当前心态的一种现实反映。在城市基层工作过程中,干部不仅需要具有专业能力,要能响应上级的各项工作安排,要应对群众的各种诉求,还要有强大的自我精神力量支持自身不断努力,这也是为什么说城市基层干部的工作不单纯地是一种职业工作的重要原因。如果没有精神上的力量,只是简单的将完成上级任务看成是基层干部的日常工作的话,是无法解释为什么有很多在基层服务几十年的干部仍然努力工作、为什么有很多基层干部辛苦工作仍饱含热情、为什么中国城市基层社会虽然充满挑战但是始终稳定。对于基层干部来说,把工作完成是一种本分,但是把一件事情做好,特别是涉及群众的事情做到大家满意,这也是一种骄傲。在基层工作中,如果能合适地应对看起来充满挑战、很难解决的问题,克服很多看起来似乎不可逾越的障碍,这些都会让基层干部们感到一种真正的满足。实际上,这难道不是每个人内心深处都有的一种渴望? 即在和人的沟通与交往中,实现自我意义的满足。

当今社会,技术的发达以及信息的快速传播,给人们的生活带来极大便利的同时也让人们越来越感觉到一种"无力感",一种无法掌控自身生活的无力感。人们似乎已经失去了在自己工作中去寻找意义的能力,即把事情做好带来的那种满足感。这也是为什么焦虑感会成为一种社会普遍情绪,在各种情绪化的心态展现中,人们也失去了自信和享受幸福感的能力。通过城市基层干部对日常工作的自我叙述,我们是不是可以尝试性地去理解在工作中如何获得自我意义,即人们可以通过对事业的追求,在日常工作中展现自我价值并获得满足?

参考文献

著作:

［1］边燕杰主编,《市场转型与社会分层——美国社会学者分析中国》[G],
北京:生活·读书·新知三联书店,2002 年。

［2］半月谈杂志社,《反对形式主义 30 讲》[M],北京:人民出版社,2020 年。

［3］[英]罗纳德·哈里·科斯、王宁,《变革中国:市场经济的中国之路》
[M],徐尧、李哲民译,北京:中信出版社,2013 年。

［4］[美]克利福德·格尔茨,《文化的解释》[M],韩莉译,南京:译林出版社,
2014 年。

［5］[挪威]贺美德、鲁纳编著,《"自我"中国:现代中国社会中个体的崛起》
[M],许烨芳译,上海:上海译文出版社,2011 年。

［6］吕德文,《基层中国——国家治理的基石》[M],北京:东方出版社,
2021 年。

［7］王俊秀,《社会心态理论:一种宏观社会心理学范式》[M],北京:社会
科学文献出版社,2014 年。

［8］叶俊东主编,《直击痛点:大变局中的基层治理突围》[M],北京:新华
出版社,2019 年。

［9］郑也夫,《后物欲时代的来临》[M],北京:中信出版社,2016 年。

［10］周晓虹,《中国体验——全球化、社会转型与中国人社会心态的嬗变》
[M],北京:社会科学文献出版社,2017 年。

期刊：

[1] 陈家建，《项目制与基层政府动员——对社会管理项目化运作的社会学考察》[J]，《中国社会科学》，2013 年第 2 期。

[2] 邓燕华、贾男，《"一肩挑"制度如何影响项目进村》[J]，《社会发展研究》，2018 年第 2 期。

[3] 狄金华，《政策性负担、信息督查与逆向软预算约束——对项目运作中地方政府组织行为的一个解释》[J]，《社会学研究》，2015 年第 6 期。

[4] 付伟、焦长权，《"协调型"政权：项目制运作下的乡镇政府》[J]，《社会学研究》，2015 年第 2 期。

[5] 黄宗智、龚为纲、高原，《"项目制"的运作机制和效果是"合理化"吗?》[J]，《开放时代》，2014 年第 5 期。

[6] 李韬，《项目制效率损失的内在结构与改进》[J]，《行政论坛》，2019 年第 3 期。

[7] 李祖佩，《项目制基层实践困境及其解释——国家自主性的视角》[J]，《政治学研究》，2015 年第 5 期。

[8] 渠敬东，《项目制：一种新的国家治理体制》[J]，《中国社会科学》，2012 年第 5 期。

[9] 冉冉，《"压力型体制"下的政治激励与地方环境治理》[J]，《经济社会体制比较》，2013 年第 3 期。

[10] 史普原，《科层为体、项目为用：一个中央项目运作的组织探讨》[J]，《社会》，2015 年第 5 期。

[11] 折晓叶、陈婴婴，《项目制的分级运作机制和治理逻辑：对"项目进村"案例的社会学分析》[J]，《中国社会科学》，2011 年第 4 期。

[12] 郑世林，《中国政府经济治理的项目体制研究》[J]，《中国软科学》，2016 年第 2 期。

[13] 周飞舟，《财政资金的专项化及其问题：兼论"项目治国"》[J]，《社会》，2012 年第 1 期。

[14] 周雪光，《项目制：一个"控制权"理论视角》[J]，《开放时代》，2015 年第 2 期。

[15] 丁元竹，《中国共产党增进民生福祉思想的发展》[J]，《开放导报》，2021 年第 3 期。

[16] 青连斌，《中国共产党民生理论的新发展》[J]，《科学社会主义》，2018年第6期。

[17] 汤素娥、柳礼泉，《习近平关于增进民生福祉重要论述的理论意涵与实践要求》[J]，《海南大学学报》，2022年第5期。

[18] 韩喜平、刘永梅，《中国现代民生福祉增进轨迹——基于民生制度与民生能力建设的视角》[J]，《社会科学辑刊》，2018年第3期。

[19] 刘世定、邱泽奇，《"内卷化"概念辨析》[J]，《社会学研究》，2004年第5期。

[20] 陈辉，《城市基层治理的双重困境与善治的路径选择》[J]，《南京师大学报》，2013年第2期。

[21] 景天魁，《源头治理：社会治理有效性的基础和前提》[J]，《北京工业大学学报》，2014年第3期。

[22] 贾玉娇，《社会管理的理论研究与基层实践：一项基于文献的梳理和思考》[J]，《浙江社会科学》，2014年第7期。

[23] 李友梅，《中国社会管理新格局下遭遇的问题——一种基于中观机制分析的视角》[J]，《学术月刊》，2012年第7期。

[24] 李培志，《城市基层社会协同：社会治理创新的视角》[J]，《东岳论丛》，2015年第9期。

[25] 刘祖云、杨华锋，《政府的"三种能力"：情境认知、组织调试与社会治理》[J]，《上海行政学院学报》，2009年第1期。

[26] 田毅鹏、薛文龙，《"后单位社会"基层社会治理及运行机制研究》[J]，《学术研究》，2015年第2期。

[27] 余敏江，《从技术型治理到包容性治理——城镇化进程中社会治理创新的逻辑》[J]，《理论探讨》，2015年第1期。

[28] 赵中源，《"弱势"心理蔓延：社会管理创新需要面对的新课题》[J]，《马克思主义与现实》，2011年第5期。

[29] 徐晓林，《中国虚拟社会治理研究中需要关注的几个问题》[J]，《中国行政管理》，2013年第11期。

[30] 马超峰、薛美琴，《社会治理中的情感回归与张力调适》[J]，《兰州学刊》，2018年第2期。

[31] 何艳玲、蔡禾，《中国城市基层自治组织的"内卷化"及其成因》[J]，《中

山大学学报》,2005 年第 5 期。

［32］赵旭东,《生态到心态的转向——一种基于费孝通晚年文化观的再思考》[J],《江苏行政学院学报》,2019 年第 3 期。

［33］孙晓莉,《三十余年来的干部激励研究:问题检视与未来展望》[J],《中央党校学报》,2020 年第 4 期。

［34］成伯清,《当代情感体制的社会学探析》[J],《中国社会科学报》,2017 年第 5 期。

［35］成伯清,《情感的社会学意义》[J],《山东社会科学报》,2013 年第 3 期。

［36］郭景萍,《工作与情感:情感劳动与情感管理》[J],《学术交流》,2008 年第 6 期。

［37］郭景萍,《西方情感社会学理论的发展脉络》[J],《社会报》,2007 年第 5 期。

［38］王小章,《结构、情感与道德:道德转型的社会学探索》[J],《社会学研究》,2023 年第 2 期。

［39］田林楠,《无法整饰的心灵:情感社会学的另一条理论进路》[J],《广东社会科学》,2021 年第 6 期。

［40］罗朝明,《布迪厄式的情感社会学》[J],《学海》,2019 年第 4 期。

［41］苏熠慧,《从情感劳动到审美劳动:西方性别劳动分工研究的新转向》[J],《妇女研究论丛》,2018 年第 6 期。

［42］叶文振,《劳动空间、青年女性与情感的生产和消费》[J],《中国青年研究》,2019 年第 2 期。

［43］潘泽泉,《理论范式和现代性议题:一个情感社会学的分析框架》[J],《湖南师范大学学报》,2005 年第 4 期。

［44］董宏鹰,《论情感劳动异化的三重维度》[J],《中州学刊》,2014 年第 8 期。

［45］徐律,《迈向后情感社会:理论话语的定位、延展及反思》[J],《浙江社会科学》,2017 年第 11 期。

［46］李路路,《情感劳动视角下的服务型工作与情感耗竭》[J],《河北学刊》,2022 年第 3 期。

［47］冯珍,《情感劳动问题研究》[J],《中国人力资源开发》,2011 年第 9 期。

［48］王亮,《情感劳动研究的文化转向》[J],《浙江学刊》,2022 年第 4 期。

[49] 马冬玲,《情感劳动——研究劳动性别分工的新视角》[J],《妇女研究论丛》,2010 年第 3 期。

[50] 梅笑,《情感劳动中的积极体验:深层表演、象征性秩序与劳动自主性》[J],《社会》,2020 年第 1 期。

[51] 王鹏、侯均生,《情感社会学:研究的现状与趋势》[J],《社会》,2005 年第 2 期。

[52] 吕小康,《怨气:情感社会学的阐释》[J],《社会科学》,2017 年第 8 期。

[53] 张杨波,《重绘情感劳动图景:视角转换与路径延伸》[J],《新视野》,2021 年第 5 期。

[54] 芦恒,《找回责任:社区干部"诉苦"的叙事实践研究》[J],《社会工作》,2021 年第 4 期。

[55] 魏航,《"氛围"情感治理的新路径——基于 P 市文明城市"模范氛围"的分析》[J],《中国行政管理》,2022 年第 4 期。

[56] 陈泽鹏,《"以情增效":情感治理视域下社区干部的情绪劳动研究——基于西安市 L 社区的考察》[J],《领导科学》,2023 年第 1 期。

[57] 文宏,《城市基层治理共同体构建中的情感生成逻辑》[J],《探索》,2022 年第 5 期。

[58] 郭根,《城市社区治理的情感出场:逻辑理路与实践指向》[J],《华东理工大学学报》,2021 年第 2 期。

[59] 田先红,《城市社区中的情感治理:基础、机制及限度》[J],《探索》,2019 年第 6 期。

[60] 吴晓凯,《当代社会情感治理的逻辑演绎与实践反思》[J],《宁夏社会科学报》,2022 年第 2 期。

[61] 艾娟,《感动:心理学阐释及其作为社会情感治理策略》[J],《学术交流》,2020 年第 3 期。

[62] 王丽萍,《国家治理中的情感治理:价值、逻辑与实践》[J],《山东社会科学》,2021 年第 9 期。

[63] 刘超,《基层情感治理的实践困境与破解策略》[J],《领导科学》,2022 年第 8 期。

[64] 韩勇,《基层情感治理的作用逻辑与运用策略》[J],《领导科学》,2021 年第 10 期。

［65］潘小娟,《基层治理中的情感治理探析》[J],《中国行政管理》,2021 年第 6 期。

［66］王晓涵,《激情、节制与好生活:西方情感治理话语的兴起》[J],《江海学刊》,2018 年第 4 期。

［67］包涵川,《迈向"治理有机体":中国基层治理中的情感因素研究》[J],《治理研究》,2021 年第 1 期。

［68］朱楷文,《情感"回归":城市社区治理的路径选择》[J],《学海》,2021 年第 6 期。

［69］陈金龙,《情感治理:中国共产党的成功之道》[J],《公共治理研究》,2021 年第 5 期。

［70］汪勇,《情感治理:枫桥经验的传统起源与现代应用》[J],《公安学研究》,2018 年第 3 期。

［71］张璐,《社区情感治理:逻辑、着力维度与实践进路》[J],《江淮论坛》,2020 年第 6 期。

［72］任文启、顾东辉,《通过社会工作的情感治理:70 年情感治理的历史脉络与现代化转向》[J],《青海社会科学报》,2019 年第 6 期。

［73］唐魁玉,《网络社会的情感治理》[J],《甘肃社会科学》,2019 年第 3 期。

［74］贺芒,《要素协同与情感治理:社区治理共同体构建的双重逻辑》[J],《湖南行政学院学报》,2022 年第 2 期。

附　录

人物基本情况

编号	姓名	性别	年龄	职　务	从事现职工作时间
1	Z 书记	男	50	K 街道党工委书记	22 年
2	X 科长	女	43	K 街道党建办主任	18 年
3	C 主任	女	45	K 街道居民区居委会主任	24 年
4	Y 科长	男	43	K 街道服务办主任	19 年
5	X 科长	男	45	K 街道党政办主任	20 年
6	J 科长	男	48	K 街道社发办主任	24 年
7	L 科长	女	45	K 街道党建服务中心主任	24 年
8	F 科长	男	44	K 街道发展办主任	19 年
9	H 科长	男	48	K 街道平安办主任	27 年
10	D 科长	女	42	K 街道自治办主任	18 年
11	M 书记	男	54	K 街道党工委副书记	32 年
12	R 科长	男	38	K 街道党建办副科长	14 年
13	N 科长	女	37	K 街道自治副科长	13 年
14	O 书记	男	56	K 街道居民区党组织书记	23 年
15	W 主任	女	43	K 街道居民区居委会主任	9 年

后　记

　　本书是上海市委宣传部中青年骨干专项资助的课题成果，课题名称《党内干部群体心态差异化特征及影响因素研究》（2019FZX014）。感谢上海市委宣传部的支持和资助，感谢市委宣传部理论处李明灿、姚东等老师的指导和帮助。

　　本书也是上海市委党校重点学科理论创新团队的资助项目，感谢创新团队首席专家以及团队诸位老师的意见和建议。同时，也感谢上海市委党校科研处组织的专家评审，专家评审意见是助推本书更为完善的重要保障。感谢科研处朱俊英老师的大力帮助。

　　本书的出版也要感谢上海三联书店杜鹃老师，杜鹃老师在书稿审核校对以及出版相关事宜上进行了大量的细致工作，杜鹃老师一直以来的支持和帮助使得本书得以顺利出版。

2024 年 1 月 18 日

图书在版编目(CIP)数据

事业心 : 城市基层干部日常工作中的情感与心态 /
刘博著. -- 上海 : 上海三联书店, 2024. 7. -- ISBN
978-7-5426-8584-1

Ⅰ. F299. 23

中国国家版本馆 CIP 数据核字第 2024FM7193 号

事业心——城市基层干部日常工作中的情感与心态

著　　者 / 刘　博

责任编辑 / 杜　鹃
装帧设计 / 一本好书
监　　制 / 姚　军
责任校对 / 王凌霄

出版发行 / 上海三联书店
　　　　　(200041)中国上海市静安区威海路 755 号 30 楼
邮　　箱 / sdxsanlian@sina.com
联系电话 / 编辑部：021 - 22895517
　　　　　发行部：021 - 22895559
印　　刷 / 上海颛辉印刷厂有限公司

版　　次 / 2024 年 7 月第 1 版
印　　次 / 2024 年 7 月第 1 次印刷
开　　本 / 890 mm×1240 mm　1/32
字　　数 / 210 千字
印　　张 / 10.125
书　　号 / ISBN 978 - 7 - 5426 - 8584 - 1/F·924
定　　价 / 89.00 元

敬启读者,如发现本书有印装质量问题,请与印刷厂联系 021 - 56152633